阳江市阳东区革命老区发展史

阳江市阳东区革命老区发展史编委会　编

SPM 南方出版传媒　广东人民出版社
·广州·

图书在版编目（CIP）数据

阳江市阳东区革命老区发展史 / 阳江市阳东区革命老区发展史编委
会编. —广州：广东人民出版社，2021.4
（全国革命老区县发展史丛书·广东卷）
ISBN 978-7-218-14719-2

Ⅰ.①阳… Ⅱ.①阳… Ⅲ.①区（城市）—地方史—阳江
Ⅳ.①K296.54

中国版本图书馆 CIP 数据核字（2020）第 243208 号

YANGJIANG SHI YANGDONG QU GEMINGLAOQU FAZHANSHI

阳江市阳东区革命老区发展史

阳江市阳东区革命老区发展史编委会 编   版权所有   翻印必究

出 版 人：肖风华

责任编辑：谢 尚
责任校对：沈展云
装帧设计：张力平等
责任技编：吴彦斌 周星奎

出版发行：广东人民出版社
地 址：广州市海珠区新港西路 204 号 2 号楼（邮政编码：510300）
电 话：（020）85716809（总编室）
传 真：（020）85716872
网 址：http://www.gdpph.com
印 刷：广州市浩诚印刷有限公司
开 本：715mm×995mm 1/16
印 张：19.25 插 页：16 字 数：233 千
版 次：2021 年 4 月第 1 版
印 次：2021 年 4 月第 1 次印刷
定 价：73.00 元

如发现印装质量问题，影响阅读，请与出版社（020-85716808）联系调换。
售书热线：（020）85716826

广东省编纂《革命老区县发展史》丛书
指导小组

组　长：陈开枝（广东省老区建设促进会会长）

副组长：林华景（广东省老区建设促进会常务副会长）

　　　　宋宗约（广东省农业农村厅二级巡视员、广东省老
　　　　　　　　区建设促进会副会长）

　　　　刘文炎（广东省老区建设促进会副会长）

　　　　郑木胜（广东省老区建设促进会副会长）

　　　　姚泽源（广东省老区建设促进会副会长兼秘书长）

　　　　谭世勋（广东省老区建设促进会副会长）

　　　　廖纪坤（广东省农业农村厅总经济师）

办公室

主　任：姚泽源（兼）

副主任：韦　浩（广东省农业农村厅扶贫协作与老区建设处
　　　　　　　　处长）

　　　　柯绍华（广东省老区建设促进会副秘书长）

　　　　伍依丽（广东省老区建设促进会副秘书长）

阳江市编纂《革命老区县发展史》丛书
指导小组

组　长：杨大欣（阳江市老促会会长）

副组长：关则敬（阳江市老促会第一副会长）

　　　　陈宝德（阳江市档案局长、市委党史研究室主任）

　　　　洪礼志（阳江市委农办专职副主任、扶贫办副主任）

　　　　梁王焱（阳江市老促会副会长兼秘书长）

　　　　林恩葆（阳江市老促会副会长）

《阳江市阳东区革命老区发展史》编纂委员会

策　　划：冯富基　陈里焱

顾　　问：林　清　黄德谦

主　　任：林进豪

副 主 任：李谦常　杨志慧　余天胜

　　　　　林伯良　何宪耀　梁广艺

委　　员：陈国英　梁大昌　谭贵雄　钟宇文

　　　　　梁起金　关则娜（女）

主　　编：杨志慧

副 主 编：余天胜　林伯良　何宪耀　梁广艺

特约采编：林进焕　陈启雄　陈书准　陈日光

　　　　　雷四季　冯圣堂　赖福至　李代文

在举国欢庆新中国成立 70 周年前夕，中国老区建设促进会王健会长请我为《全国革命老区县发展史》丛书作序，作为一名在老区战斗过并得到老区人民生死相助的老兵，回首往事，心潮澎湃，感慨万千，深感义不容辞，欣然应允。

中国革命老区，是以毛泽东为代表的中国共产党人在领导人民推翻帝国主义、封建主义和官僚资本主义三座大山，争取民族独立和人民解放伟大斗争中建立的革命根据地，在这片红色的土地上，诞生了无数可歌可泣的革命英雄儿女，为后人树起了一座不朽的丰碑，她是新中国的摇篮，是党和军队的根。

在艰苦卓绝的战争年代，老区人民把自己的命运与中华民族的命运紧紧地联系在一起，与中国共产党和人民军队的命运紧紧地联系在一起，他们生死相依，患难与共。我曾亲历过战争年代，并得到过老区红哥红嫂的救助，切身感受到发生在身边的一幕幕撼天动地的革命故事，在那极其艰难的条件下，老区人民倾其所有、破家支前，不怕艰难困苦，不怕流血牺牲。"最后一碗米送去做军粮，最后一尺布送去做军装，最后一件老棉袄盖在担架上，最后一个亲骨肉送去上战场"，这是当时伟大的老区人民为建立新中国做出巨大牺牲的真实写照，它将永远镌刻在中国共产党、中国人民解放军、中华人民共和国的历史丰碑上。他们的光辉业绩永载史册，他们的革命精神必将影响一代又一代的革命新人，造就一代又一代的民族脊梁。

在社会主义革命和建设时期，革命老区和老区人民响应党的号召，面对落后的面貌、脆弱的经济、恶劣的生态环境，他们本色不变，精神不丢，自力更生，艰苦奋斗，干一行爱一行。始终坚持"革命理想高于天"，自觉做共产主义远大理想的坚定信仰者和忠实实践者，勇于向恶劣的自然环境和贫穷落后宣战，他们在各条战线上为国建功立业，用平凡的双手创造了一个又一个不平凡的奇迹，彰显了老区人的崇高精神和人格力量。

在改革开放的伟大进程中，老区人民解放思想，勇于创新，发奋图强，攻坚克难，老区的经济社会建设取得了辉煌成就。特别是在改变中国的面貌、中华民族的面貌、中国人民的面貌、中国共产党的面貌的伟大实践中发挥了至关重要的作用。老区人民既是改革开放的参与者，也是改革开放的推动者。

艰苦练意志，危难见精神。老区人民在近百年的革命战争、社会主义建设和改革开放的伟大实践中，孕育形成了伟大的老区精神：爱党信党、坚定不移的理想信念；舍生忘死、无私奉献的博大胸怀；不屈不挠、敢于胜利的英雄气概；自强不息、艰苦奋斗的顽强斗志；求真务实、开拓创新的科学态度；鱼水情深、生死相依的光荣传统。这是党和人民宝贵的精神财富、丰厚的政治资源，是凝心聚力、振奋民族精神的重要法宝，也是社会主义核心价值观的重要内容。

中国老区建设促进会怀着强烈的政治责任感和历史使命感，组织全国各地老促会人员克服困难，尽心竭力编纂《全国革命老区县发展史》丛书，记录老区的光辉历史和辉煌成就，传承红色基因，弘扬老区精神，是功在当代、利及千秋的一件大事。手捧这部丛书的部分书稿，读着书中的故事，倍感亲切，深感这部丛书具有资政、育人、存史的社会功能，有着重要的时代和历史价值。它是不忘初心、牢记使命的源头活水，是赞颂共产党、讴歌老区人民的一部精品力作，是弘扬老区精神、传承红色记忆的丰厚载体，是一项继承优秀传统文化、弘扬革命文化、发展社会主义先进文化，坚定"四个自信"的宏大文化工程。它必将成为一种文化品牌，为各界人士了解老区宣传老区支持老区提供一部有价值的研究史料。希望读者朋友们能从中了解并牢记这些为党和民族的利益不断奉献的老区人民，从中得到教益，汲取人生奋斗的精神动力。

新时代赋予新使命，新起点开启新征程。让我们更加紧密地团结在以习近平同志为核心的党中央周围，坚持以习近平新时代中国特色社会主义思想为指导，增强"四个意识"，坚定"四个自信"，做到"两个维护"，弘扬老区精神，铭记苦难辉煌。为实现"两个一百年"奋斗目标，实现中华民族伟大复兴的中国梦作出新的更大的贡献！

邝俊田

2019 年 4 月 11 日

2017 年 6 月，中国老区建设促进会组织全国各地老促会启动编纂《全国革命老区县发展史》丛书，按照"建立中国共产党、成立中华人民共和国、推进改革开放和中国特色社会主义事业"三大里程碑的历史脉络，系统书写革命老区百年历史，深入挖掘革命老区红色文化资源，这对于充实丰富中国革命史籍宝库、在新时代传承红色基因、弘扬革命精神、强固根本，对于激励人们在新的历史条件下夺取中国特色社会主义伟大胜利，实现中华民族伟大复兴的中国梦具有重要意义。

丛书编纂以习近平新时代中国特色社会主义思想为指导，以《中国共产党历史》《中国共产党的九十年》等重要文献为基本依据，以党的领导为核心，以老区人民为主体，以老区发展为主线，体现历史进程特征，突出时代发展特色，坚持辩证唯物主义和历史唯物主义相统一、历史真实性与内容可读性相统一的原则，书写革命老区从站起来、富起来到强起来的光辉革命史、不懈奋斗史、辉煌成就史，把老区人民的伟大贡献、伟大创造、伟大成就、伟大精神充分展示出来，形成一部具有厚重历史特征和鲜明时代特色的精品力作。这是一部培根铸魂、守正创新，既为历史立言，又为时代服务，字里行间流淌着红色血脉、催生着革命激情的传世之作。丛书的编纂出版将成为讴歌党讴歌人民讴歌时代、传播红色文化、为革命老区和老区人民树碑立传的重要载体。

　　丛书按照编年体与纪事本末体相结合、以编年体为主的编写体例确定框架结构；运用时经事纬、点面结合的方式记述史实；坚持人事结合、以事带人的原则处理人与事的关系；采取夹叙夹议、叙论结合以叙为主的方法展开内容。做到了史料与史论、历史与现实、政治与学术统一，文献性、学术性、知识性相兼容。

　　为编纂好《全国革命老区县发展史》丛书，打造红色文化品牌，中国老区建设促进会认真组织积极协调，提出政治立场鲜明、史料真实准确、思想论述深刻、历史维度厚重、时代特色突出、编写体例规范、篇目布局合理、审读把关严格、出版制作精良的编纂出版总要求，力求达到革命史籍精品的精神高度、思想深度、知识广度、语言力度，增强丛书的权威性和社会影响力。各省（区、市）、市（州、盟）、县（市、区、旗）老促会的同志，以强烈的使命感、责任感和紧迫感，勇于担当，积极作为，认真实施，组织由老促会成员、专家学者等参加的十余万人编纂队伍。编纂工作主体责任在县，省、市组织协调、有力指导、审读把关。各方面人员以高度负责的精神和科学严谨的态度，满腔热情地投入工作，为丛书编纂出版做出了重要贡献。丛书编纂工作还得到了党和国家有关部委、地方各级党委政府及有关部门的大力支持和积极参与，社会各界也给予了热情帮助。中共中央政治局原委员、中央军委原副主席、原国务委员兼国防部长迟浩田上将，对老区人民怀有深厚感情，对革命老区建设发展十分关注，欣然为《全国革命老区县发展史》丛书作总序。

　　丛书由总册和 1599 部分册（每个革命老区县编纂 1 部分册）组成，共 1600 册。鉴于丛书所记述的史实内容多、时间跨度长和编纂时间紧，不妥之处，敬请批评指正。

中国老区建设促进会

● 农业升级发展 ●

大澳渔风

鱼味飘香

国家中心渔港——东平渔港

水稻丰收

收获甘蔗

果农喜摘荔枝

香蕉丰收时节

波罗蜜之乡的甜蜜硕果

大八益智（选自《奋进
阳东三十年》）

守护丰收的红江拦河坝

科学规模养猪

黄鬃鹅之乡的品牌
肉鹅

2015年，东平码头建设完成（选自《奋进阳东三十年》）

老区精准扶贫项目——
塘坪镇蔬菜种植基地

东平镇海水养殖基地

老区雅韶镇尖山蟹养殖场

● 工业群星璀璨 ●

1988 年建区初期阳东（大令）工业开发区

2005 年阳东经济开发区建成区

阳江核电站选址东平沙环

阳江核电站建设全景图（选自《奋进阳东三十年》）

广东喜之郎阳东生产基地

阳江十八子集团有限公司

沿海风电

风电云海

位于阳东区塘坪
镇的500千伏蝶
岭变电站（选自
《奋进阳东三十
年》）

位于阳东工业园的珠海·阳江共建产业园

位于阳东区大沟镇的大型农光互补光伏发电项目（选自《奋进阳东三十年》）

广东羽威农业集团有限公司

阳江纳谷科技有限公司

合山镇工业园一角

北惯镇工业区一角

● 新城拔地而起 ●

阳东区人民医院全景图

阳东机关大院全景
（选自《奋进阳东
三十年》）

城区新貌

阳东供电局

东城燕山湖广场一角

阳东文化馆、图书馆综合楼

阳东体育馆

阳东碧桂园商住小区

阳东佰利庄园商住小区

东城湖滨西路商业街

● 交通便捷顺畅 ●

火车在阳阳铁路上奔驰

改扩建中的合山机场（选自《奋进阳东三十年》）

阳东汽车站

深茂铁路阳东站

深茂铁路到阳东（选自《奋进阳东三十年》）

沈海高速公路与 325 国道那龙段并行

● 旅游独具特色 ●

涛景高尔夫
度假村

温泉度假村

东平珍珠湾旅游区

老区人民修建的大型水利工程——
东湖人间仙境

新洲紫罗烟霞——解放战争时期恩
阳台独立大队活动基地

中国古村落东平镇大澳渔村

老区新洲镇北桂河风光

广东省古村落——老区村那龙镇牛根村

中国传统村落——雅韶镇西元村雅韶十八座

旅游文化美食节

仙人井玉带

新洲镇竹坑村野生动物重点保护示范基地

● 教育优先发展 ●

阳东一中

阳东二中

阳东一职

阳东广雅中学

阳东实验学校

阳东卓达学校

● 民生进村入户 ●

老区村庄东平镇良洞村文体活动

合山镇老人节盛典

秀美北惯镇

美丽乡村——东平镇杨屋村

全国绿色小康村——北惯镇平地村

阳东"南粤春暖行动"大型招聘会

● 文明之花绽开 ●

美丽乡村——垌尾村

合山镇街心广场

南海渔歌

"幸福阳东·周末大广场"文艺活动

龙舟竞渡（选自《奋进
阳东三十年》）

老区大八镇出土的周
亨铜鼓

雅韶镇平岚村传统文化长廊

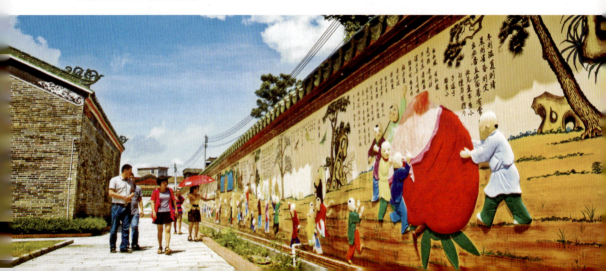

● 老区砥砺前行 ●

重修中共阳江县委旧址许氏宗祠

2016年9月2日"双拥模范区"挂牌揭幕仪式

阳东区领导在中共阳江县委旧址（雅韶镇平岚村）重温入党誓词

老区学校危房改建后的东城丹载小学（右图为改建前学校面貌）

老区学校危房改建后的大八雷冈小学（右图为改建前学校面貌）

老区学校危房改建后的雅韶笏朝小学（右图为改建前学校面貌）

老区学校危房改建后的新洲表竹小学（右图为改建前学校面貌）

老区大八镇木器加工厂

1994 年，大八镇珠环老
区高压输电线通电

新洲老区村庄北桂新貌

微信扫描二维码
您立即开展本书的
延伸阅读。

第四章　浴血斗争　迎接阳江解放（1945 年 8 月—1949 年 10 月）

　　《阳江市阳东区革命老区发展史》即将付梓，这是记述革命老区近百年革命斗争、经济建设、社会发展取得伟大成就的史书，是第一部讲述阳东区革命老区发展历史的图书。

　　阳江市阳东区是华夏大地的一方热土，从远古就在这里繁衍生息的阳东儿女，始终与中华民族同呼吸共命运。在近现代历史进程中，无论是在新民主主义革命时期，还是在社会主义建设年代，或是在改革开放的峥嵘岁月，特别是在中国特色社会主义建设的征程中，阳东儿女特别是老区人民，始终勇立潮头，书写了一篇又一篇可歌可泣的革命斗争史诗，创造了一个又一个建设和发展的伟绩。历史将会永远铭记：在战争年代，老区人民养育了中国共产党及其领导的军队，提供坚持长期斗争所需的人力、物力和财力；为壮大革命力量，夺取最后的胜利付出了巨大牺牲，作出了极大贡献。今天的新中国是无数革命先烈前仆后继，用鲜血和生命换来的，老区人民功勋卓著。

　　抚今追昔，我们对阳东的革命先辈前贤深怀敬仰。为了追寻他们英勇无比、浴血奋战的历史足迹，为了让我们的子孙后代永远铭记革命前辈的丰功伟绩，也为了更快更好地建设美好新阳东，中共阳东区委、区政府认真按照中国老区建设促进会《关于编纂全国 1599 个革命老区县发展史的安排意见》和广东省老区建设促进会《关于印发编纂〈革命老区县发展史〉丛书有关文件的通知》精神，于 2018 年 3 月批复成立阳江市阳东区革命老区发展史编委会和编写组，负责此书的编纂工作。

"铁肩担道义，妙手著文章。"来自不同岗位的编写人员，不辞劳苦，锲而不舍，以踏石留印的精神，克服编纂史实年代跨度大、史料搜集涉及范围广、编写任务重和采编时间紧等困难，展开调查访问，立纲建目，搜集史料，整理归纳，去粗取精，编辑成文，使这本书得以出版。当我们阅读这本红色史书，铭记红色基因时，应当真诚感谢编书工作人员特别是众多老同志为此而付出的辛勤劳动。

这本发展史的编纂工作是在 2018 年春启动的，恰逢我区建区 30 周年。"三十而立"，在这个有特别意义的日子开始编写这本发展史，是我们践行十九大精神，落实习近平总书记要求"发扬红色资源优势，深入进行党史军史和优良传统教育，把红色基因一代代传下去"[1] 重要指示的一次阳光之举，也是弘扬老区精神，支持老区发展，宣传今日阳东，加快建设美好新阳东的一个进军号角。

发展史以厚重的笔墨，真实地记述阳东儿女在土地革命战争、抗日战争和解放战争时期经历的革命斗争的英雄传奇和在社会主义建设发展中取得的成就。追忆了革命英烈为夺取中国新民主主义革命的胜利浴血奋战的光辉业绩，展现了阳东儿女在中国共产党领导下近百年百折不挠的斗争和发展历程。书中编入的章节，包括每一个史实坚持"以珠串线"，真实地还原了历史。

今天，革命薪火传承至我们这一代，阳东儿女更加任重道远。

---

① 习近平 2013 年 2 月在兰州军区视察时的讲话。报道见《人民日报》2014 年 11 月 9 日第 6 版《把红色基因融入血脉》。

当我们穿越大革命、土地革命、抗日战争和解放战争那刻骨铭心的革命斗争时光，回溯近代百年中华民族（1840—1945）屈辱历史，我们深刻体会到之所以受人欺凌，其直接原因是国家积贫积弱，根本原因是没有找到一条强国富民的发展道路。今天，在中国共产党的领导下，我们开辟了中国特色社会主义道路，取得了举世瞩目的发展成就，以崭新的姿态屹立于世界东方，中国人民比历史上任何时期都更加接近中华民族伟大复兴的目标。我们这一代人面临着前所未有的机遇和挑战，在前行路上，我们要在习近平新时代中国特色社会主义思想指引下，不忘初心，牢记使命，更加铭记历史，传承红色基因，倍加珍惜、始终坚持、不断发展中国特色社会主义，要更加自强不息，在以习近平同志为核心的党中央的坚强领导下，团结一心，共圆中华民族复兴的伟大梦想，把革命老区，把阳东建设得更加美好。

欲知大道，必先为史；以史为鉴，可知兴替。这就是我们编纂这本发展史的拳拳初心。

以此为序。

阳江市阳东区革命老区发展史编委会

2019 年 8 月

第一章

山海兼优　粤西红色故乡

基本概况

一、政区概况和历史沿革

阳东，因地处原阳江县的东部而得名。古为高凉县属地，历史悠久。自远古便有人类在阳东土地上繁衍生息，直至如今。

从汉朝开始，历经各个时期，阳江地域的称谓多有改变，阳江县制逐渐确立，阳东亦始终归属阳江县区域。

1949年10月1日，中华人民共和国成立，阳江县属粤中专区所辖。1952年改属粤西行政公署。1956年又改属湛江专员公署。1983年9月归江门市管辖。

1988年1月，国务院批复阳江撤县建市（地级），将原阳江县分设江城区、阳东区和阳西县，阳东成为市辖区。1991年6月，经国务院批准撤销阳江市阳东区，设立阳东县，县城所在地为东城镇。2015年1月，撤销阳东县，恢复阳江市阳东区，辖原阳东县地域，区政府驻东城镇。

1988年4月2日，阳江市阳东区人民政府挂牌成立，区政府驻市区万福路1号。下辖东平镇、闸坡镇、雅韶镇、大沟镇、新洲镇、合山镇、北惯镇、田畔镇、塘坪镇、大八镇、白沙镇、双捷镇、海陵镇、平冈镇、三山乡、埠场乡等16个镇（乡）和阳江原种场、温泉茶场。阳江林场、鸡山农场、红五月农场、红十月农场、阳江监狱也在阳东行政区域内。区域总面积2332.8平方千米，总人口 63 万。1989 年 3 月，增设东城镇建制，为阳东区政府驻地。

1990 年 10 月，调整阳东区和江城区行政区域，把阳东区闸坡、海陵、平冈、埠场等 4 个镇（乡）和平冈农场的行政区域划归江城区管辖，把江城区岗列乡报头、报平两个管理区划归阳东区管辖。调整后，阳东区管辖三山、东平、新洲、大沟、雅韶、合山、北惯、田畔、塘坪、大八、白沙、双捷、东城 13 个镇（乡）和阳江原种场、温泉茶场。阳江林场、鸡山农场、红五月农场、红十月农场等 4 个农（林、茶）场和阳江监狱也在阳东行政区域内。

1991 年 6 月，经省人民政府同意，国务院批准，撤销阳江市阳东区，设立阳东县，管辖原阳东区的行政区域，县政府驻东城镇。

1994 年 7 月，双捷镇分设麻汕镇，合山镇分设那龙镇。2003 年，划出白沙、双捷镇和红十月农场归江城区管辖，撤销田畔镇、三山镇，麻汕镇更名为红丰镇。阳东县下辖东城、东平、新洲、大沟、雅韶、合山、那龙、北惯、红丰、塘坪、大八等 11 个镇和阳江原种场、温泉茶场。阳江林场、鸡山农场、红五月农场和阳江监狱也在阳东区政区内。

2015 年 1 月，撤销阳东县，恢复阳江市阳东区建制。自此，阳东进入了与阳江市区同城发展的新时代。

二、政区区位、面积、人口、所辖镇和行政村

阳江市阳东区位于广东西南沿海，珠江三角洲西缘，地处东经 111°42′～112°21′，北纬 21°42′～22°15′。区境东连著名侨乡台山、恩平两市，西邻江城区，北接阳春市，南临南海。海岸线长 130 千米，沈海高速公路、广东西部沿海高速公路连接东城，深

茂铁路及 325 国道横贯全境。区政府驻东城镇,与阳江市区相邻,距广州 252 千米,距湛江 237 千米。漠阳江流贯阳东区南北,与境内那龙河合流汇入北津港出海。境内从北津港至香港 132 海里,至澳门 88 海里。

据 2017 年底统计,阳东区总人口 50.91 万人,其中乡村人口 42.13 万人。人口中男性 27.28 万人,女性 23.63 万人。在总人口的民族构成中,汉族人占了绝大多数,还有壮族、瑶族、苗族、藏族、黎族、土家族、布依族、回族、侗族、仫佬族、毛南族、白族、蒙古族、阿昌族、满族、彝族、朝鲜族等少数民族同胞也在阳东繁衍生息。

阳东区东西长 61.4 千米,南北长 62.5 千米,区域总面积为 1703.02 平方千米,其中陆地面积 1550.27 平方千米,水域面积 152.75 平方千米;人口密度为每平方千米 272.2 人。耕地面积约为 3.38 万公顷,其中水田 2.49 万公顷,旱地 0.89 万公顷,人均耕地约 0.07 公顷。山地(林地)总面积为 7.49 万公顷,人均山地(林地)约 0.15 公顷。

阳东区下辖 11 个镇,有 172 个村(居、渔)委会(其中村委会 148 个,渔委会 9 个,居委会 15 个),1479 个自然村。

全区有革命老区的村庄 658 个,分布在 10 个镇 85 个行政村,老区人口 186831 人,耕地面积 1.12 万公顷,山地面积 3.72 万公顷,分别占全区总人口、耕地面积和山地面积的 38.5%、33.14% 和 49.67%。

三、自然环境概貌

地貌 阳东属滨海丘陵地区,整个地貌由山区、丘陵区、河谷平原和海脊平原区等多种地貌单元组成。山区面积占 26%,丘陵区面积占 42%,河谷平原和海脊平原区面积占 13%。三面环山，南面临海，漠阳江流域流经境内。地势从北向南倾斜，河谷交错。境内北部有珠环山，海拔1014.6米，为境内最高峰；东部有紫罗山，海拔793米；中部有东岸山，海拔585米。

气候　阳东地处热带北缘，是亚热带向热带过渡地区，属南亚热带海洋季风气候。常年温暖湿润、雨量充沛、日光充足、无霜期长。春冬偶有寒潮，夏秋偶遇台风。年平均气温23.3℃，极端高温37.5℃（1990年7月12日），极端低温−1.4℃（1953年1月12日），无霜期350天，年平均日照2011.9小时，年平均降雨量2136毫米，年最大降雨量3604毫米（1973年），年最小降雨量1276毫米（1977年）。

水文　阳东境内河道分属漠阳江、锦江和单独入海三大水系。其中漠阳江流域面积占69%，锦江流域面积占5%，单独入海流域面积占26%。漠阳江流经境内干流总长43千米，主要有那龙河、大八河、清冲河三条一级支流，总长123千米，分别汇入漠阳江经北津港注入南海。北部有太洞河，长16千米，注入锦江。东部、东南部主要有北桂河、寿长河（三合河）、北环河、海朗河，总长29.5千米，分别注入南海。全区内径流总量28.3亿立方米。境内有大中型水库20个，形成18个棋布在境内的人工湖泊，总蓄水量3.73亿立方米。

四、资源和产业优势

阳东境内已发现的矿产资源主要有金、钨、锡、铅、锌、铋、钼、钛、钽、铌、稀土、石英、花岗岩、高岭土以及地下热水、富硒矿泉等。其中金矿含金品位最高的每吨70克，石英石二氧化硅的含量达98%，具有工业开发价值。花岗岩以花白色和杂色两类居多，分布较广。全区拥有水力资源30000千瓦，已开发利用7700千瓦，地下热水储量丰富，具有开发价值的有合山、新洲两处。合山温泉（汤泉）表温80℃，流量较大。新洲紫泉四季温泉（沸泉）表温102℃，自喷高度2.3米。区内拥有沿海滩涂4333.33公顷，有东平、北津两大天然海港，盛产鱼、虾、蟹、蚶、蚝、贻贝以及海珍品鱿鱼、鱼翅、珍珠、鱼胶等。

在特色产业方面，阳东是中国的核电基地、中国菜刀中心、中国剪刀中心、中国脚轮中心、中国脚手架中心、中国烧烤用具中心、中国打火石中心、国内最大果冻布丁生产基地、中国黄鬃鹅之乡、中国波罗蜜之乡、中国果用益智之乡、中国双肩玉荷包荔枝之乡、中国优秀旅游之乡、广东省旅游强县。在阳东，无论走到哪里都有迷人海景或秀美山色。由于阳东面临南海，海岸线长达130千米，所以许多风景名胜都与水有关，每年，大澳渔村、珍珠湾海滨浴场、东湖星岛、福兴休闲娱乐生态园、东平玉豚山海滨公园、合山温泉、新洲沸泉都吸引了大量游客前来观光游览，休闲度假。

在阳东，随时随地都能买到阳江传统三宝——阳江豆豉、以阳江十八子命名的"中国第一刀"以及理气健胃的春砂仁。在老区大八镇，人们可以尽情品尝温脾健胃的山地特产——益智果。

阳东农业产业化稳步提升，新型工业发展迅速，特色旅游异军突起，财税金融稳健发展，新电力能源建设高歌猛进，通信设施建设稳步推进，社会各项事业全面发展，具有良好的发展势头。

革命老区概况

一、阳东区经评划确认的老区镇

根据评划老区镇有关政策的规定，按照 1979 年国务院批准民政部、财政部关于划定老区公社的标准执行，即在一个乡镇内，老区村庄或老区人口超过半数的乡镇确定为老区乡镇。阳东区在评划中确认的老区镇有：

大八镇 老区村庄和老区人口均超过全镇自然村总数和总人口的半数，经评划确认为老区镇。

大八镇地处阳东北部山区，东连那龙镇、合山镇和恩平市清湾镇，南靠北惯镇，西南与塘坪镇接壤，西北与阳春市春城镇、岗美镇交界，是阳东区域面积最大、人口最多的山区镇，也是老区村庄和老区人口众多的革命老区镇。全镇有 20 个行政村有老区，234 个老区村庄，老区人口 50295 人。抗日战争时期，是广东人民抗日解放军（中区部队）开展游击活动的大后方。抗日游击队和人民武装力量依靠山区群众，在深山密林中开展革命活动，为后来夺取革命胜利养育了两阳地区的共产党人及其领导的军队。解放战争时期，大八山区成为粤中纵队第二支队第六团活动据点。漠东地区和平村伏击战，夜袭珠环乡公所，夜袭大八圩荣炮楼，以及石梯村、大陂村等大小战斗，都发生在大八根据地。

新洲镇 老区村庄和老区村庄人口均超过全镇自然村庄总数

和总人口的半数，经评划确认为老区镇。

新洲镇地处阳东东南部山区。地处恩平、台山、阳江三市交会处，东连台山市北陡镇，西与大沟镇接壤，南靠东平渔港，北与恩平市交界。镇内紫罗山是阳东区东部最高山峰。抗日战争时期，就成立了共产党组织，表竹村成为抗日游击队活动据点。阳江1941年"三三"事变期间和1945年"六六"事变期间，表竹村先后两次成立农民武装自卫队，随时准备抗击日军。解放战争时期，镇内紫罗山区一带是恩阳台独立大队活动据点。曾先后发生平田桥伏击战、龙潭洞反击战、紫罗山战斗、强攻新洲敌炮楼等20多场大小战斗，表竹村根据地先后遭到国民党反动派十多次疯狂"扫荡"。在革命斗争血与火的洗礼中，新洲镇成为阳东地区一个重要的游击根据地。

雅韶镇 老区村庄人口超过全镇总人口的半数，经评划确认为老区镇。

雅韶镇位于漠阳江、那龙河下游交汇处东侧，地处阳东腹地，东与大沟镇接壤，北与北惯镇相邻，西北与东城镇隔河相望，南面临海。镇内北津港距香港132海里、澳门88海里。江台公路、双北公路、广东西部沿海高速公路及其一级互通路纵横交错，水陆交通十分便捷。早在大革命时期就已参加中国共产党的谭作舟（雅韶村人），在中共阳江县支部于1926年3月成立不久，成为支部委员。谭作舟率先在雅韶村成立了阳江县第一个农民协会——雅韶农民协会，成为阳江地区农民运动的先驱。抗战时期，雅八乡村民打响阳江抗战第一枪，阳江县联防自卫队第二大队长陈书云（雅韶朗仔村人）率部以血肉之躯抵御倭寇，雅韶村果敢村民挥锄劈日兵等，都充分体现了老区人民铁血抗战的英勇气概。解放战争时期，奔袭朗仔村收缴官僚地主、国民党"国大"代表陈书畴家藏枪等战斗，对加速阳东地区公开的武装斗争发展具有深刻影响。

二、阳东区经评划确认的老区村庄

按照广东省人民政府办公厅《转发省老建委关于补划老区村庄的意见的通知》、广东省民政厅关于"同意阳江市高岭等 2976 个解放战争游击根据地村庄备案"的复函和阳江市民政局《转发省老建委〈关于阳江市白坟等 89 个老区村庄备案的复函〉的通知》等有关政策规定，阳东区经评划先后确认老区村庄 658 个（分布在 85 个行政村），农户 46189 户，人口 186831 人。评划确认抗日战争时期老区村庄 28 个，其中大八镇评划确认抗日战争时期老区村庄 25 个，新洲镇、东城镇、塘坪镇评划确认抗日战争时期老区村庄各 1 个。

大八老区镇有老区村庄 234 个（分布在 20 个行政村），其中 23 个为抗日战争时期老区村庄，209 个为解放战争时期老区村庄。老区村庄农户 11871 户，人口 50295 人。

新洲老区镇有老区村庄 108 个（分布在 12 个行政村），其中 1 个为抗日战争时期老区村庄，10 个为解放战争时期老区村庄。老区村庄农户 5760 户，人口 27304 人。

雅韶老区镇有老区村庄 32 个（分布在 8 个行政村），其中 1 个为抗日战争时期老区村庄，31 个为解放战争时期老区村庄。老区村庄农户 5863 户，人口 20223 人。

其他镇在同时期划分的老区村庄有 284 个，其中塘坪镇 112 个、合山镇 48 个、东平镇 45 个、那龙镇 31 个、北惯镇 26 个、大沟镇 21 个、东城镇 1 个（为抗日战争时期老区村庄）。

第二章

时代变革　掀起革命斗争

（1925 年 8 月—1937 年 6 月）

农民运动、青年学生运动和工人运动

一、农民运动

1925 年 5 月，广东省农民协会成立，阳江地区农民运动因势兴起。同年 8 月，在广州从事革命活动的阳江籍革命青年谭作舟、敖华衮、黄贞恒等返回阳江二区雅韶（今阳东区雅韶镇）开展农民运动。他们深入群众、发动群众，农民迅速提高觉悟，纷纷要求组织起来，与地主恶霸、土豪劣绅进行斗争。当时他们成立了阳江县第一个乡农民协会——雅韶乡农民协会，这也是当时南路地区最早成立的农民协会之一。至 1926 年夏，在陈鸿业等的组织下，阳江县二区大沟、新梨、三丫等乡村农民协会相继成立。不久，花村、赤坎、高洞、寿长、沙岗、徐赤、海头、庐山、华洞、迳口等乡村农民协会亦相继成立。农协带领农民们在各乡村开展了规模浩大的减租减息运动。与此同时，阳江县一区（今为江城地域）、四区（今属阳江市高新区地域）、六区（今属阳西县地域）均建立了一批农会，并组织农军。至 11 月，阳江县各分农会已迅速发展到 80 多个，拥有农民会员 12000 多人。于同期建立的农军拥有枪支 800 多条。农民协会组织农民自卫军开展政治思想教育和举行训练。通过筹集枪支弹药和提高军事素质，农民运动不断深入发展，农协力量不断壮大。全县九个区除八、九区在筹备成立农会外，其余七个区均成立了区农民协会。不久，阳江县农民协会于 12 月初正式成立。农民运动遍及全县。

二、学生运动

与敖昌骙、谭作舟等人一起来阳江从事革命活动的罗扬清（国民革命军第四军党务科长，中共党员）在阳江县立中学（今为阳江市第一中学）组织青年学生进行军训，激发青年学生革命热情，投身轰轰烈烈的土地革命斗争，使阳江地区青年学生运动成为促进革命运动向前发展的有生力量。1925 年 5 月 30 日，上海发生了帝国主义屠杀爱国示威群众的惨案。这个震惊中外的五卅惨案发生后，在全国民众中激发了空前规模的反抗帝国主义的怒潮，首先在广州、香港两地爆发了规模宏大的省港大罢工。为了支援省港大罢工，7 月 10 日，阳江工农学商各界群众举行反对英帝国主义侵略示威大游行。阳江学生联合会于 7 月 21 日通电各界开展反对驻阳江地区军阀密谋盗卖海陵岛的活动，联合各界举行反帝集会。最终挫败了反动军阀妄想盗卖海陵岛的图谋。

随后，共青团阳江支部于 1925 年 12 月成立，1926 年 3 月又成立了新学生社。阳江地区的学生运动广泛开展。

三、工人运动

1926 年 3 月中共阳江支部建立后，工人运动在各地兴起，推动了阳江地区革命运动的发展。

当时，中国由大革命向土地革命过渡。由于帝国主义的入侵和时代的变迁，中国社会发生了深刻变化，大批失去土地的农民和失业手工业者涌入城镇，成为雇佣工人。当时阳江的工业发展极其缓慢和脆弱，工人多为手工业工人。阳江县城内以皮革工人为多，还有少量理发、酿酒、铁器工人。而闸坡港以捕鱼为生的渔工，有 1000 多人。这些工人深受帝国主义、封建势力、官僚资本主义三座大山的压迫和剥削，不但劳动时间长，而且工薪低得无法维持最低水平的生活。加上工作环境恶劣，经常发生致伤致死事故，生命安全毫无保障。直至共产党组织建立，并领导工人群众开展维护工人自身权益、改变工人命运的斗争，阳江地区的工人运动才得以发展。

此前在 1925 年 12 月，理发工人曾道生等人发动 30 间理发店工人成立阳江地区第一个基层工会——理发工会。1926 年 2 月，阳江酒米（酿酒）工会成立。随后，民船、铁器、缝纫、皮革、糕饼、酒楼茶馆、药材、棉胎等行业工会相继成立，会员多在 100 人上下，会员最多的民船工会有 700 多人。1926 年秋，阳江县总工会隆重成立，工会会员达 4000 多人。

在党组织的领导下，各界工会为争取合法权益进行了坚决的斗争。渔业工会组织渔工举行罢工，为遇难渔工家属争取抚恤金。1925 年 10 月，闸坡、沙扒渔工为渔业资本家出海捕鱼时遭受强台风袭击，共有 20 多条渔船被打沉，淹死渔工二三百人。死难渔工家属多次向资本家申诉索要抚恤金无果。工运委员会和渔工代表组织两地渔工举行罢工，争取自身合理的权益。经多次谈判，迫使渔业资本家给渔工家属发放了抚恤金。这是一场工人团结斗争取得的胜利，显示出工人运动的强大力量。

在闸坡、沙扒渔工罢工胜利的鼓舞下，县城药材行业和酿酒行业的工人，也提出了改善工作条件、提高工薪的诉求。他们在斗争中虽几经曲折，但团结起来的工人始终没有屈服于资方的种种威逼与要挟，坚持有理有利的斗争，终于也迫使资方答应给工人加薪。

1926 年春，为支援省港大罢工的反帝斗争，阳江各界工人商定 3 月 30 日至 4 月 5 日为援助罢工周，在府衙前举行支援省港大罢工动员大会。会后游行，组织 10 多个宣传队分赴各地演讲和劝捐，并致电慰问省港大罢工工友。5 月初，由各界代表梁济亨、敖华衮、谭作舟等携捐款 700 元赴广州慰问罢工工人。6 月，中共阳江县支部发动工人、学生协助省港罢工委员会派来的纠察队，扩大封锁北津港口，检查英、日洋货，历经多次缉获仇货，沉重地打击了奸商，有力地支援了省港大罢工。

敖昌骙和跟随其同返阳江的工运骨干，利用当时带回的 10 多条枪支武装工人，成立工人纠察队，并在江城埠尾成立了缉私办事处，严禁大米出口，缉获私货，抵制英、日等帝国主义洋货，安定民生。

第二节 中共阳江县支部的建立

1926 年 1 月，中国国民党第二次代表大会在广州召开。大会遵循革命先行者孙中山的遗嘱，反对帝国主义、封建军阀，坚持联俄、联共、扶助农工的政策，使始于 1924 年的国共两党第一次合作得以延续，推动了以反帝、反封建为旗帜的大革命向前发展。

中共广东区委为了加强对大革命中兴起的工农运动的领导，在各地广泛开展党组织的建设。中共广东区委、国民党省党部和南路特别委员会，于 1926 年 1 月委派阳江籍共产党员敖昌骙、敖华裒等工农运动骨干返回阳江，积极筹办党组织建设工作。1926 年初，中共广东区委南路特派员、广东省农民协会南路办事处主任黄学增和国民党中央青年部干事、阳江籍共产党员阮绍之（又名阮退之），多次到阳江考察，指导中共阳江县支部的筹建。

1926 年 3 月，中共阳江县支部成立，隶属中共广东区委。支部书记为敖昌骙，敖华裒为组织委员，委员有关崇懋、吴铎民、黄贞恒。5 月，1925 年在广州农民运动讲习所学习时参加中国共产党的谭作舟（今阳东雅韶镇人）和冯军光奉调从外地返回阳江，增补为支部委员。当时，中共阳江支部共有十余名党员。在此之前，即 1925 年 12 月，共青团阳江支部成立，有团员 5 人，欧赤为书记。

中共阳江支部的成立是一个具有划时代意义的事件，它为阳江地区播下了不灭的革命火种。在党组织的领导下，阳江地区的革命运动方兴未艾。但随着蒋介石发动四一二反革命政变以及阳江地区四一五反革命"清党"运动的发生，阳江的党组织遭受严重破坏。后来于 1927 年冬重建党组织，成立中共阳江县委。接着，阳江党组织再度遭受破坏，于 1929 年 7 月与上级党组织中断联系，组织活动被迫停顿。至抗日战争时期，阳江党组织得到恢复和发展，于 1938 年 7 月建立中共阳江特别支部。1939 年 3 月，成立中共两阳工委。1940 年 3 月，成立中共阳江县委。解放战争时期，阳江党组织不断发展壮大，建立和领导了阳江地区的革命武装组织——漠东大队、漠南独立大队（后发展为中国人民解放军粤中纵队第二支队第八团）和恩阳台独立大队，与国民党反动派进行殊死战斗，紧密配合南下中国人民解放军作战，取得了"阳江围歼战"的胜利，于 1949 年 10 月迎来了阳江解放。阳江解放后，阳江地区党组织作为阳江社会主义建设事业的领导核心，以新的姿态带领阳江人民在革命建设中奋勇前进。几十年来，阳江地区党组织在革命斗争中经受住各种挫折的考验并不断发展壮大，无不与 1926 年 3 月中共阳江县支部的建立一脉相承，深刻表明了大革命时期建立的中共阳江县支部所具有的重大的政治意义和重要的历史地位。

第三节 用鲜血和生命与白色恐怖抗争

1924 年 1 月第一次国共合作，推动了中国革命向前发展。

1927 年 4 月 12 日，中国革命前途却风云突变，蒋介石背信弃义，在上海悍然发动震惊中外的四一二反革命政变，进行血腥的武力"清党"，大肆逮捕和屠杀共产党人、革命志士和热血群众，使土地革命的形势出现逆转。阳江地区国民党反动派，忠实地秉承了蒋介石的意旨，勾结广东军阀，在阳江地区进行了反革命的"清党"。4 月 15 日凌晨二时许，县长陆嗣曾、驻防军营长梁开晟、县警察局长梁鹤云等亲率军警在阳江城封锁主要街道，包围工会、农会和共产党员、共青团员及国民党左派人士的住处，对革命者展开大搜捕。短短几天，先后有 30 多名革命者遭到"清洗"搜捕。中共阳江县特派员罗济奇也在"清党"期间遭搜捕。一时间，白色恐怖笼罩着阳江地区。

被捕之初，革命者被关押于阳江，他们身陷囹圄，表现出大无畏的革命斗争精神，面对严刑拷打，大义凛然，揭露国民党迫害屠杀革命志士的卑劣行径。

1927 年 5 月，敖昌骙、谭作舟等 16 人被押解至广州，囚禁于广州市公安局，后又被押解往广州南石头惩戒场。但革命者始终坚贞不屈。此时已彻底背弃了孙中山的联俄、联共、扶助农工政策的国民党反动派，对革命者举起了罪恶的屠刀。

1928 年 9 月 5 日，敖昌骙、谭作舟、黄贞恒、陈必灿、吴铎民、关崇懋、谭启沃、梁本荣、王德符、陈鸿业、冯尚廷、梁济亨、敖华日、梁洸亨、梁泮亨 15 人被押往广州红花岗刑场，惨遭国民党反动派杀害。被杀害的 15 名革命者以及因受尽酷刑而病死狱中的张乐华，在阳江被称为大革命时期的"阳江十六烈士"。其间，阳江被杀害的还有谭中孚、罗济奇、雷发培 3 名烈士。

阳江县党组织虽然在阳江"四一五"事件中被国民党反动派扼杀，阳江地区的革命斗争因此遭受严重破坏，但英烈们在漠阳大地播下的革命火种，唤醒了无数的人民群众，他们纷纷投身革命洪流。

第四节 挫折中党组织的重建及开展的革命斗争

经过"四一五"事变后，阳江地区的革命遭受严重挫折，共产党组织的活动基本中断。但是，中国共产党人是打不垮，杀不绝的，革命先烈播下的红色火种不会熄灭。

其间，身在广州、上海等地从事革命活动的阳江籍共产党员，受命于危难之时，陆续返回阳江，重燃革命烽火。共产党员许高倬从上海返回阳江，以在阳江县立中学当教师为掩护从事恢复党组织工作。共产党员冯宝铭（1926 年在中山大学读书时参加共青团，后转为中共党员），因被敌人追捕转移到香港后，与中共广东省委联系，被派回阳江组织农民武装。许高倬、冯宝铭、廖绍琏等 3 人根据中共广东省委的指示，积极酝酿恢复阳江地区党组织。他们分头暗访联系上区业勋等 10 名中共党员，恢复了他们的党组织关系并开展组织活动。1927 年 11 月，由冯宝铭赴香港向中共广东省委汇报恢复阳江地区党组织的准备工作。返回阳江后，他与许高倬等同志按照省委的指示，成立了中共阳江县委。许高倬为县委书记。当时，阳江地区有 10 多名中共党员，共产党组织在白色恐怖中得以恢复。

中共阳江县委成立后，党员分头秘密开展活动。一方面恢复失散党员的组织关系，成立中共阳江城支部、中共丹载乡支部、中共北宿乡支部和中共织篢圩支部；另一方面加强与上级党组织的联系，争取上级党组织对工作的指导。冯宝铭赴香港向省委汇报工作后，参加了广州起义，廖绍琏也在广州起义前抵达广州并参加起义。广州起义失败后，他们又秘密返回阳江。但在以许高倬为书记的中共阳江县委成立后的半年时间里，革命活动难以开展。县委成员对如何开展工作存在分歧，特别是对武装斗争有不同意见。此时，丹载乡党支部和北宿乡党支部联合提出改组县委的意见。经中共广东省委同意，1928年4月，中共阳江县委进行改组。改选冯宝铭、许基旭、敫华衮为中共阳江县委常委，并任冯军光、阮绍元（阮退之）为技术干事。中共阳江县委日常工作主要由冯宝铭负责。当时有22名中共党员。阳江县委机关设在丹载许氏宗祠，并在阳江城东门外的化民医院（现市府机关幼儿园）设立中共广东省委与中共阳江县委秘密通讯站。

中共阳江县委重新组建了阳江城党支部、丹载乡党支部、北宿乡党支部和织篢圩党支部。冯宝铭在丹载乡丹载小学建立革命据点，秘密从事革命工作，发展党的组织力量。在几个月的时间内，吸收丹载小学教师陈昆才、谭履谦及当地青年许名飞、许名琪等人参加中国共产党，中共阳江县委所属的丹载乡党支部得到加强。同时，冯宝铭还积极恢复、扶助丹载的"公志会"（丹载早期成立的农民秘密协会，后改为"公益会"）发展会员二三十人，以民团为骨干，待具备条件时开展农民武装斗争。

同年秋天一个晚上，在党组织的布置下，丹载"公志会"为加强农民团结，在村外进行了"焚香宣誓"。反动民团许基谓闻风带领团丁搜查县委驻地——丹载小学。中共阳江县委机关随时可能暴露。面对这种情势，中共阳江县委立即召开紧急会议研究应对措施。因冯宝铭在丹载无职业易引起怀疑，遂决定冯宝铭和许基旭于当晚撤离。冯宝铭离开阳江赴港后，由中共广东省委派回阳江的中共阳江县委负责人郑锦源把在丹载小学的泥印机（在反动民团搜查时未被发现）转移到县城冯国治经营的茂利理发店，交由陈昆才、许名飞秘密印刷革命宣传品。县委秘密通讯站也由化民医院转到茂利理发店。郑锦源在极端困难的情况下，以理发为掩护，物色革命积极分子，先后吸收冯国治等 3 名理发工人入党，发展理发工会中党的骨干力量，并于秋末重新组织了理发工会。1929 年 2 月，理发工会成立不久，反动派即密谋扼杀，郑锦源被迫前往香港，理发工会理事冯国治在茂利理发店被捕。其间，许基旭从澳门返回阳江，与陈昆才、许会燊（丹载小学校长）在江城太傅路光华书店开会，不幸被捕。接着敌人到丹载村抓捕许名飞。由于革命同志接连被捕，阳江党组织在极端恶劣的环境里，又与中共广东省委中断了联系，党组织活动再度停止。

第三章

共赴国难 同仇敌忾抗日
（1937 年 7 月—1945 年 8 月）

第一节 浴火重生，重建党组织

1931 年九一八事变爆发，日本侵占我国东北地区，全国军民进行了反侵略的抗日战争。1937 年七七卢沟桥事变后，抗日战争全面爆发。在日军铁蹄蹂躏、民族同胞惨遭屠杀，祖国河山支离破碎的危急关头，1929 年秋被迫中断组织活动的各级党组织纷纷重建，带领共产党人和革命群众奋起抗日救亡。

这个时期，为应付当时复杂的时局，阳东地区的上级党组织多次调整领导体制，使中国共产党的领导工作得到恢复和加强。由于日军已于 1938 年 10 月 12 日在惠州大亚湾登陆，1938 年 10 月 18 日，面对着广州即将沦陷的严峻形势，中共广东省委召开紧急会议，决定将省委机关由广州迁往韶关。为保护干部，省委领导同志和工作人员分散转移到各地，并决定在全省范围内成立地区性特委，发展党的组织力量，加强对抗战的领导。1939 年 1 月，成立中共中区特委，管辖新会、鹤山、台山、开平、恩平、阳江和阳春等县的党组织。1939 年初，上级党组织任命张靖宇为中共两阳特派员，负责阳江、阳春两县党的工作。张靖宇与陈奇略、林元熙、陈萼等研究决定把党的机关转移至上元春林元熙家中，秘密举办培训班帮助党员明确抗战时期党的工作方针和任务。1939 年底，党组织进行调整，经请示中区特委后成立中共两阳工委，由张靖宇兼任工委书记。两阳工委下设两个特支，一个是中共阳江县特支，由林元熙兼任书记，委员有林克、陈玉泉；另一个是中共阳春县特支，由陈奇略兼任书记，委员先后有林克、刘文昭、林良荣、黄昌熺、陈萼、郑宏璋和陈国璋等。

阳东地区党组织也在危急中恢复。1937 年 10 月，中共广州外县工作委员会调派王传舆（黄文康）等人到阳江开展抗日救亡活动，重建和发展党的组织。经过几个月的艰苦深入工作，他们团结、引导和培养了一批青年骨干，并于 1938 年三四月间，先后吸收了一批党员，重建了阳江党组织。1939 年春，由廖绍琏介绍已参加"青年抗敌同志会"的许式邦（丹载村人）加入中国共产党。当时，许式邦参加阳江县政府组成的农村巡回工作队，到织箦、大八、雷岗、溪头等地对青年学生、农民进行抗日宣传活动。同年 10 月，党组织抽调许式邦、陈华森（陈中福）等人回丹载村开展工作，他们先后吸收许名琪、许航、许绍铭、许计润、许协益 5 人入党，并重建了丹载党支部。许式邦为支部书记。1940 年 7 月，中共阳江县委机关和张靖宇夫妇从雅韶平岚村转移到丹载村果子园，县委书记张靖宇对外称"金山佬"（华侨），以殖牧公司经理身份为掩护开展革命活动。1940 年秋，组织安排许式邦任丹载小学校长，并抽调廖正纪、何瑞廷、陈萼、陆荣湘、林昌铿等多名党员到该校任教，成立丹载小学党支部，开展农村工作。许式邦兼任党支书和殖牧公司副经理。

浴火重生。在抗击日军的危急关头，各级党组织得到恢复和发展，相互呼应，为全民抗战树立起坚强的革命旗帜，领导阳江地区的革命武装力量和广大人民群众与日军展开了殊死的斗争。

第二节 日军在阳东的罪行

1937年，日本军国主义制造震惊中外的七七卢沟桥事变后，继而向关内步步进逼，挑起全面的侵华战争，到处实行疯狂的杀光、烧光、抢光的法西斯"三光"政策，烧杀抢掠，奸淫妇女，无恶不作。中华民族面临空前灾难。

1937年12月，日军侵占南京，进行了惨绝人寰的集中大屠杀，残杀无辜平民和解除武装的中国士兵30万人以上。

1938—1945年，日军铁蹄践踏阳江，实施了疯狂的"三光"政策，阳江人民伤亡惨重。

血腥侵占南鹏岛[①] 1938年5月30日，日军侵占南鹏岛（距阳东东平渔港10.2海里。中华人民共和国成立后，东平粮管所在岛上设销售点，对岛上渔民供应商品口粮）。日军占岛七年间，100多名日本军人和汉奸败类血腥管治岛上矿工和居民，对矿工、居民进行残酷的压榨和肆意屠杀。他们长年强迫男人为日本三菱公司采矿，强迫女性当"慰安妇"。在日本兵和日本监工的严酷监视下，年老体弱、劳累过度或生病的矿工，屡遭虐待毒打；沦为"慰安妇"的女性受尽欺凌；病重的矿工，不但得不到医治，

---

① 《南鹏血泪》，引自中共阳江市委党史研究室、阳江市关心下一代工作委员会、阳江市中共党史学会合编：《抗日风云——阳江市纪念中国人民抗日战争暨世界反法西斯战争胜利70周年》，（内部资料）2015年版，第46—48页。

反而被毫无人性地拖到海边抛下大海溺亡，被怀疑染上传染病的矿工则被活埋；被指为反抗或企图逃走的矿工，则被拖至海边悬崖鹰咀石（矿工称为劏人石）杀死后沉尸大海。七年间，日军残杀矿工近 4000 人。1942 年，日军从广州一带抓来 500 多人到岛上挖矿，至 1945 年战败投降时，500 多名矿工仅剩 36 人存活。当地渔民被杀，女性遭奸污致死，矿井事故致死、病死、饿死、逃亡海上溺水致死的平民等等也无法统计。

在对南鹏岛的血腥统治期间，日军加紧掠夺岛内的钨矿资源。据 1987 年出版的《粤西有色金属工业志》记载：南鹏岛"在日本占领开采期间专采富矿，掠夺 6000 吨钨精矿"。

侵扰轰炸东平渔港[①]　自 1938 年开始，日本侵略军从海上炮轰，在空中轰炸、扫射，登陆上岸抢劫。东平人民遭受很大损失，计死亡 200 多人，被毁木棚和商店 150 多间，大批财物被抢走。

1938 年 5 月 15 日，日军战舰从海上炮击东平渔港，渔民杨益弟的儿子被炸死。1940 年 5 月间，蔡开贵等渔民的近百艘渔船在大镬、二镬海域捕鱼，遭到日军战舰突袭。日军开枪射杀渔民 100 多人，并凶狂地把壮年渔民用铁线插穿手掌再抛海溺死，还强奸妇女，事后将其抛海，并把船上财物抢劫一空。

1941 年 2 月 15 日，从停在南鹏海面的军舰上起飞的三架日机飞抵东平港，在低空扫射，渔民蔡转就的儿媳左臂中弹，致终身残疾。同月下旬，日军 30 人在澳仔头登陆上岸搞破坏，他们在街上，每隔两三间民房就放一把火，烧毁店铺 48 间，抢走粮食、

---

① 《日寇空袭阳江》，引自中共阳江市委党史研究室、阳江市关心下一代工作委员会、阳江市中共党史学会合编：《抗日风云——阳江市纪念中国人民抗日战争暨世界反法西斯战争胜利 70 周年》，（内部资料）2015年版，第 55—77 页。

生猪等物资一大批。陆上一渔民在沙咀被炮弹炸死，一村民在口洋附近被杀。

9月中旬，三架日机再次轰炸东平港，低空扫射杀害张福胜、计银婆、杨晓、德姆、英婆等30余人，后又投下三颗燃烧弹，炸死渔民玺公仔，烧毁木棚屋105间和渔船一艘。同月，两架日机飞至东平港投弹2枚，炸死新联记工人牙仔。10月，又有一架日机空袭东平，投弹2枚，炸死3人。

"三三"事变① 1941年3月3日（农历二月初六）早上6时，日本侵略军千余人乘兵舰两艘在北津港登陆，烧毁当地店铺、民房30多间，杀害村民10多人。当天11时占领阳江城后，大肆烧、杀、抢，血腥屠城。事后日军于3月9日撤退。这次事变，阳江人称为"三三"事变。

"六六"事变 1945年7月14日（农历六月初六），日军第二次侵入阳江地区。日军从电白经儒洞、蒲牌、织箦、程村、白沙进入阳江县城。在城内侵扰15天，至7月28日经北惯、合山、那龙入恩平县境，再沿广湛公路北撤。日军这次侵入阳江是在农历六月初六，阳江人称为"六六"事变。②

日军在阳东所犯下的罪行罄竹难书。除上述事件外，日军还有不少侵扰行为。7月16日，一小股日军窜扰北津港。18日，阳江联防自卫队第二大队长陈书云带队在津浦马山阻击，狠狠地打

---

① 阳江市老区建设促进会、中共阳江市委党史研究室编：《阳江市革命史迹选编》，中共党史出版社2014年版，第47页。

② 《阳江的"六六"事变》，中共阳江市委党史研究室、阳江市关心下一代工作委员会、阳江市中共党史学会合编：《抗日风云》，（内部资料）2015年版，第71页。

击了日本侵略军的嚣张气焰。激战中，陈书云头部中弹英勇献身。①

　　7 月下旬，日军进入广湛公路阳东路段那味村、那霍村一带，村民纷纷逃往彭村，日军随即进村"扫荡"。当他们发现村民躲藏在彭村附近高龙村的鹿塘山山洞时，竟架起机枪向山上扫射，杀害村民 30 多人。接着日军又到麻地村搜捕，把 40 多名男女老少村民押到晒谷场，施行盘问、拷打、屠杀。村民项德太见妻子中弹自己扑身欲救，被日军用刺刀当场刺死。此外，日兵对麻地村洗劫一空后，竟放火烧村。

---

　　① 《陈书云抗击日寇的故事》，中共阳江市委党史研究室、阳江市关心下一代工作委员会、阳江市中共党史学会合编：《抗日风云》，（内部资料）2015 年版，第 179 页。

第三节 危难中的抗日救亡运动

日军全面侵华的种种野蛮暴行令中华民族面临空前灾难。面对侵略者叫嚣三个月内灭亡中国的狂妄政治野心和步步紧迫的军事态势，中华儿女开始了艰苦的抗战。

1937 年 9 月，中国共产党倡导的抗日民族统一战线正式形成，第二次国共合作开始，以国共两党合作为基础的抗日救亡运动在全国普遍开展。全国军民万众一心，共赴国难，坚决打败日本侵略者。受全国抗日救亡形势的深刻影响，包括阳东地域在内的阳江地区的抗日救亡运动日益高涨。

一、广东青年群社阳江分社成为抗日救亡重要阵地

1937 年 10 月，中共广州外县工作委员会派王传舆（黄文康）等人来阳江重建阳江党组织，开展党的地下活动，并成立马列主义研究会。12 月，广东青年群文化研究社（简称"青年群社"）成立，并决定在阳江、阳春等地成立分社。王传舆与容兆麟按当时"南委"的部署，利用抗日民族统一战线的关系，争取国民党县党部书记长谢维祺和阳江县长陈修爵的同意和支持，发起成立青年群社阳江分社筹备会。经过几个月的宣传发动和组织，广东青年群社阳江分社于 1938 年 4 月 10 日成立，入社青年达 400 余人。该社以广东两阳中学和阳江县立中学的青年学生为主体，名义上由国民党县党部主办，实际上是阳江地区共产党组织掌握的

抗日救亡革命组织。其所从事的主要活动，是大力开展抗日救亡运动。王传舆等以青年群社阳江分社为主要阵地，直接领导阳江的抗日救亡运动。工作的重心是把阳江地区的广大青年团结起来，把阳江地区各抗日团体活动由原来分散的宣传活动转为有组织、有领导的抗日救亡运动。他们以展示漫画、标语，唱抗日救亡歌曲、上演街头戏剧等方式向群众宣传抗日救亡。1938 年的七七卢沟桥事变周年纪念日，青年群社联合阳江各个抗日救亡团体举行声势浩大的集会，并组织示威火炬大游行，点燃了阳江地区抗日救亡的烈火。青年群社的抗日救亡主张和爱国热血行动得到了抗日民族统一战线的支持和社会各界的认可，在斗争中成为宣传教育和团结广大人民群众投身抗日救亡的中坚力量。

二、大中文化社以文化活动推动救亡运动

1938 年 4 月，阳江县大中文化社（简称"大中社"）在抗日救亡呼声日益高涨时成立，这是阳江地区又一个为抗战呐喊，以文化活动推动救亡运动开展的群众团体。在筹备成立之初，"大中社"所拟定的组织章程曾三呈当时国民党县党部书记长审批，均未得到批准，组建工作受到影响。负责筹备工作的许高倬等热血青年，一面继续组织开展各种形式的抗日宣传活动，一面向当局据理力争，争取大中社合法成立。他们选派代表，向县长陈修爵多次陈述意见，使陈终于同意成立大中社，并拨付一百银圆作开办经费。阳江县大中文化社成立时会员达 1000 多人，他们多是进步的机关职员、中小学教师、青年学生和社会青年。大会推选陈修爵为社长，许高倬、冯军光、廖绍琏（三人是大革命时期中共党员，1937 年 2 月从东莞、广州等地回阳江开展抗日救亡宣传活动）等 30 余人成为该社活动骨干。

大中社在阳江地区积极开展活动，坚持以各种进步的文化活

动推动抗日救亡运动。救亡运动之初以阳江县城为主，接着向阳东等地农村扩展，通过演话剧、唱民歌、说书、出宣传墙报、组织夜呼、开办贫民夜校等文化活动，大中社向广大群众宣传抗日主张，激发群众抵御外侮、抗击日军的爱国热情，鼓舞热血青年投身抗日救亡。

大中社开展教唱抗日战歌的宣传活动尤为活跃。当时，在阳江城的大街小巷和中小学校，抗战歌声不绝于耳，并向阳东周边农村传播。受大中社的抗日宣传影响，许多进步青年和学校师生纷纷加入宣传队伍。因日机对广州狂轰滥炸而疏散回乡的阳江籍大学生也深受感召，经常聚集在一起谈论国事时艰，接受大中社许高倬等对他们进行的爱国主义和抗日救亡的宣传教育，激发抗战热情。

大中社的抗日救亡活动在阳江地区产生了深刻的影响。他们进一步团结两阳中学学生向学校当局提出严正要求，迫使校方作出让步，放假一个月让学生进行抗日救亡宣传活动。当时，在两阳中学读书的阳东籍学生回到家乡投身抗日救亡活动。同时，县立中学的学生也被组织起来，到阳西织篢、塘口和阳东、白沙等地开展抗日救亡宣传活动。

三、青年抗敌同志会参加抗日宣传，基青社成抗日救亡团体

受"青年群社"和"大中社"抗日救亡活动的深刻影响，1938年夏，阳江青年抗敌同志会（简称"青抗会"）正式成立。该会以林明通和许式邦等人为活动骨干，会员有数十人，大多是小学教师和青年学生。抗战时期，青抗会的成员经常分组在茶楼、酒馆、街头以及其他公共场所开展读报等抗日救亡宣传活动，成为抗日救亡运动的一支生力军。

阳江基督教会青年社（简称"基青社"）于1935年成立，是

一个宣传基督教的宗教组织。抗战前，在邓石、何业强等骨干的组织下开展各种基督教活动。抗战爆发后，全民族统一抗战的形势唤醒了他们的抗战思想，加上受到阳江地区抗战群众团体抗日救亡运动的深刻影响，"基青社"会员也积极投身抗日救亡活动。他们平常既唱"圣歌"，也唱抗日战歌。《动员》《大刀进行曲》以及自编自唱的抗日民歌，经常在教堂上空回响，使前来"礼拜"的信徒亦受到教育。他们先后演唱并印发了几十首抗战流行歌曲，高唱"大刀向鬼子们的头上砍去"，深刻地表达了阳江各界人民团结一心，誓与日军血战到底的民族抗战精神。

全民族抗战的洪流，激励着以往端坐礼堂的有神论者也投入到抗战宣传中。当时青云路礼拜教堂牧师庞范成，以及后来的牧师马礼全及其夫人，传教士陈蔚薇、岑觉凡等都支持或参与了抗日宣传活动，教堂成为宣传抗日救亡的活动场所。

四、知识青年妇女英勇上阵投身抗日救亡

阳江地区的各抗日救亡群众团体，吸纳了许多受爱国思想影响的知识青年妇女。她们经党组织的教育启发，挣脱封建旧礼教的思想桎梏，在民族生死存亡关头，毅然地选择与男同胞并肩作战。抗战时期，一大批知识青年妇女，包括学校青年女教师、青年女学生纷纷投身抗日救亡运动。青年群社阳江分社有赖慧媛、陈佩瑜、林惠芳、林素娴、杜世文、梁嗣和、梁文坚、刘贻惠等，大中社有曾素伟、梁树馨等，基青社有岑觉凡、杨蔚华、吴宗理等，都是各抗日救亡团体中的妇女骨干。她们年轻、热情、有文化，思想觉悟高，无论是走街串巷、到工厂、下农村，还是唱歌、演讲、刷标语、出漫画、办墙报、演街剧等，都有她们活跃的身影。她们还是"妇女会"和其他救亡宣传团体联合组成的晨呼队队员，在200多人的晨呼队中，女青年就有几十人。每当清晨，

她（他）们沿街高呼抗日口号，高唱抗日歌曲，向最基层的街民宣传鼓动，她们甚至走进盲婆巷，教盲人唱抗日歌曲。同时，她们也参与发动群众捐款支援抗日前线，参加劳军慰问等活动。1945年3月，两阳人民武装——广东人民抗日解放军第六团成立，梁文坚任政工队长，黄碧珠、林源是政工队的女队员，陈韵如等为团卫生员。在一系列的抗日救亡活动中，这些知识青年妇女经受了各种锻炼和考验，后来，她们多数成为各团体中的积极分子和骨干，不少人先后加入了中国共产党，成为革命斗争中的先锋队员。

五、阳东表竹村党小组创立"大同读书社"宣传抗日救亡

王传舆受命前来阳江工作以后，一面积极筹办成立广东青年群文化研究社阳江分社，一面着手恢复阳江党组织工作，培养发展新党员，重建阳江党组织。1939年1月，当时在中山大学读书，因广州沦陷而返回家乡的黄德鸿（今阳东新洲表竹村人）被吸收加入中国共产党。6月，党组织派黄德鸿往开平县赤坎参加党训班，学习结束后派其回表竹村发展党组织力量。其间，黄德鸿介绍了黄诺入党，并联系已在广东两阳中学入党的黄德昭回乡成立表竹村党小组，黄德鸿任党小组组长。同年10月，黄德鸿赴已迁往云南的中山大学复学，经党组织同意，由黄德昭负责党小组活动。随后，在广东两阳中学读书期间入党的黄登高、黄士兴假期回乡加入表竹村党小组，由黄登高任党小组组长。党小组在村中继续培养发展新党员黄联彩、黄雁飞。这期间，党小组建立了"宁远书屋"，以此作为阵地，还成立"大同读书社"，组织黄德基、黄德锐、黄德谦等进步青年学习马列主义著作，并引导他们投身抗日救亡活动。他们多次前往三山、新洲、福平、龙潭等村庄圩场宣传党的宗旨和抗日主张，揭露国民党当局消极抗日的

真面目，召唤农民加入抗日救国当中。

六、阳东丹载村成为抗战时期革命活动的堡垒

抗战前，在县城读书的丹载村青年许式邦，受共产党员许高倬影响，接受马列主义思想，在追寻革命真理中走上了革命道路。1936 年，许式邦跟随许高倬赴东莞县大荫镇长塘村、常平圩、土塘村等地小学任教，秘密寻找党组织关系。七七卢沟桥事变爆发后，日本帝国主义发动了全面的侵华战争，他们又决然地投身于抗日救亡运动中。这时，许式邦在阳江加入了青年抗敌同志会，以读报等方式奔走在江城街头巷尾，宣传抗日救亡。1939 年春，廖绍琏介绍许式邦加入中国共产党。在此期间，许式邦以满腔热情参加阳江县政府组织的农村巡回工作队，到阳东大八、雷岗和阳西织篢、溪头等地向青年学生、农民进行抗日救亡宣传。农村巡回工作结束后，党组织又派许式邦、陈华森（陈中福）回丹载村开展工作。他们先后恢复了早期入党的老党员许名琪的党员身份，并吸收村中进步青年许航、许兆铭、许计润、许协益等人入党，重建了丹载村党支部，由许式邦任支部书记。

1939 年 1 月，国民党召开五届五中全会，确定了"溶共、防共、限共、反共"的方针。1940 年春，国民党顽固派掀起第一次"反共"高潮。2 月，中共两阳县工委根据"反共"逆流出现后的形势，决定把党的工作从城市移到农村。于是，中共阳江县委从县城转移到雅韶乡平岚村福祥社 6 巷 16 号。平岚成为又一个县委机关所在地。7 月，中共阳江县委机关和县委书记张靖宇及其夫人从雅韶平岚村转移到丹载村果子园，由于当年 2 月中共阳江县委机关在向平岚村转移时，在丹载村果子园兴办了合成殖牧公司，以此为掩护建立农村革命活动点，让中共阳江县委赖以在果子园秘密从事革命活动。1940 年秋，许式邦被安排任丹载小学校

长，并抽调一批党员到该校任教，成立丹载小学党支部，由许式邦兼任党支书和殖牧公司副经理。许名琪任副经理协助张靖宇、许式邦主持该公司日常工作。当时，因敌人"扫荡"，中区特委副书记冯燊的妻子和儿子冯永坚在该场隐蔽了一年时间。

1941年3月3日，阳江发生"三三"事变。日军从北津港登陆侵扰阳江，占领阳江县城。留家的中共阳江县委成员采取应急措施：派政治交通员许航到开平县接张靖宇回阳江主持工作；由许式邦和丹载党支部成员留守保护县委机关；林良荣、周羡芳等从丹载小学撤往大八，会合大八党组织准备开展武装抗日斗争（当时中共大八区委成员叶大山担任大八乡长，拥有多名自卫队员）。

1942年冬天，丹载村党支部按照上级党组织的指示，开展勤职、勤学、勤交朋友的"三勤"活动，在村中与群众广交朋友。初期以党员为核心成立了10多人的"协进会"，后发展至100多人，改称为"一心社"，推选许式邦、许航、许名琪等为理事会负责人。党支部通过"一心社"教育团结群众。"一心社"成为一个团结面较广、规模较大的党的外围组织。1945年2月，许航被任命为丹载村党支部书记。4月，阳东区联络员林良荣接收了丹载村党支部的组织关系，布置许航组织"解放军之友社"，通过这个组织，宣传抗日战争进入战略反攻阶段我党我军的政策和主张，并揭露国民党反动派的反动图谋，引导热血青年为抗战全面胜利和解放全中国走上革命的道路。

七、笏朝村燃起抗日救亡烽火

1939年下半年，面对反革命逆流的到来，阳江党组织为长期积蓄力量，扎根农村和基层，派出中共党员曾素伟到笏朝小学任教。笏朝青年陈修剑于当年上半年在两阳中学秘密参加中国共产党。中学毕业后，于 1940 年春被派回本村小学任教，并组成中共笏朝小学党小组，由曾素伟任组长。党小组先后秘密发展陈慎数、陈章源、陈章达等人入党，成立了笏朝小学党支部，曾素伟任支书。在此期间，党支部先后安排中共阳江县委妇女部长周羡芳，地下党员梁嗣和、陈天正、陈佩瑜、林昌铿、何瑞庭、陈奇略、何业强等在笏朝小学任教，开展地下革命活动。

1940 年初，笏朝小学党支部领导笏朝村人民掀起了轰轰烈烈的抗日救亡运动。在周末晚上，党支部多次组织学校师生在学校礼堂演出抗日话剧。演出时全村群众踊跃观看，300 余座位座无虚席，站着观看的村民也有几百人。同时，还组织师生演唱抗日歌曲，成立歌咏队、演讲队、夜呼队到公共场所演讲、唱歌，宣传抗日主张。师生们还定期出墙报、刷漫画，扩大抗日宣传。其间开办的夜校，既是村中不识字的男女老少学习文化的课堂，也是开展抗日救亡宣传教育的阵地。通过灵活多样的宣传，广大村民的思想觉悟得到提高，笏朝村的抗日救亡运动也搞得轰轰烈烈，人民同仇敌忾，积极投身抗日救亡。同时，他们还有钱出钱，有力出力，踊跃捐款捐物支援抗战。

第四节 军民铁血抗击日本侵略者

一、雅八乡和东平响起阳东抗战枪声

1941 年 3 月 3 日 "三三" 事变发生时，灾难首先降临雅八乡（现雅韶镇地域）。日军在登陆北津港码头后，就魔鬼般开枪扫射，早上准备出海作业的渔船纷纷开船离港逃避。日兵长驱直入扑向津浦、雅韶等村庄，实行疯狂的 "三光" 政策，见物就抢，见屋就烧，见人就杀。来不及避走的村民，或被推下池塘开枪射杀，或被刺刀穿腹而死。有几条登陆艇，沿那龙河北上至尖山渡口登陆，日兵窜到平岚村，见村民正沿大路向北惯方向逃走，即冲上前开枪打死打伤多名笏朝村民。

日军的野蛮兽行，激发了雅八乡村民无比的愤慨。在最危险的时候，人们发出了内心的怒吼，团结一心，冒着敌人的炮火，勇敢地打响了抗击日本侵略者的枪声。

"三三" 事变前一天晚上，雅韶村一村民发现北津港外停泊有一艘日本军舰，即向雅韶乡长谭芝房，副乡长卓宏康汇报。乡长听取汇报后分析日军极有可能登陆侵扰，遂连夜通知各村保长、学校教师等人员开会商量应对之策。在村里迅速组织一支 60 多人的武装抗日护村队，分组武装巡逻，并做好阵地布防，以备随时阻击日军进村；同时组织村民携带牲畜、粮食、衣物等，连夜撤至迳口、柳村等山区村庄。

3 月 3 日下午，十几名日本兵沿津浦村道窜到村边河涌的木桥前，意欲过桥进入雅韶村。此时，随着一声令下，早已埋伏在河涌对岸的护村队员朝进犯日兵打响第一枪。他们集中火力向正欲过桥的日兵开火，利用有利地形，把日兵阻止在桥上。双方一时相持不下。随后日军增派了一个排的兵力，企图依仗优势火力强攻进村。但双方激战两个多小时，日军始终无法冲破护村队的防线，最后只好悻悻撤退。嚣张狂暴的日本军做梦也想不到在雅八乡竟遭到如此有组织的顽强抵抗。护村队真是"忠勇可风"（日军撤退后时任阳江县长吴昌仁特颁给护村队的四字牌匾所书），他们以痛击日军的民族大义和英勇行动使雅八乡避免遭受屠村之难，再一次印证了阳东儿女抗战到底的决心。

在东平，1942 年 9 月，东平渔民罗华掌兄弟四人在万山岛附近捕鱼，遇上日军战艇，被日军登船检查。持有枪支的罗家四兄弟决意与敌火拼，乘敌不备，将艇上 9 名日兵击毙。罗华掌兄弟三人中弹牺牲。当另一艘日军战舰追来时，剩下的罗华德跳海泅水，虎口逃生返回东平。

二、表竹游击根据地农民建立武装队伍御敌

1941 年"三三"事变，日军在雅韶北津港登陆后，沿途烧杀抢掠，洗劫县城，漠阳地区人民面临空前灾难。危急关头，中共阳江县委号召各地党组织发动群众建立武装自卫队，抗击日军，保卫家园。表竹村党小组积极响应县委号召，挑选村里青壮男子成立农民武装自卫队，由黄广彤担任武装自卫队队长，并集中村中祖尝和大户人家私有枪支共 30 条，武装抗日自卫队，随时准备抗击日军。这支农民自卫武装队伍，深深植根于革命群众之中，得到群众的爱戴和保护，在危难之时担当起守土保家的重任，时刻准备打击日本侵略者，令日军不敢轻易进犯。

1945 年表竹村党小组组长黄德昭被选调到广东人民抗日解放军，参加了新兴县蕉山战斗。因敌强我弱，黄德昭在英勇突围中不幸被捕，经保释返回阳江，后来县委又派其回表竹村从事地下革命活动。"六六"事变期间，日军从西南经阳江向广州撤退，二次侵扰阳江地区。黄德昭再次组织村中青壮年成立抗日武装自卫队，仍以黄广彤担任队长。自卫队员守土保家，枕戈待旦，毫不松懈。后来，这支农民武装自卫队发展为解放战争时期的武装民兵和武工组，在表竹村建立起恩阳台三县边区的革命根据地，为夺取解放战争的最后胜利作出了重要贡献。

三、陈书云以血肉之躯书写民族御敌大义

陈书云是阳东地区抗击日军阳东籍烈士。[①] 1945 年 7 月 14 日（农历六月初六），日军再犯阳江。此时，德国已无条件投降，第二次世界大战欧洲战场结束，苏联红军和英美联军移师亚洲会歼日军。日军自知败局已定，但为了苟延残喘，便缩短战线，从东南亚撤退，其中一部从广东南路经阳江向广州集结，途中第二次侵扰阳江。

7 月 16 日，一股日军窜扰北津港，凶狂地抢掠烧杀。18 日，时任阳江县联防自卫队第二大队大队长的陈书云率领抗日联防队员抗击日军。

联防自卫队前进至北津，陈书云、陈东福率部据马山制高点为指挥所，命令第一中队队长陈经秀率 20 多人据守牛山、独山一带，第二中队队长陈可丰率队在花筋围一带布防。一声令下，两队同时向敌突袭，日军仓促应战。陈经秀手握轻机枪连续射出，一连击毙敌三人，日军阵脚顿乱，一面负隅顽抗，一面从对岸村

---

① 1985 年经阳江民政局认可。阳江县政府随后拨款修建烈士墓地。

调兵增援，联防自卫队前沿阵地腹背受敌，战斗打得异常激烈。由于日军的钢炮、迫击炮火力强大，不久便占领了北津村背的制高点。联防自卫队见形势危急，被迫撤退。陈经秀一行从牛山回撤，至马山前沿望牛岗，继续抗击日军，又相继歼敌 2 人。日军以密集炮火攻击牛山、独山阵地。陈经秀中弹重伤后，仍顽强指挥作战，不幸又被一颗子弹击中咽喉，这位年轻的黄埔军校学生为国英勇捐躯。

此时，陈可丰中队亦边战边退，撤回至马山西南前沿的花筋围抵抗日军。由于敌方火力凶猛，他们只好再往马山阵地回撤。

陈书云在马山指挥所，获悉前沿阵地已退守、陈经秀中弹牺牲，愤怒异常，拿起望远镜观察敌情，准备作战术调整，不幸被子弹击中头部，在阵地上壮烈牺牲。

马山抗击战狠狠地打击了日本侵略者的嚣张气焰。面对侵略，阳东人民紧握手中枪，英勇杀敌，不惧牺牲保家卫国，彰显阳东儿女铁血抗日的英雄气概。

四、里寮人民抗日显神勇

1945 年 7 月 18 日，沿广湛公路北撤的日军窜到合山里寮，捉住尚未离村的李均、嘉允、陈友、万友等村民，并在村里杀猪、杀鸡、抢粮做饭。其中一小队日兵进入农兴公司抢劫。永兴村 30多名农民武装抵御日兵进犯，在石角岭隔着石角河向日兵开枪射击，一名骑马日兵被击中跌落马下。李业辉指挥村民以三支步枪组成一组火力，连续集中向敌人射击，日军不敢冒进，在胡乱射击一阵后匆忙撤退。

19 日，日军继续沿公路北上，至牛栏路段时，由于受到国民军飞机的跟踪轰炸，日军两匹战马受惊从公路越过大石鼓山向里寮的山地跑去。田岸村 10 多个村民在马口石山将马拦捉，随后日兵也进入马口石山。李业辉、李业雄、李振汉、李玉符等 30 多名永兴村村民以及翟忠等 20 多名旧村、河湾村村民分别在马口石山和老鼠仔山开枪阻击敌人。日军使用大炮、机枪等展开攻击。此时，另有一小队日军从五马归槽山经正垌山向村民迂回包抄。李业辉指挥村民利用山上地形地物作隐蔽与日军开展对峙。战至黄昏，日军不敢恋战而撤退。这次战斗，缴获日军战马两匹，重机枪一挺。

五、雅韶村民果敢挥锄劈日兵

"六六"事变期间，日军为补给物资，所到之处肆意抢劫粮食、牲畜、日用品等。由于这次日军是从陆路侵扰阳江，所抢掠的物资要由陆路运输，于是日军强拉大批村民当挑夫搬运物资。

雅韶村有三名村民被抓来强迫做挑夫，其中一个是农民，另两个是剃头苏、剃头允兄弟俩。三名村民在三个日本兵的押解下，肩挑沉重的物资，沿广湛公路往广州方向前行。走到北惯一带路段时，日兵见村边有大片花生尚未收获，一时心起贪念，吆喝三位村民到地里拔花生。由于干旱地硬，花生苗很难拔起。日本兵令村民找来锄头挖花生。这时，挑运队伍都往前走了，他们落在最后。为加快拔花生的速度，日兵把枪支架在一边，也蹲下动手拔花生。剃头苏见状，觉得有机可乘，起意趁机锄死三个日本兵。他们用家乡话商量好一人对付一名日兵，利用搬花生苗的机会靠近日本兵，一瞅准时机，便齐声呐喊着挥起锄头猛力劈向日兵，其中两个被锄个正着，应声倒地身亡。另一个锄偏了，吓得连滚带爬想去拿枪。紧急关头，剃头苏一个箭步上前，挥起锄头狠狠补劈一锄，这名日本兵顿时也一命呜呼。

果敢村民挥锄劈日兵，是阳东地区热血儿女对日本侵略者的最后一击。此时全国的抗日战争已进入战略反攻阶段。历经 14 年艰苦抗日的中国军民迎来了抗日战争的全面胜利。1945 年 8 月 15 日，日本宣布无条件投降，曾几何时，穷凶极恶的日本军国主义走向了最后灭亡。

4

第四章

浴血斗争　迎接阳江解放
（1945 年 8 月—1949 年 10 月）

第一节 分散隐蔽，坚持自卫斗争（1945 年 8 月—1947 年 1 月）

一、抗日战争胜利后的斗争形势

中国军民经过 14 年艰苦卓绝的浴血奋战，取得了抗击日本侵略者的胜利。抗战期间，中华大地饱受日军铁蹄的蹂躏，中华儿女历尽了家破人亡和颠沛流离之苦难。日本战败投降，人们奔走相告，城乡一片欢腾，盼望能建立一个独立自主、民主统一、百姓安居乐业的新中国。

中国共产党主张建立一个独立的、自由的、民主的、统一的、富强的新中国，而国民党却逆历史发展潮流而动。蒋介石倚仗美帝国主义扶持，妄图独占抗日战争胜利的成果，消灭中国共产党及人民军队。1945 年 8 月 11 日，即日本发出乞降照会的第二天，蒋介石一面命令朱德总司令"所有该集团军所属的部队应就原地驻防，不得擅自行动"，另一面却严令其嫡系部队"加紧作战努力……积极推进"。8 月 13 日，蒋介石又在内部下达"剿匪密令"，进攻解放区，并于 14 日、20 日、24 日先后三次电邀毛泽东到重庆进行谈判。以毛泽东同志为首的中共中央，纵观全局，为争取国内和平，建立联合政府，决定赴重庆谈判。8 月 28 日，毛泽东从延安飞抵重庆。经过 43 天与国民党进行的艰苦谈判和针锋相对的斗争，毛泽东坚持反对内战，主张成立民主联合政府，解决国内和平问题的一贯立场，在不损害人民根本利益的原则下，同意将广东、浙江、苏南、皖南、皖中、湖北、湖南、河南等8个解放区让出，并将上述地区的军队撤至陇海线以北的解放区。蒋介石不得不接受和平建国基本方针，双方于10月10日签订了《政府与中共代表会谈纪要》，即"双十协定"。

然而，在谈判期间，蒋介石仍然暗中加紧策划内战准备。8月29日，何应钦再次把蒋介石1933年编辑的"剿匪手本"发给国民党所有军官。30日，美军在塘沽港登陆。国民党军队有恃无恐地疯狂进攻中共解放区，抢占大城市战略要地和交通要道。

由于国民党反动派的倒行逆施，国共双方一场内战不可避免。

二、朗底突围

朗底地处恩平山区，离朗底圩不远，是逶迤几十里的一片大山，大山南连阳东，西接阳春，北到新兴，东北是开平。走进山里，却可通达四方。朗底处于四县的交界地，因此成为恩平、阳东、阳春、台山等地开展游击活动的根据地。

1945年8月4日，中共中央从八路军、新四军抽调6万人的部队，由王震、王首道率领，南下五岭，建立基地，要求两年内建立起一支30万人的队伍。当时以滨海台南为根据地的广东人民抗日解放军第四团，于9月3日奉命离开基地，在团长吴桐和政委赵彬的领导下，随罗范群、谢立全、刘铁山（刘田夫）率领的队伍北上，迎接王震支队南下。但由于月前日本已投降，形势发生变化，故南下支队到达五岭后，奉命北返。第四团也随即折回，于10月10日抵达广东人民抗日解放军根据地——恩平县朗底圩，参加整训。整训期间，中区特委和部队司令部召开部队团级、地方党组织县级以上领导干部参加的朗底会议。会议由政治部主任刘田夫传达中共广东区委《对广东长期坚持斗争的工作布置》的精神；政委罗范群作《挺进一年来本区工作总结》，代司令员谢立全作《挺进六邑一年的军事总结》，讨论下一步的工作；选举中共中区临时特别委员会，罗范群任书记，刘田夫、谢创任副书记，周天行、谢立全、唐章任委员。会议决定领导中心转移到城市、平原和交通要道，部分领导干部和工作人员转移到城市；按照广东区委关于坚持斗争，保存武装，保存干部，长期打算，准备将来开展合法民主斗争的指示，将部分干部、战士转移复员，留下少数干部和战士以班、排为单位分散隐蔽，坚持自卫为主，暂停公开武装斗争。

国民党驻恩平六十四军一五六师刘镇湘部获悉广东人民抗日解放军在朗底整训的消息后，由张发奎支持，迅速调集了恩、阳、台、新、开五县兵力共6000余人，秘密包围朗底地区，企图一举消灭在朗底整训的广东人民抗日解放军中区部队。驻扎在朗底的中区部队有800多人。当日清晨双方发生战斗，抗日解放军被困于观音尖等山上。四团奉命在战场正面的镶盖山阻击敌人，战况异常激烈，战斗从上午8时打响，一直持续到日落。二连长周芳在战斗中壮烈牺牲，负责掩护突围的一个班12名战士，除一人幸存外，均壮烈牺牲在阵地上。夜间，四团部队运用声东击西战术，分路突围成功。

三、朗底突围后四团的斗争

1945年10月下旬，广东人民抗日解放军第四团主力突围刚回到台南，国民党一五九师的一个团就跟踪而来。四团主力在人民群众的支持下，进入恩阳台边，在阳东新洲一带迂回。敌人一连几天寻找不到游击队的踪影，兜了几个圈子后撤离。台南地方警察尾追四团主力至寨门、那琴，而四团正准备返回深井，与敌发生遭遇战，敌人被击败，逃回寨门。

这次四团主力从新洲、平堤回深井，必须经过尾角向海盗林贵仔借路借船（林贵仔此时是台南"剿匪"总队长）。林兴华由陈中雁陪同，亲自找林贵仔商议。最初，林贵仔表示十分为难，他的师爷黄道谦以及中队长林厚、林举彬则极力反对，担心被国民党发觉后招来后患。林兴华则对他们耐心说服，晓以大义，建议林贵仔让他们的兄弟先行隐蔽，待四团战士出海了，再望天打枪，大声喊杀。这样既可以向国民党请功，又能成全四团战士转移。林贵仔认为这个办法可行，便依计行事。林兴华率领战士乘坐林贵仔借给的三艘帆船，返回深井、禾镰坑村基地。

1946年2月上旬，广东人民抗日解放军政治部秘书郑锦波到台南基地向部队传达中共广东区党委发出的《目前形势与任务的指示》，要求基地所属各部队开展自卫斗争，坚持阵地，保全实力。根据形势发展的需要，原四团留在台南的武装人员，整编为滨海大队，吴桐任大队长，郑锦波任政委，林兴华任副大队长，李德光任副政委。同时抽调恩南大亨中共地下党员吴国光参加部队武装斗争。

四、阳东地区的隐蔽斗争

1945年3月，中共阳江县委派林良荣任阳东区联络员，负责阳东的党组织工作。林良荣以丹载小学为据点，接收阳东地区的党组织关系，吸收了岑业楷入党，开始组织和发展解放军之友社，发动群众，开展秘密斗争。

同月，广东人民抗日解放军进入阳江县东北部的大八乡（现阳东区大八镇），派一团和司令部警卫连攻打大八圩国民党顽固派军队据点，未能攻下。广东人民抗日解放军撤离大八，经珠环、太洞进入阳春轮水、先农。两阳党组织的负责人郑宏璋在龙门上双接到交通员送来的情报，连夜赶回先农乡，向广东人民抗日解放军司令部代司令员谢立全、政委罗范群、政治部主任刘田夫汇报两阳党组织筹建抗日人民武装等情况。

朗底突围后，党组织任命黄云为一团代政委，并把一团（包括原六团合并过来的部分人员）及干部集训队分成两支队伍返回阳东、恩平边境山区活动。卢德耀、赵荣带一队去恩平清湾一带；黎明和黄云带一队到两阳边境的蟠龙、大八、先农和轮水一带，两队互相照应。黎明作为司令部军政督导员负责与两队联系。

抗战胜利后，中共阳江县委安排邓锐庄、杜世芬到阳东，由阳东地下党员谭葆英安排在丹载小学隐蔽；南路起义失败后参加起义的梁之模遭国民党通缉转移到阳江，也由谭葆英安排在北惯小学隐蔽。1946 年 3 月，梁之模因身份暴露被国民政府逮捕，在被押解回南路时，连同他夫人李嘉一起被杀害于蒲牌乡的公路边。

1946 年 2 月，中共党员梁福生、车振轮先后到阳东合山活动。不久，中共阳东区委成立，林良荣任区委书记。梁福生、车振轮为区委委员。其间，梁、车二人以经商为掩护开展活动，发展了岑英就入党并建立了合山党小组。6 月，梁、车二人调离阳东，梁嗣和从江城调至阳东参加中共阳东区委。

恢复公开的武装斗争（1947 年 2 月—1948 年 2 月）

一、实行"小搞"，准备"大搞"

1946 年 6 月，蒋介石发动了对解放区的全面进攻，解放区军民坚决顽强反击。至 1947 年 2 月，国民党军被歼 66 个旅，共 71 万余人。为摆脱北方主要战场的受挫局面，国民党不得不从南方各省抽调大批兵力北上支援其主要战场，原驻广东的新一军、六十三军、四十五军、五十六军等 4 个军被紧急调往东北、华北前线，广东兵力出现空虚。国民党广东省当局除继续驻守主要城市和交通要道外，对广大农村已难以控制。为解决打内战的兵力、物力、财力需要，国民党广东省当局依靠地方保安部队和地方政权，加紧推行"三征"（征粮、征税、征兵）政策，对人民群众百般敲诈勒索和镇压，致使民不聊生，灾难深重。面对严酷压迫，人民群众纷纷起来抗争。广东党组织认为，在广东恢复武装斗争的条件已经具备，农村斗争已经进入武装斗争的阶段。

根据中区武装斗争发展的需要，为加强党对中区武装斗争的领导，1946 年 5 月起粤中地区党组织的领导体制由党委制改为特派员制。阳江党组织隶属中共中区（或称中共粤中）特派员谢永宽领导。8 月以后，谢永宽到台（山）、开（平）、赤（溪）和两阳（阳江、阳春）加紧布置党组织和武装部队的工作，于 9 月任命李信为中共两阳特派员，统一领导阳江、阳春两县地方党组织和武装部队。

12月27日，中共香港分局作出了《关于恢复武装斗争的决定》，确定了实行"小搞"，准备"大搞"的方针。1947年1月22日，原四团副团长李龙英领李锡均来到大亨村吴国光的家里，传达了香港分局有关开展武装斗争的决定。并宣布建立恩阳台（边）地区的第一个武工组，吴国光、李锡均为负责人。武工组以恩阳台三县的交会点大亨村为基地开展活动，首先建立大亨交通站，吴美流为交通员，然后在恩南湾雷乡龙口村发展吴连长、吴木，在靠近阳东的南宅发展吴毓泽等为秘密据点人员；随即进入阳东新洲北桂山区，到北桐村与秘密据点人员戴英豪联系，与其一起，在上下马蹄村、北桂村、土岗村、那六村、竹仔根、陈横村等建立了秘密据点；后又转向台南西部地区，分别在水平山村、沙湾村、大步头村发展了陈九、陈英灿、伍润廷等为秘密据点人员，建立秘密据点。大亨据点建立后，从香港和外地调入曹慕涛、余化康、余文、叶女、梁福生，分别在南星、怀德、园山三间小学以教学作掩护开展工作，在南星小学建立了联络站，安排南星小学董事长能辅任联络站负责人。

3月，谢永宽向台开赤中心县委书记黄文康、委员王永祥传达中共香港分局关于恢复武装斗争的决定后，一直以武装小分队形式活动于台山南部的林兴华部，与从香港调回和复员归队的人员整合后，组成4个武工队。为充分发挥武工队的战斗作用，4月间，台南沿海地区武装斗争负责人林兴华，改组了第一个武工队，马德里、吴国光、陈中福（陈华森）为负责人，马德里任队长。武工队改组后，分散活动。陈中福与容式率武工队从台南来到阳东，与中共阳东区组织负责人林良荣取得联系，共同研究在阳东开展武装斗争问题，决定由陈中福、容式率队先进入紫罗、葵田山区，然后进入东平的平堤、允泊、海蒗活动，再进入新洲表竹和龙潭洞等地建立活动据点。在龙潭洞活动时，建立秘密据点，联系和教育在龙潭洞糖寮做工的蔡广隆、蔡广辉、蔡广和等，到阳东腹地北惯蔡屋蒗建立秘密据点，然后再进入横樟村活动。11月，陈中福和林良荣在阳东大沟石鹤仔村茹祥的田庄建立了活动据点。随后，林良荣在平岚村发动青年参军。不久，中共两阳特派员李信转来中区特派员的介绍信，介绍林良荣去台南与林兴华联系，配合台南开展武装斗争。

这期间，吴国光带领的小组进入新洲北桂山区蓝田村，发动30多名青年参加党领导的革命青年外围组织，成立了"青年同盟社"。以"青年同盟社"社员为骨干，借用公枪15支建立了民兵队。在北桂开展减租减息宣传，成立农会，号召青年起来反抗国民党的"三征"，为后来反"扫荡"斗争打下群众基础。

二、粉碎余程万的"扫荡"

1947年10月台山人民解放军领导农民开展"破仓济贫"。10月10—12日，陈中雁、林忠、陈中福发动群众连续打开了小江、汶村、上头寨等粮仓，将1300多担稻谷分给农民。

台山人民解放军发动群众破仓分粮，令台山县国民党当局惶恐不安，电呈广州行辕主任张发奎发兵攻打。12月23日，台山籍的国民党七十四军副军长余程万更是狂妄自大，妄言"乡人救乡"，要在一个月内平定"匪患"，亲自担任恩、阳、台、开、新五邑"剿匪"总指挥，借调了广州行辕警卫团张文正的加强营800余人，全员美式装备，另调集粤中保安部队周汉铃部3个营的全部兵力和恩阳台保警部队，总兵力达4000余人。同时指定"海洋"号军舰率舰队于南鹏岛集结，封锁海疆，摆出一副来势汹汹的架势。其中1000多人于12月23日兵分四路向大窿洞、深井游击区扑来，妄图一举消灭台山人民解放军。台山人民解放军从内线获得这紧急的情报后，为"避敌锋芒，伺机歼敌"，林兴华队长迅速集结基干队伍60多人，配备轻机枪3挺，由吴国光作向导，秘密跳出了敌人的包围圈，向恩阳台边的横河山区转移。队伍急行军至泗门海边，在地下盐场的虾寮停下候船渡海时，召开了紧急干部会议，研究和布置了反"扫荡"的工作，决定由林忠留下，领导群众坚持反"扫荡"斗争。林兴华布置林忠把分散在各地的14名共产党员集中起来，成立中共临时区委。几天后，林忠找到了区委成员陈中福、刘大和党员黄伟、黄珍等人。经大家商量，认为当前最重要的就是成立区委，领导群众开展反"扫荡"的斗争。12月27日晚，他们在深冲山林中召开会议，由区委委员过半数通过，宣告成立临时区委，代号"长庚"（后习惯称为中共长庚区委）。决定林忠为书记，陈中福、刘大、陈肇汉、温流为委员，并以李九、吴牛伯、彭洪光3户作为联系点。林兴华还要求林忠要有独立作战的思想准备。随即，林兴华率队乘船登上西海岸，进入了恩南秘密据点龙口村，在该村联络员吴连长的安排下，村民纷纷开门把部队迎进屋内休息隐蔽。第二天上午，林兴华率领部队经南宅转移到新洲北桂马蹄山时，被北桂村的一个地主发现。敌军接到地主密报后，于28日天未亮，纠集兵力1000余人从小江圩向北桂村扑来。到大亨时，敌人威迫大亨乡公所派人带路，吴效聘（恩南地下党的统战对象）一面与敌人周旋，一面通知大亨交通站吴美流速向解放军报告，同时，布置乡公所人员带敌人走弯路，以延误时间，使解放军能安全转移。

几经周折，吴美流将敌情经吴尧（抗征队员）转告给吴国光。28日夜，林兴华队长获悉敌情后，即率领队伍转移到北桐村后山。天亮时，林兴华发现北桂村后山制高点上布有敌哨，即布置马德里带两名战士到山上监视敌人，战士在山坑的密林里隐蔽。

29日上午10时许，敌人的"扫荡"扑空，敌情转缓，林兴华回到山坑密林继续隐蔽。敌人扑空后，盲目向深山密林开枪，然后进村搜索。北桂北桐村抗征队员戴尚华因拒绝带路而遭抓捕，被敌人打至重伤。

中共长庚区委为领导群众开展反"扫荡"，于28日夜间召开临时区委扩大会议，吸收黄伟、黄珍参加，确定了对敌人斗争的具体任务。会后分头行动，开展反"扫荡"斗争。头几天，敌人来势凶猛，见村就搜，见人开枪，一天内围村竟达83条之多，有的村一天就被围三次，逐户点名，抓捕无辜群众300余人。1948年1月5日，群众报说西海（游击活动区域代号）北桂山区方向的枪声不止，可能是部队被包围了。陈中福闻报后，立即与林忠率领李洪长、许华顺、许火生、苏宇佳、李池九、吴元等8名武工队员，西渡向北桂方向出发救援。当天晚上，武工队员躲在冲杏村北树林中过夜。夜间有一队员提议去打湾雷，捉乡长，认为这样既可救群众，又可以支援部队。大家觉得这是"围魏救赵"战法，决定二打湾雷。

天亮后，陈中福找到一条船，大家化装成前来视察的国民党要员，溯流而上。下午4时许，武工队员大摇大摆地进入湾雷乡公所内，只见6支长枪倒挂在墙上，陈中福大声喝问乡长哪里去了？6名乡兵急从厨房里走出来，见是上级要员，慌忙立正弯腰敬礼说乡长回家过烟瘾去了！陈中福令队员把墙上6支枪拿下，取出枪栓，令乡兵倒背着，并救出被关押的5名人员。后直奔乡长吴尚英家，将其提拿。吴尚英被用船押往游击区，后中共长庚区委对其罚款港币5000元，并发还所缴枪支。这是长庚区委成立后智取的第一仗，在余程万重兵包围圈内的湾雷乡长被游击队俘获，令敌人气急败坏。

在林忠、陈中福带武工组二打湾雷时，林兴华正率队登上横河山老巫山顶，他听到东海方向不断传来枪声，又见到国民党军在北桂山不停地来回搜索，判断余程万知道我方转移，之后必会尾追围堵。于是当机立断，把队伍拉回龙口村背后牛口笠渡口。

果然不出所料，游击队李安明等 17 人，天亮前从牛口笠回到南宅，此时国民党军 1000 多人扑向南宅。李安明等迅速撤到后山，敌人到处搜索，始终找不到游击队的踪影，便向深山密林胡乱开枪，然后向北桐村后山顶撤走。当天夜间，李安明等撤离南宅，原计划是往紫罗山，但途中在平山塅休息时，发现敌人在海上的舰艇频频往返紫罗山海域，便改变计划，回转沙湾塘渡海返回茭边与林兴华会合。

林兴华从恩阳边回到茭边后，不顾旧病复发和恶化，随即布置陈侠彬带一个班插回大窿洞，牵制敌人。同时派马德里带一个班到联和圩会合林忠、陈中福，配合长庚区委开展反"扫荡"。1949 年 1 月 24 日，他们深入联和圩，活捉联和联防队长黄华根，迫使黄解散联防队并交出长短枪 38 支，子弹 3000 余发，手榴弹 6 枚，罚款港币 6000 元，公粮 1.5 万千克；2 月 7 日，他们智取了大洞联防队，俘敌 23 人，缴获长短枪 18 支，子弹 600 余发，手榴弹 2 枚，烧毁碉堡 1 座；2 月 24 日，敌人偷袭茭边村游击队驻地，林忠为配合部队作战，即把武工组拉到马留咀伏击从禾镰坑渡海增援之敌，毙敌连长 1 人，士兵 3 人，余敌翻船落海。

余程万在为时一个多月的"扫荡"中，被台山人民解放军牵着鼻子团团转，到处扑空，一无所获，最后以失败告终。在反"扫荡"的斗争中，长庚区委坚决执行党委的指示，紧密依靠群众，经历大小战斗 19 次，歼俘敌人 150 余人，缴获长短枪 150 余支，武工队伍发展到 105 人枪，并粉碎了余程万的"扫荡"。

三、大八武装斗争的恢复

1948 年 2 月中旬，李信在先农乡七星岭大坑潘的草寮召集两阳人民武装负责人会议，参加会议的有马平、曹广、姚立尹、杨飞、杨超、陈冬等。会议由杨飞传达香港分局关于开展"大搞"武装斗争的指示，决定加速扩大人民武装队伍，开展"大搞"斗争，加强各游击区的领导力量，开辟新的游击活动区。郑文被派往春北区；杨超、陈冬被派往漠西武工队；杨飞被派往与阳春蟠龙毗邻的大八珠环，在大八区组织"大搞"斗争。

3 月，开辟新游击活动区工作进展迅速。杨飞到达蟠龙与大八上洒、珠环等地，执行吴有恒关于利用与改造土匪的指示，带领苏观保、岑伙生，以纯洁的贫苦农民为骨干，吸收山区愿意接受收编的土匪人枪一起入队，使队伍迅速壮大至 140 多人。4 月，组成恩阳边区大队，杨飞任大队长，下辖 3 个中队。6 月，陈亮明任政委。

自此，大八武装斗争得以恢复。

第三节 放手发动群众，大搞武装斗争（1948 年 2 月—1949 年 3 月）

　　1947 年 6 月，刘邓大军已渡过黄河，向大别山挺进，揭开了全国解放战争战略进攻的序幕。在华南，人民武装斗争蓬勃发展，蒋介石深感其最后基地华南受到严重威胁，欲将广东变成最后的内战基地，于 9 月派宋子文任广东省政府主席，11 月又委任他为广州行辕主任。宋子文主政广东后，制定了"绥靖新策略"，扩编武装，计划在 1948 年分两期实施，彻底消灭广东各地人民武装，以图安定华南，支持华北、华中，确保广东最后堡垒。国民党广东当局按全省原有行政区划分为 9 个"清剿"区，每区设立"清剿"司令部，阳江、阳春两县属第七行政区，为第七"清剿"区。1948 年初，宋子文在广东开始施行第一期"绥靖"计划。

　　为配合全国战略进攻的到来，及时击破宋子文的"绥靖"计划，中共香港分局于 1948 年 2 月决定放手发动群众，大搞武装斗争，并向各地发出"粉碎蒋宋进攻计划，迎接南下大军"的指示，部署各地独立自主，大胆放手发动群众，大搞武装斗争，并派出大批干部到各地加强对武装斗争的领导。2 月中旬，粤中特派员谢永宽从香港回到粤中游击区。为加快粤中地区武装斗争的发展，香港分局还从香港抽调大批军政干部，派往粤中各地传达分局关于大搞武装斗争的决定，分别领导各地的武装斗争。这样，粤中地区的武装斗争迅速从"小搞"进入"大搞"阶段。

一、中共大八区委成立和反击敌人"围剿"

中共大八区委成立　1947年下半年中国人民解放军展开战略进攻后，国民党军队屡遭失败，由战略进攻转为战略防御，在溃败中妄图据守华南为后方基地。针对宋子文制订的"绥靖计划"，中共香港分局针锋相对进行反击，认真分析刘邓大军渡黄河后的形势，明确今后斗争任务，随后又发出粉碎蒋、宋进攻计划，迎接南下大军的指示，部署各地放手发动群众，大搞武装斗争。

中共两阳特派员根据上级指示精神，集中两阳武装队伍在恩平县清湾整编，将"雪枫队""彭湃队"扩编为漠东、漠南两个独立大队。南路东征部队进入粤中地区后，抽调两个连到漠东，同时调第六连和一批干部到漠南。

1948年5月，中共粤桂边区广南分委成立后，决定成立中共漠东县工作委员会（简称"漠东工委"）和中共漠南县工作委员会（简称"漠南工委"）。李信仍为两阳特派员，并兼任漠东工委和漠南工委书记。漠东工委辖春北、春中、春南和阳江的珠环、大八、塘坪及恩平清湾等地区；漠南工委辖潭水、河口、新墟、潭簕以南至阳江县漠阳江西南部地区。漠东工委成立不久，为加强对蟠龙、大八等地区的领导，经请示上级批准，成立阳江县第一个中共农村区委——中共大八（珠环）区委，杨飞任书记，委员有杨超、梁寮，10月份增加陈冬为委员。梁寮牺牲后，增补马洪为委员。大八地区成为广东人民解放军广阳支队第六团的活动地区，并辐射到塘坪一带。由于国民党两阳地方部队的疯狂"追剿"，战事日渐频繁，6月以后发生了一连串战斗。

牛角洞战斗　6月2日，大八区委派武工组下乡筹粮，住在太洞牛角洞村。由于反动保长告密，次日天刚蒙蒙亮，北乡后备队包围牛角洞村，保长带领敌兵捉拿武工队员周富。周富一边走，一边向敌人开枪射击。大八区队闻讯从暗冰驰援，与阳江县保警大队长谭家驹率驻防大八的自卫队发生激烈战斗。是役区队战士黄基牺牲。晚上敌军撤回大八圩。第二天，区队乘胜追击，攻打大八圩，打击了敌人的嚣张气焰。

牛车岭战斗 6月，第六团和大八区队180多人在长坪禾顺岗一带村庄活动，阳江县保警二中队和地方联防队共20多人进犯。郑毅和杨飞指挥反击敌军，以六团一支队伍在牛车岭埋伏袭击敌人，另一支队伍向右翼进攻，在牛车岭发生战斗。是役毙敌6人，伤敌2人，敌人被赶至洗猪河，后龟缩在大八圩。

石围战斗 6月，第六团和大八区队170多人在石围村活动。一天早上，敌县保警和自卫队200多人向石围村进犯。六团由林厚率一个排占领大山顶，用密集火力向抢占山头的敌人扫射。敌人被击退，狼狈逃窜回大八圩，此役伤敌2人。

大陂遭遇战 6月23日，六团李秋排和大八区队70多人，从高洞向地豆岗转移。敖敏超率领阳江县保警两个中队160多人，从大八圩出发到珠环"扫荡"，双方在大陂村相遇，发生激烈战斗，晚上敌人撤回大八圩。第二天敌军又来进犯，在大陂和鸡笼山遭到伏击，是役毙敌1人，伤敌2人。

石桥清水塘战斗 6月28日，大八区队和六团李秋排共70多人，深夜在清水塘村遭阳江县保警和大队联防队200多人包围。杨飞指挥部队抢登坡尾村后山迎敌，击退了敌人进攻，创造了以少胜多的战绩。

石梯战斗 7月，大八区队30多人在珠环石梯地活动，阳江保警第二中队和九区联防队共160多人向石桥田寮村进犯，陈冬武工队在严坑被包围，发生战斗。当时敌众我寡，大八区委书记杨飞得到情报后，立即令苏观保率队占领严坑尾高山，攻击牵制敌人，掩护陈冬武工组突围。双方战斗一天，下午敌撤回珠环祠堂岩据点。是夜区队又袭击珠环敌人，敌人惊慌，天亮时撤回大八圩。

二、粉碎敌人第一、第二期"绥靖计划"

在 1948 年 6 月和 7 月的反"围剿"战斗中，六团和大八区队接连取得胜利，有力地打击了敌人的嚣张气焰。7 月，敌人第一期"绥靖计划"宣告失败。接着实施以"肃清平原，围困山地"为目标的所谓第二期"绥靖计划"，企图以优势兵力围歼人民武装。

8 月，国民党广东省第七行政区保安副司令倪鼎桓率省保警 3 个营进驻两阳，同时集两阳保警 4 个大队及各地常备自卫队等共 1000 多人，分三路向漠南、漠东和恩阳边界的游击区发起进攻。其中一路由省保警警卫团 1 个营与阳江保警敖敏超部经恩平清湾进攻漠东珠环山区。

同月，国民党阳春县保警执行围村盯点的"扫荡"计划，派县警黄瑞道中队进驻蟠龙村，建立据点。同时阳江县保警一个中队进驻珠环，构筑碉堡工事，并多次对太洞、牛角洞等地进行"扫荡"。

同月，六团一个排和大八区中队，与阳江县警谭敬及大八联防队梁大邦两个中队在石桥清水塘遭遇，发生激战后六团和大八区中队战士主动撤离。

同月，六团李秋排和大八区队 60 多人在石桥眼竹头村活动，省保警五团黄志仁率数百人进珠环"扫荡"，捉去群众 20 多人。后部队从恩平茅岗村转回涩塘村，敌人又来"围剿"，区队登山占领了高地，敌人无奈，于晚上撤退。第二天，敌人再进珠环"扫荡"，但连续几夜遭到区队等袭击，以致寝食不安，不得不撤走。

9 月，漠东大队在青蛤塘村活动，敌县保警两个连队 100 多人从大岭山进村"扫荡"，大八区队登占尖仔岭等高地拒敌。

10 月，国民政府阳江县警两个中队 100 多人进驻珠环大村，在平天顶设立岗哨，妄图切断恩平、两阳联系，钳制游击区交通咽喉。大八区队采用骚扰战术，派武工队夜袭敌哨兵，火烧平天顶哨棚，敌人仍坚持不走。月底，六团主力长江连和黄河连开进珠环与区队会合，集中 250 多人的兵力，分四路围攻敌据点。激战一天，是役毙敌排长 1 人，伤敌 3 人，人民解放军战士黄敬牺牲。敌龟缩于碉堡，接着武工队连续袭扰该敌据点，迫使敌人撤回大八圩。

10 月下旬，阳江县保警两个中队进入珠环游击区各村庄"扫荡"，六团挺进大陂村反击，俘小队长 1 人。此后游击队在夜间不断地对保警驻地袭扰，保警被迫退出珠环。

11 月初，曹广和陈枫率队与大八区队一起夜袭珠环新门街炮楼，伤敌县警 1 人。

11 月，大八区队在上洒活动，敌阳江、阳春两县警分别从大滑、沉神、木头洞进犯，战斗竟日，敌被区队打退。

11 月 24 日，大八武工队驻牛角洞村时，突遭阳江县警第二中队和珠环自卫队共 200 多人"围剿"，区委委员兼区队指导员梁寮在突围时牺牲，张其烈负伤归队。敌人砍下梁寮首级在大八圩悬挂示众，并且大肆抢掠，抓捕群众 8 人，抢去耕牛 10 多头。事后，大八区委书记杨飞到该村处理善后工作，慰问群众，设法营救被捕群众。

1949 年 1 月，陈冬率大八区中队袭击国民党驻大陂村的自卫队，迫使自卫队也撤出大陂据点退到大八圩。至此，阳江、阳春、恩平 3 县边界山区根据地恢复连成一片，并得到巩固。

倪鼎桓在两阳实施宋子文第二期"绥靖计划"达 5 个多月之

久。其间，国民党军对漠南、漠东游击区进行重点进攻，"围剿"人民武装，迫害群众，疯狂掳掠，烧屋捉人。两阳游击区军民进行了艰苦卓绝、针锋相对的斗争。主力部队和敌人较量数十次，恢复了老区，挺进平原开辟新区，武装人员从 30 余人很快发展到100 多人。倪鼎桓在游击区军民的反击下，只得于 12 月 26 日称病溜走，国民党第二期"绥靖计划"以失败告终。

三、成立阳东特区区委，开辟新区武装斗争

1947 年 11 月，粤中台南武装部队陈中福带领一个武工组到阳东区活动，先后在新洲北桂的北桐、合山深坞等地建立武装据点。12 月，叶长、李安明、吴国光等 17 人在台恩阳边区一带活动，为阳东地区武装斗争从"小搞"到"大搞"打下了基础。1948 年 5 月，中共粤桂边区广南分委成立，李信在阳春召集陈国璋（原中共新兴县特派员）、林良荣、许式邦，传达上级关于成立中共阳东特区区委和开辟新区武装斗争的决定：陈国璋任书记，林良荣任副书记，许式邦为委员；特区区委率一个连队挺进阳东平原，开展新区的武装斗争。这时，正值国民党第七专区集结几千人的部队，由倪鼎桓率领对两阳游击区进行"扫荡"。连队在开进阳东平原地带时，必须突破敌人封锁，越过广阔的白区，这是十分困难的；加之阳东又是新区，连队的立足给养和开展活动也很困难。针对这种情况，特区区委决定连队分三路行动：陈国璋和林良荣率领精干武工队，突破敌人层层封锁，从阳春经恩平挺进阳东平原；许式邦因未暴露身份，以公开身份回丹载活动；周文奏则从轮水经塘坪白石回北惯。

7 月，陈国璋、林良荣、黄德昭与广阳支队第六团抽调的干部李良生、陈森、彭忠 6 人，由清湾武工组梁梅、梁照护送，从清湾出发，离开恩平挺进阳东。途中因大雨不能过河，恰又与国

民党清湾联防队遭遇，遂开枪打退敌人，绕道行进。因深夜迷路，只好隐蔽在河边的杂树丛中过夜。第二天清早才由那龙河渡口过河，回到新洲下六的横樟村。

横樟村是一个革命基础较好的村庄。武工队住下后，通过大力散发传单等形式，宣传解放军的性质、任务、政策、主张和全国解放战争的胜利形势。通过对村民进行宣传教育，群众的思想觉悟有很大提高。接着吸收了李业棠、李基、谭炳、吴金等人带枪参加武工队，使横樟成为挺进阳东平原，开辟阳东新区的据点。

8月初，李良生、彭忠和新参队的5人留在横樟活动，巩固横樟据点。陈国璋、林良荣、黄德昭、陈森4人离开横樟进入表竹。表竹是一条大村，抗日战争时期就建立了党组织，且表竹小学的校长黄联宝、教师黄学璇和陈国佐早就受到地下党的教育和培养，思想进步，积极协助武工队开展工作。由于群众基础好，武工队获得群众的支持和拥护。不久，武工队在表竹与横樟之间的大环仔村村民黄斗的田庄建立了立足点，为武工人员的活动提供食住。

武工队到表竹不久，即兵分两路开展活动。一路由陈国璋与黄德昭带队到新洲山区一带活动，试图打通与台南的联系；另一路由林良荣与陈森带队到平原地区平岚、笏朝、蔡屋萌、丹载等村活动，联系地方的党组织建立据点，发动群众参军参战。同时从笏朝村抽调党员陈修励参加武装斗争，以巩固和加强蔡屋萌据点。

8月初，陈国璋和林良荣在横樟会合。中旬，他们到大沟寸头村接纳了雷启光的关系。雷启光在香港受中共香港分局的派遣，回阳江开展上层统战、搞兵运策反、组织武装等工作。他自3月回到大沟后，打进扶东中学任教导主任兼校产管理主任。他及时向陈国璋、林良荣汇报了自己的工作情况，并详细汇报了钟衍行、陈成高的情况。钟衍行和陈成高由当时在香港分局搞统战工作的陈信才派遣，从香港回阳江筹组武装队伍。回到阳江后，钟衍行利用他与国民党第七区专员公署两阳"清剿"指挥所的关系，打进了国民党地方部队，任中队长，驻在合山；陈成高则打进雅韶朗仔村官僚地主、国民党"国大"代表陈书畴的海安轮渡任护航队长，掌握一批轻重武器。

林良荣到平岚、笏朝、蔡屋蓢等地检查工作后，与陈国璋一起到丹载会合从阳春回来的许式邦，并在丹载召开了中共阳东特区区委会议。会议上肯定了武工队进入阳东两个月来，队伍发展，据点增加，武工活动区域不断扩大，并指出为适应队伍的扩大和根据地的发展，必须解决好经济给养问题。

为了解决队伍的经济给养，林良荣与许式邦到寸头村与雷启光研究，决定贩盐。他们利用雷启光母亲在大沟圩开设的南天租赁店，经营盐业生意，由从江城抽调到大沟的许航任经理。雷启光、黄德昭等筹集港币 2000 多元为经费，收购三丫、沙岗、寸头、徐赤等盐区产盐，用船运到台山海宴等地出售，再到澳门买煤油、白糖等货物回大沟销售。如此经营三次盈利 2000 多元。后来，由于国民党盐警阻挠，第四次运往外地的三船食盐被三丫盐警队扣留，经多次交涉无果，最后出动武装力量对其予以打击，对方终于放还盐船。为了避免扩大事端，第四次贩盐结束后，该生意即行终结。这场贩盐生意，共盈利约 3000 元港币，对解决阳东部队的经济供给，稳定和发展队伍起到重要的作用。

1948 年 10 月，中共粤中分委决定撤销台开赤中心县委，成立中共滨海地工委，书记为黄文康（王传舆），委员为罗明、郑鼎诺。同时决定将阳东划归中共滨海地工委领导。11 月，滨海地工委决定由郑鼎诺负责恩阳台边地区及恩平江南地区的工作。郑鼎诺进入阳东后，迅速行动，放手发动群众，壮大武装队伍，全面开展武装斗争。同时，陈中福、谭葆英、容三从台南到阳东与林良荣会合，周文奏从阳春回到北惯。是月，滨海地工委决定撤销中共阳东特区区委，成立中共阳东区委，林良荣任书记，军事委员为陈中福，组织委员为许式邦，宣传委员为周文奏。陈中福、谭葆英的组织关系也正式转回阳东。

中共阳东区委成立后，根据滨海地工委关于放手发动群众，迅速发展壮大武装队伍的指示，对阳东开展武装斗争进了全面部署：由中共阳东区委书记林良荣与军事委员陈中福负责集结精干人员，建立一支主力武工队伍，依托紫罗、葵田根据地，在新洲的龙潭、表竹和横樟活动，加速发展武装力量，使龙潭、表竹和横樟成为稳固的游击基地；由许航负责全区的交通情报、经济供给工作；由雷启光以其公开的社会关系，负责二区的上层统战工作，建立和领导大沟武工组，兼顾大沟的交通情报工作；由许式邦负责三区工作，同时领导丹载许名琪、许绍铭的武工组，岑业楷负责合山工作，谭葆英负责北惯工作；由周文奏、梁嗣和、陈修励负责朝平津、雅八、那迳、花村、华洞工作。至此，阳东地区全面开展武装斗争的部署已告完成。阳东地区的武工队得到壮大，活动据点有横樟、表竹、龙潭、蔡屋萌、寸头、迳口、笏朝、平岚、丹载、合山，立脚点有大环仔、石鹤仔等村庄。

其间，原驻扎在新洲的敖仁保安团已调往汕头，阳东地区的国民党驻军不多，新洲一带成为国民党统治的空白区，阳东与台南的游击基地紫罗、葵田山区的交通畅顺无阻，与恩南的通道亦已打通，这样恩南、台南的西部与阳东连成一片，改变了以往各自为战的局面，恩阳台（边）地区武装斗争进入了新的阶段。

同时，阳东建立二十六乡党支部，周文奏任支书，副支书为梁嗣和，支委有陈修励、谭保业。梁嗣和兼任平岚党支部书记，直接领导平岚的工作；陈修励负责迳口、笏朝工作；谭保业负责雅韶、欧村工作；党员陈光、陈国佐、李正枝分别负责津浦、华洞、花村工作。全党全队全力以赴，积极领导群众开展反"三征"斗争，在斗争中放手发动群众，迅速发展壮大武装队伍。

1948年冬，为适应武装斗争的发展，应中共阳东区委的要求，中共江城中心区委副书记何明与中共阳东区委书记林良荣在尖山渡口会面，研究开辟江城至阳东的交通情报路线，决定在城郊岗列报村设立交通站，线路是报村至尖山渡口转至阳东。为确保交通线安全，防止出意外，还增设江城何明家至丹载站的交通路线。

四、整军整训，提高队伍素质

9—12月，省警卫团黄志仁部与原留在台山的省保警刘耀环团及地方武装3000余人，对滨海地区进行反复的拉网"扫荡"，滨海地工委采取了避敌锋芒，待机歼敌的方针，把队伍秘密转移到开平县与恩平县交界的白云山顶整训，以提高队伍的政治素质和军事素质，迎接新的战斗。基干队奉命参加整训，在白云山顶上课、出操，紧张地学习。通过整训建立起新的管理制度：连设连长、指导员、文化教员、特务长；排设排长、政治服务员；班设班长、政治战士。连队建立党支部，排建立党小组。训练期间，每天出操，上政治课、文化课，传授内容包括建军宗旨、执行命令、执行政策、遵守三大纪律八项注意、瓦解敌人等要点，提高战士的思想觉悟、政策水平和军事水平。经过整训，部队的政治与军事素质得到提高。

练兵整训期间，留守在地方坚持斗争的武工队领导农会民兵与敌人进行了异常艰苦的斗争。黄志仁"扫荡"汶村后，接着进入西海、紫罗、葵田山区，并驻在紫罗、葵田的中心地北楼村，在那里构筑工事，建立反动据点，四出追捕农会干部和民兵，逼得很多村民逃到山上躲避，不敢回家。群众迫切要求部队回来支持他们的斗争。这时部队的整训尚未结束，但如不立即对敌人采取军事行动，对今后的对敌斗争不利。总队决定将部队转移至紫罗山顶，实行边整训边作战。队伍迅速秘密行军，渡过西海后，再由黄狼澳交通站的人引导到紫罗山顶扎营。

北楼村就在紫罗山脚下。经过几天的侦察和反复研究，部队决定先对寨门、北楼两处驻敌分别包围，然后各个击破。12 月 17 日，由总队主力围攻寨门，叶长率基干队和其他各地队伍围攻北楼。按原定的作战方案是先对寨门发起攻击，再对北楼发动进攻，但在行动中北楼却首先打响第一枪，致使寨门守敌警觉后采取了紧急的防卫措施。总队主力被迫冲进圩内，爆破敌营房。一声巨响，浓烟弥漫，敌营房被炸开，但突击组被碎砖乱木所阻，找不到进入敌营房的通道，只得开了手电寻找。守敌一见火光，即用机枪扫射（原来敌人警觉后，已撤离了营房，布防在街上，并用机枪监视着突破口）。排长陈新洪牺牲，战士甄火生、陈良、谭平生、容柱 4 人负伤。基干队不得不撤出战斗。这次战斗结束，总队调马文活到基干队，以加强队伍的思想政治工作。

经过这次战斗，葵田、紫罗的反动武装堡垒虽未被击破，驻敌虽未被歼灭，但已惶惶不可终日，龟缩在"乌龟壳"里，北楼驻敌也乘机溜走。基干队指战员虽在战斗中失利，但没有气馁，反而在战火的洗礼中学会战争，从而变得更机智勇敢。而广大人民群众亲历敌人的烧杀抢，对国民党反动派更加仇恨，对共产党和人民解放军更加拥护和支持。紫罗、葵田地区在斗争中逐渐成为稳定的游击基地。

1949 年 1 月下旬至 2 月初，中共粤中分委和军分委的领导谢创到滨海检查和指导工作，在台山小江召开了滨海地区县团级以上干部会议，调整了滨海地工委的领导机构，在东海、南海、黄海、渤海各区，配备了干部。① 恩阳台县工委书记赵向明于春节前一天进入葵田山寨门圩的沙堤村，接替了滨海地工委负责人郑鼎诺的工作，他力主应改变武工队伍以往长期困守于"海角天涯"一隅，难有大作为的局面，主张大胆把队伍开出山区，广泛发动群众，开展大规模的斗争。随后，部队即移师东平驻扎于允泊村。2 月 16 日午夜过后，基干队接到葵田山交通站送来的情报，获悉台警第二大队第六中队勾结沙咀、新洲的反动武装已进入寨门扫荡，还接到沙堤村群众报信，称敌军夜晚要偷袭基干队驻地允泊村。赵向明率队乘夜离开允泊村，登上葵田山侧畔的芋荚潭，扼守住敌军的来路，伏击敌人。是夜大雾笼罩，只听见脚步声却见不到人，两军遭遇，敌人被武工队打得狼狈而逃。遭遇战之后，基干队即经龙潭洞与阳东林良荣、陈中福带领的武装队伍会合，移师于新洲北股。从此，部队不再困守一隅，在挺进平原中连战皆捷，出色地执行了以歼灭敌人有生力量为主的作战任务。

五、阳东人民反"三征"运动的发展

1948 年 11 月，解放战争进入第三个年头，全国的军事、政治和经济形势更加有利于人民而不利于国民党反动派，战争已临最后的决战关头。在军事斗争方面，国民党军队在解放战争的第二年已被歼灭 125 万人，解放军从秋季攻势开始至济南战役的胜利结束，又歼敌 47.2 万余人，其他各个战场也大量歼敌。紧接着进行的淮海、平津战役，令国民党损兵折将，前线兵力不足，后方空虚，急需补充大量的兵源，以支撑残局。在经济领域则濒临全面崩溃。在政治领域，国民党统治集团内部矛盾进一步激化，

---

①　东海、南海、黄海、渤海均为滨海地工委下辖各游击区的代号。

中间阶层迅速觉醒，一些地方的实力派与共产党联系，准备投向人民。国民党统治区内官吏贪污腐败，军警特务横行，白区人民生命财产毫无保障，国民党的统治已民心尽失。

在广东，宋子文疯狂地推行征兵、征粮、征税的"三征"暴政，把人民逼向绝境。大量的征兵，更直接威胁着贫苦青壮年农民的生存。仅 1948 年秋，在阳东朝平津乡，每个联保征兵额竟多至 30 余名。秋收未了，阳东各地的保公所就大肆勒收兵粮，强拉壮丁。农村中的贫苦适龄壮丁被逼得走投无路。中共阳东区委审时度势，全力支持农民壮丁求生存的迫切要求，领导人民开展以反征兵为核心的反"三征"斗争。以群众基础较好的笏朝、平岚、表竹、福成岗等村庄的反"三征"斗争为旗帜，各地纷纷呼应。至 11 月中旬，反"三征"的群众运动席卷阳东大地。

在笏朝，党员陈修励、陈修谦、陈修剑争取到当地陈慎欣、陈其焰等 10 多位青年农民，共同策划发起反"三征"斗争。他们采纳了开明保长陈慎任（陈修励叔父）的建议，扩大发展原有的农民壮丁会，吸纳 500 多人入会。并由陈慎欣、陈其焰担任指挥，成立 30 多人的武装壮丁队，陈慎欣任队长，掌握公尝和保公所枪支 20 多支，实行武装巡逻，维护村中治安。扩大后的壮丁会，与国民党三征暴政进行了坚决的斗争。

不久，阳江县国民政府派催征员林自放带领几个警兵到笏朝征粮，威迫群众，扬言若不交粮就捉人。壮丁会一声哨响，会员即纷纷赶来，吓得催征人员滚下河滩，涉水逃跑，显示了壮丁会的威力。

在平岚，青年长工林举俊、林成灿邀集 10 多名青年农民，以办武馆为掩护，每人配备尖刀作武器，以便在乡保公所来强拉壮丁时自卫。平岚党支部以这些青年为基础，发动 500 多人成立了壮丁会，并从中挑选 30 余人成立抗征队，全村按社编成三个中队，掌握公枪 10 余支。平岚壮丁会成立后，组织尖山渡口的会员船工，日夜监视往来阳江城的国民党军政人员，探听各方面情况和获取有关情报，经平岚交通站迅速传递到部队，开辟了阳东武装斗争一条看不见的战线。

在笏朝和平岚壮丁会的影响与推动下，津浦、雅韶、潮浦、石塘、华洞等村庄也相继成立了壮丁会，实行武装抗征。

12 月，三区丹载村在党支部的领导下，成立了 300 多人的武装抗征队，掌握长短枪 20 多支。蔡屋萌党支部领导成立了 100 多人的抗征会和农会，建立了 30 余人的武装抗征队，掌握枪支 20 多支。1949 年春节前后，北惯的林屋寨、范屋寨，合山的罗村、深水河、牛栏、东流、龙庆等大小村庄，也都先后成立了农会和抗征会，并掌握一定的武装。至此，全三区成立抗征会 21 个，会员 1800 余人，遍布 109 条自然村。武装抗征队员 300 余人，掌握长短枪 240 多支。

在新洲一带，表竹武工队号召村中群众反"三征"，并组织抗征会和抗征队，会员达 650 余人，配枪的武装抗征队 62 人。接着，福成岗、良洞、双安、莲北、石岗、旱地、北股等村庄亦相继成立抗征会。龙潭还改组了农会，黄思明任农会会长兼抗征队长，组建了一支 20 多人的武装抗征队。表竹村和龙潭的抗征队是一支坚强的民兵队伍，在后来协同部队反击敌人的"扫荡"和保卫根据地的战斗中，展现了非凡的战斗力。

雷启光在大沟寸头组织抗征会和建立抗征队，并用售卖公尝和私产的资金，购买长枪 16 支、短枪 3 支武装抗征队，使之成为一支坚强的武装队伍。

东平的允泊、瓦北、沙坪、海蒗、大渗、北环也陆续成立了抗征会，开展抗征斗争。

1949 年 2 月，中共阳东区委在花村那味村召开阳东区抗征联席会议，除各主要村庄派代表参加外，还邀请了部分开明人士和保长列席。会上决定成立阳东抗征指挥部，由雷启光任总指挥，陈修剑、黄联军担任副总指挥，公开以"阳东人民抗征队"的名义，号召和带领阳东人民坚决反对三征暴政。

在大沟，雷启光深入开展统战工作，使乡长李廉持中立态度，花村保长李德固积极支持抗征，迳口开明人士张忠甲、寿场保长雷法骥也积极支持成立抗征会，参加抗征活动。在统战工作的配合下，各地发动群众，那迳、花村、寿长等村庄，亦相继成立了抗征会和抗征队，使游击队在花村的据点得到巩固，花村和那迳两个据点自此连成一片，形成了由新洲山区通往二十六乡和北惯平原隐蔽而稳固的走廊。寿长抗征会建立后，对寿长渡口的船工和浅海作业的渔民进行有效管理，保证大沟与良洞、东平之间的交通畅通。

随着花村等地抗征会的建立，新梨上园村由扶东中学教师茹立言、知识青年茹正行、开明人士茹明昌牵头，也成立了抗征会，并建立了武工组。

至 3 月止，阳东全区成立抗征会 60 多个，会员 8000 多人。武装抗征队 50 多个，配备枪支 500 多条。武装队伍有区主力武工队（队长为陈中福）、表竹武工组（组长为黄德昭）、龙潭武工组（组长为黄思明）、北三江武工组（组长为朱明）、大沟武工组（组长为雷启光）、华洞武工组（组长为陈国佐）、花村武工组（组长为林昌铿）、迳口和笏朝武工组（组长为陈修励）、平岚武工组（组长为梁嗣和）、雅韶武工组（组长为谭保业）、津浦武工组（组长为陈光）、合山武工组（组长为岑业楷）、北惯武工组（组长为谭葆英）、丹载武工组（组长为许名琪）。武工人员发展至 600 多人，为抗征前的 6 倍。主要的武工据点有表竹、福成岗、横樟、龙潭、旱地、平田、良洞、北环、平堤、允泊、瓦北、沙坪、丹载、台村、蔡屋萌、罗村、深水河、岗坡、外寮、上洞、东河、寸头、花村、迳口、寿长、扶东中学、华洞、笏朝、平岚、雅韶、津浦、石塘等 30 多个，为抗征前的 3 倍。

属中共阳春县委领导的大八、珠环、塘坪，组织农会 103 个，发展会员 3800 多人；在塘坪组织抗征队 10 个共 540 人，武装民兵队 12 个共 130 人枪。他们以保护生产，维持治安的合法形式掌握着公尝和部分地主枪支，掩护和协助党领导的部队活动，发动群众进行武装抗征和减租减息斗争。

六、阳东统一战线的形成

建立广泛的统一战线，团结一切可以团结的力量，以孤立和打击敌人，这是人民克敌制胜的法宝之一。

大沟武工队雷启光以扶东中学为阵地，广泛接触和结交二区中上层人士，以谈时务、论国事等方式，在对他们进行宣传教育的同时开展争取工作。在反"三征"运动开展之初，雷启光就团结了一批知识分子和保长支持、协助或参加反"三征"运动。当得知李廉出任大沟乡乡长时，雷启光即与林良荣研究，把李乃驹派进大沟乡公所任李廉的文书，做李廉的争取工作，使李廉答应不妨碍游击队在大沟和花村的活动。岑业楷、谭葆英在合山为消除钟、李、岑姓氏之间的矛盾，积极开展统战工作。岑姓与李姓携手合作，支持辛亥革命时牺牲的李祺烈士的亲属、开明人士李业辉出任国民党三区的联防主任，李姓支持岑荫南（岑业楷的大哥）出任合山乡乡长。李业辉与合山武工队达成协定，掩护武工人员在三区的行动，为武工队提供军政情报和弹药，如情势不利，则由岑业楷、谭葆英引导投奔解放军。岑荫南就任乡长后，让岑业禄（武工人员）当乡公所自卫班长，掌握乡公所的武装。在岑荫南、李业辉的掩护下，合山武工队活动顺利开展。谭葆英还争取了统战对象北惯林屋寨绅士林静如，使他对武工活动持中立态度。当时，北惯乡长由利衍积接任。林静如则出面安排了"解放军之友社"的社员林其尧出任副乡长兼乡队副，掌握乡公所武装，为武工队提供情报，掩护武工队活动。统战工作的深入开展，使越来越多的社会人士同情和支持共产党领导的革命斗争。其间，合山开明人士岑乐泉鼓励和支持岑姓青年参军，并捐助白银100元给部队；同是合山的开明人士岑业祺先后给部队赠送长枪3支，军粮300余担，白银300元，港币100元。在东平，武工队长朱明坚决执行恩阳台县工委对东平渔港不采用军事打击，建立"白皮红心"政权的决定，对国民党政权进行分化瓦解。东平巡官巫兴友与武工人员配合默契，表示不干涉武工人员在东平的活动，从而保证了东平渔业和商业的稳定繁荣。东平商会会长陈文元也表示愿意为武工队做事。同时，东平武工队对地方土匪进行区别对待，实行教育改造与惩处相结合，维护了良好的社会秩序。

统战工作的重要成果在于使建立起抗征会、农会的村庄基本上都由抗征会、农会、武工组行使了原来保公所在村中的权力。当时，中共阳东地下党和武工队与保公所的关系十分融洽，在阳东平原地带建立"白皮红心"两面政权。有的村庄由共产党员或抗征队员出任保长，掌握保公所的权力。丹载村由许名伟任保长，许名炽任户籍干事，使丹载的财政、武装都掌握在武工组手中。同时，丹载村地下党员都参加更夫队护村，承担了原本由保公所办理的部分村务。与丹载村情况类似的村庄还有台村、蔡屋萌、龙庆、外寮、平岚、寸头、寿长等村庄；此外，笏朝、迳口、花村等村庄的保长积极支持和掩护武工人员开展工作，保证武工人员的安全；还有不少村庄的保长成为"两面人"，明里挂名应付国民党的"公事"，暗中为武工队所用。对个别罪行严重、顽固不化的保长，则给予镇压。随着群众抗征斗争运动的深入发展，阳东地区农村许多保甲瓦解，乡公所瘫痪，基本上摧毁了国民党政府在阳东农村中的统治根基。

阳东地区统一战线的建立，为以后开展大规模的武装斗争奠定了基础。

第四节 主动出击，全面开展对敌斗争（1949 年 1 月—9 月）

一、打开阳东地区武装斗争局面

1949 年起，滨海总队下辖的台新赤、恩阳台、台开恩和台南 4 个独立大队，以及海上独立大队和台北独立大队，积极开展武装斗争，呈现出背靠南海，面向东、西、北三个方向展开斗争，打击敌人的军事态势。

恩阳台独立大队处于滨海总队的西翼。大队从南坑出龙潭进入阳东后，坚决支持群众进行反征兵、反征粮、反征税的反"三征"斗争，并精心组织，接连打了三场胜仗。

全歼三山强征队 阳东人民的反"三征"斗争，使阳江县国民政府的"三征"难以进行，敌人心有不甘，于 2 月下旬派出科员梁仕举率领县警一个班共 12 人进驻三山圩，图谋到表竹村逐户进行武装强征。阳东武工队获悉敌情后，决定利用三山圩日突袭强征队。

3 月 1 日是三山圩期，中午 11 时，阳东主力武工队、表竹武工组、表竹抗征队组成一队 30 多人，乔装趁圩的模样，分别进入战斗岗位。此时，敌人在表竹村副保长黄登云（武工队统战对象）的热情款待下，吃饱喝醉，有的准备睡觉，有的围在一起赌博。陈中福果断命令陈森带领突击组 4 名突击队员从三山庙侧进入三山圩闸口，冲进保公所，留下 4 名突击队员守住闸口警戒防敌逃跑。冲进敌营房的突击队员用枪指着敌人大声喝道："缴枪不杀！"敌班长持枪企图顽抗，被陈森缴了枪，其余敌人举手投降。在收缴完敌人的枪支时，突击队员发现强征队长梁仕举未被俘获。群众举报其正在圩内恒济堂药店吹鸦片烟。在群众的帮助下，武工队员冲进药店将他抓获。是役俘敌12人，缴获长短枪12支及子弹一批。梁仕举被押解到沙堤村的关押所，经过教育后罚缴一笔军粮款和一批军需品，后予释放。

三山战斗是阳东地区开展公开武装斗争的第一场胜仗，粉碎了国民党在阳东地区实行武装征粮的计划，大大鼓舞了阳东军民的斗志，把阳东人民反"三征"的政治斗争推进到军事斗争的新阶段。三山战斗后，阳东主力武工队扩充到25人。

奔袭朗仔村 朗仔村是阳江县官僚地主、国民党"国大"代表陈书畴的老家，离县城仅有8公里，四周大河小涌环绕，村中巷道和村外都有闸门，并筑有炮楼，家门坚固。陈家中藏有一批轻重武器。为防止国民党利用这批藏枪组织地方武装，恩阳台县工委决定突袭朗仔村，收缴陈家武器。行动前，林良荣和陈中福亲自率队到平岚山尾村住下，对朗仔村进行缜密侦察。林良荣还争取了在陈家打工的堂伯父林有信的支持，使他配合收缴陈家藏枪的行动。1949年3月中旬，林良荣率队回到大环仔村与中共恩阳台县工委书记赵向明、基干队队长叶长会合，对朗仔村有关情况进行了认真细致的讨论研究，制订了远途奔袭的战斗方案。

3月30日晚上，由叶长率领恩阳台基干队和阳东主力武工队80多人，从表竹村出发，秘密进入大沟花村和那味村隐蔽休息。31日上午，队伍分三队向朗仔村进军。第一队由陈中福、陈森带领突击组8人先行，直奔朗仔村；第二队由林良荣、叶长率领主力武装队伍40多人，随后跟进；第三队由赵向明带领徒手人员等，负责扛运枪支弹药，并作为后卫。此外，为预防国民党军队的救援，布置雷启光、梁嗣和、陈修剑等做好掩护撤退准备，并通知平岚武工组、抗征队，武装监视尖山渡口和津浦、华洞方向，以防阳江县警等武装救援。傍晚 7 时许，突击组顺利进入朗仔陈书畴家，随即扼守陈家大楼门口，监视院内家人动向，并派人进入长工住房，首先收缴了挂在墙上的几支长枪。主力部队进村后，派兵封锁村中各路口。在陈家雇工的支持配合下，游击队一枪不发，全数收缴了陈家收藏的轻机枪 1 挺，自动步枪 6 支，长枪 30 多支，短枪 3 支，炸药一批，子弹数千发。当晚 9 时许，游击队安全撤离朗仔村，乘夜经花村返回表竹村。

凌晨 2 时，国民党阳江县当局得悉游击队袭击朗仔村的消息，惊恐万状，立即派县警两个中队直抵朗仔村救援，结果扑空而回。津浦和华洞村的地主武装第二天清晨也相继赶到朗仔村，亦徒劳而返。这次奔袭朗仔村解除地主武装，对阳东后来的武装斗争发展产生了深刻影响。

夜袭大沟乡公所 1949 年春夏，阳江县保安二营敖敏超部奉命到阳东地区"清剿"，其武器配备精良，颇具战斗力。敖坐镇大沟圩内，置总部于娘马庙，采取"重点驻扎，穿梭扫荡"战术，在阳东地区督"剿"。其间频频派出小分队到附近各村搜索追捕武工队人员，并派出便衣特务四出侦察恩阳台独立大队主力部队的行踪，妄图予以歼灭。敖部扼守大沟圩，卡住阳东平原咽喉交通要道，断绝独立大队与各地武工队的联系，对开展武装斗争十分不利。

拔除大沟敌据点，已是巩固和发展阳东地区武装斗争的关键。为此，独立大队指示大沟武工队摸清敌情。大沟武工队受命后，把敖敏超部在大沟圩的驻地环境、兵力分布以及岗哨设置、活动和生活规律等情况，绘制成图呈送给大队。大队领导掌握了敌人的情况之后，制订了夜袭大沟乡公所的作战方案。

为防止敌情变化，5月4日，武工队人员雷志中受命潜入大沟圩作战前侦察。雷当即进入章甫小学，弄清敌人各个攻击点和夜间哨位变化等情况，直至晚上10时才离开。恩阳台独立大队主力连和阳东地区武工队及民兵200余人，于晚上11时到达那味村，与战前侦察员雷志中接头交换情况后，直奔大沟圩。

5月5日零时，独立大队的各支战斗队伍抵达大沟圩乡公所背后山坡，依次进入战斗岗位。陈中福带领机枪班埋伏在乡公所门前西边40米的榕树下，封锁前门以防敌逃窜；林良荣、马文活带领主力连队留守乡公所背后的小山坡，监视圩内敖敏超总部可能驰援之敌；赵向明和叶长率一支队伍在章甫小学西边小山坡警戒，监视可能来自阳江方向的增援之敌；马德里和陈森率领主攻队潜入乡公所背后的荔枝园，在乡公所后墙埋藏炸药包，准备炸开缺口，冲进乡公所袭击敌人。黄正创奉命爬上屋顶瓦面，一旦爆炸声响，就投手榴弹轰击敌人。

凌晨2时，黄正创在瓦面上爬行的响声惊动了敌人岗哨，敌哨兵向屋顶开枪扫射。在这紧急关头，大队长马德里爬上竹梯，命令黄正创往大厅投掷手榴弹。战斗打响时，队员引爆置于窗口上的炸药包，但只炸塌了后墙封窗的砖头，窗口还有铁柱拦着，主攻队员冲不进去。这时，马大队长听到敌人拉动枪栓的声音，立即拿起警卫员朱瑛的日式手榴弹从窗口投进去炸哑敌人的机枪。随即，马德里和陈森率主攻队，从后门进到通往乡公所的横门口时，发现门口被砖封死，马德里即命令突击组扛来墙角下的一根大杉木撞开砖墙。队员们迅速搭成人梯从撞开的洞口跳进里屋，集中火力向敌人开枪扫射。敌遭到突然袭击，死的死，伤的伤，所剩10多名敌人只得从床底下钻出来举手投降。而据守在圩内之敌，亦成惊弓之鸟，不敢贸然前往增援，龟缩在据点内无目标地朝天胡乱放枪。

战斗从打响到结束，只用了 20 分钟时间。是役，敌死伤 20 多人，俘敌 20 多人，缴获崭新的日本九二重机枪 1 挺、勃朗宁轻机枪预备管 1 支、三八式步枪 20 多支、子弹一批。敌俘虏经过教育后全部释放。独立大队战士黄畴受轻伤。

同年 7 月 10 日凌晨，恩阳台独立大队幸福连再次夜袭大沟圩，包围驻在圩内的县保安第二营第二防剿区联防队、大沟警察派出所。在人民武装的军事、政治攻势下，敌人无力抵抗，一部分人员逃逸，一部分人员缴械投诚。此役俘获县保安第二营第六连连长梁正图及下属 40 余人，缴获长短枪 43 支、子弹 600 余发。翌日，驻新洲的保安第二营营长敖敏超率两个连退回县城。

夜袭大沟乡公所大大地挫伤了敖敏超部"皇牌军"的锐气，沉重打击了国民党反动派的"清剿"计划，显示了恩阳台独立大队的战斗威力，进一步推动了恩阳台地区武装斗争的发展。

二、革命武装力量在斗争中发展壮大

在对敌斗争连续取得胜利后，阳东武装斗争打开了局面，革命武装力量不断壮大。1949 年 4 月，根据滨海地工委决定，建立粤中人民解放军滨海总队恩阳台独立大队，大队长为马德里，政委为赵向明，副大队长为林良荣。在战火中，恩阳台独立大队发展至两个武装连队。其中猛虎连有 80 名战士，连长为李良生，指导员为马文活。5 月 10 日，在表竹村成立恩阳台独立大队第二连（代号雄狮连），陈森任连长，副连长为李洪坤，指导员为黄德昭，副指导员为关卓坚，文化教员黄光敏，一、二、三排排长分别为茹雷、容式、容学权，事务长为黄德谦。连里共有 100 多名战士。配备机枪 3 挺，长枪 70 余支，短枪 8 支，冲锋枪 3 支。同时，在连队成立中共党支部，有 6 名党员，黄德昭、马文活先后担任支部书记。

恩阳台独立大队辖下的机构有交通情报总站（站长为许航，配有专职交通员，负责全区的情报工作）、军粮征收处（处长由许航兼任、副处长由李勃兼任，下设税收组和储粮仓或储粮户，负责全区的经济供给）、油印组（组长为黄德基）、妇运组（组长为梁嗣和）。同时，还设有沙堤关押所，负责人为陈对，配备看守班人员8人，看管临时关押人员。

在此期间，阳东境内先后建立起了表竹、黄狼澳、南宅、北桐、报村、尖山渡口、丹载、蔡屋寨、台村、合山村小学、岗坡、罗村、平岚、大沟圩南天、那味、龙潭、河边、北环、东平、迳口等20多个交通情报站，为开展军事斗争和政治斗争提供大量及时可靠的情报。

此时，恩阳台县工委辖有中共恩阳台边区特别支部，书记为吴国光，支委为陈东等；中共北三东特别党支部（后改为区工委），书记为李勃，委员为朱明、黄学璇；中共阳东区委，书记由林良荣兼任，委员为周文奏、梁嗣和、许式邦。同时先后调整扩建了各区的武工队，分别是恩阳台边区武工队，队长为吴国光；北三东武工队，队长为李勃；阳东区委下辖大沟武工队，队长为雷启光；二十六乡武工队，队长为周文奏；合山武工队，队长为岑业楷；北惯武工队，队长为谭葆英。并成立了三区（含北惯、合山）武工党支部，书记为许式邦（兼），委员为谭葆英、岑业楷。自此，恩阳台边区的党政军一元化领导得以加强。

8月1日，经中共中央批准，中国人民解放军粤中纵队成立。吴有恒任纵队司令员，欧初任副司令员，政治委员为冯燊，副政委兼政治部主任为谢创。属下各部队同时更改建制番号，原粤中人民解放军滨海总队恩阳台独立大队改称为中国人民解放军粤中纵队滨海总队恩阳台独立大队。

8月，阳东区武装力量发展到240多人，建立了7个武工队，分 14 个武工组。阳东武工队队长为陈中福；龙潭武工队队长为黄思明，下辖紫罗、表竹武工组；大沟武工队队长为雷启光，下辖良洞、华洞、三丫、大沟武工组；廿六乡武工队队长先后有周文奏、梁嗣和、陈修励，下辖花村、津浦、迳口、笏朝、雅韶、平岚武工组；东平武工队队长为朱明、黄学璇（后）；北惯武工队队长为谭葆英；合山武工队队长为岑业楷；还有区委直属罗村武工组，组长为许绍铭，丹载武工组组长为林昌坚。

漠东江北区至解放前夕，先后建立大八、珠环、塘坪、东安等 8 个武工组，武工人员达 80 多人。

三、频频出击，歼敌有生力量

全歼三山强征队、奔袭朗仔村和夜袭大沟乡公所等战斗的胜利，使阳东地区武装斗争形势由被动变为主动。随着斗争形势的发展，独立大队继续集中兵力，主动出击，以歼灭敌人有生力量为主要任务，连续对敌展开打击。

粉碎黄若清反革命阴谋 1949 年 3 月中旬，中共恩阳台县工委书记赵向明和基干队队长叶长率驻紫罗山区的基干队 40 多人，挺进阳东平原，驻扎在大环仔村。国民党阳江县新安乡副乡长黄若清，谎称阳江表竹村农民勾结土匪要来洗劫信宜农民村庄，强迫村保公所集结信宜籍村民 200 多人持枪围攻大环仔村，恶意挑起该乡信宜籍农民和阳江本地农民之间的矛盾，企图制造流血事端造成对立仇杀。赵向明、叶长等洞察其诡计，意识到绝不能让农民兄弟自相残杀，必须运用政治攻势瓦解和军事威慑相结合的方法，挫败黄若清的阴谋。于是一面命令部队抢占制高点，居高临下监视敌人；另一面派干部黄德昭单枪匹马会见黄若清，力陈利害关系，规劝其马上退兵，平息事态。黄若清等被黄德昭的气概所震慑。

紧急关头，一个乡兵气喘吁吁地跑回来报告黄若清，说红军部队已登上山顶布防，下令警告他们不准前进一步。红军赵政委要其回来报告黄若清，要黄若清立即下令收队，避免流血冲突。这时，黄德昭随即手持驳壳枪对他们说："是打是和要当机立断！"在双重压力下，黄若清等最终选择了退兵，传令"不得打枪，立即收队"。就这样，制止了一场流血事件。黄若清的反革命阴谋未能得逞。群众受到教育，更加赞同人民军队的政治主张和军事行动，为基干队在这个地区开展革命活动创造了有利条件。

袭击新洲分驻所　4月25日，恩阳台独立大队直属武工队获悉新洲警察分驻所巡官陈文仲勾结北股元岭村的阳江县参议员陈典瑞，策划组织地方反动武装以配合阳江县保警敖敏超部进行"清剿"的情报，陈中福立即在新洲陈云锦铁园楼仔召开武工队会议，研究袭击分驻所。武工队员黄诺赴开会途中，在新洲圩联裕店前与新洲分驻所警长相遇，黄诺冲上前将他俘获，押解他回陈云锦铁园楼仔。陈中福即对其进行审讯，开展政策教育，引导其弃暗投明。然后由其引路突然袭击警察分驻所，活捉巡官陈文仲，俘敌10余人，缴获长短枪10多支。俘虏经教育后释放。陈文仲被关押在表竹村小学受教育期间，乘看守人员不备夺枪顽抗，企图逃跑，顽固地坚持与人民为敌，最后被恩阳台独立大队处决。

夜袭珠环乡公所　4月27日，漠东部队夜袭珠环乡公所自卫队。珠环乡队副黄开疆经武工队长期教育感化后，与武工队常有联系。26日夜，曹广、陈枫率六团一个连到珠环区，找黄开疆带路，于27日凌晨抵达乡公所。由黄叫门后，部队迅速进入乡公所，最后一枪不发，全俘乡长黄基仲以下19人，缴获枪30多支、子弹700多发、手榴弹4枚，被俘乡兵经教育后释放。

夜袭大八圩荣炮楼　5月下旬，国民党后备队驻营大八圩荣炮楼。为拔掉该驻守之敌，大八武工队员陈世伦等4人决定夜袭炮楼。他们利用武工队员杨锦环与后备队长杨炯的同乡关系，由杨锦环佯称买药叫开楼门，游击队员乘势冲入炮楼，最终一枪不发，俘敌 13 人，缴获步枪 13 支、子弹一批。

智取塘坪（西南堡）乡公所 6 月 10 日，陈冬率武工队和民兵到白麻园村围剿股匪陈胜三部，国民党西南堡乡长陈国昭慑于人民军队的政治和军事影响，也带领乡兵到村"剿匪"。但战斗尚未结束，陈国昭却匆忙收队回村，并诬陷村民黄士波为匪，黄世芬窝匪，在他们家中各抢走耕牛一头。23 日，黄士波等到河龙村找游击队负责人求助，请求他们到乡公所取回耕牛。当时，游击队获悉乡后备队长谭修儒率乡队到鲗鱼塘村"围剿"游击队，乡府兵力空虚。于是，陈冬乘机率领队员谢汝登、钟富，由黄士波带路，冒雨深入虎穴，明里是"赎牛"，实际是要智取乡公所。为确保行动成功，陈冬布置苏观保率武工队到鲗鱼塘村竹仔山警戒，阻敌回师增援，而陈冬亲率队员攻占乡公所。整个行动一枪不发，生俘乡长陈国昭以下 9 人，缴获长枪 12 支、驳壳枪 2 支、子弹 100 余发。俘虏经教育后释放，乡长陈国昭被押解到林田游击区，罚军粮款后予以释放。

漠东塘坪圩战斗 6 月 24 日，第六团主力西征回师珠环、太洞与大八区队会合。为了进一步打击敌人，扩大政治影响，团党委决定挺进平原进军塘坪圩。是日正是塘坪圩期，六团和区队共百余战士三五成群，夹杂在趁圩群众中进入塘坪圩，迅速占领了乡公所。下午 1 时，阳江县保警一个中队和陈耀英土匪共 200 多人，分两路向塘坪圩包围。六团与敌展开激烈战斗后，撤离塘坪圩。是役伤敌 2 人，六团苏观保负伤。战斗结束后，六团在鸭仔尾村驻营。

次日，敌人进犯鸭仔尾村，双方又发生了战斗，六团班长欧聚凡牺牲。

马岭山下痛击"雷团"　7 月 2 日，恩阳台独立大队获悉国民党"雷团"（团长为雷勋）70 多人由合山往新洲与阳江县保警敖敏超部会合"围剿"游击队的情报，即组织主力排直属武工队、表竹武工组及民兵奋勇截击敌人。由陈中福带领直属武工队占领表竹村西北面松树山，并埋伏于此；林良荣率主力排登占马岭山，严阵以待，伺机歼敌；民兵队长黄广彤带领武装民兵 30 多人留守表竹村。当敌人从合山方向进入松树山伏击圈时，陈中福命令战士从背后袭击敌人。敌人仓皇以机枪还击，并企图向表竹村撤退，遭到埋伏在堤基的表竹民兵的打击，遂慌忙向新洲方向逃窜。驻守新洲圩的阳江县保警敖敏超部不知情况，从公路拉队伍撤回大沟圩，至马岭山脚下又遭到游击队主力排的截击。正在酣战之际，附近村庄民兵听到枪声，纷纷参战，从四面八方向敌人射击，迫敌退回新洲。撤退途中，敖敏超部与"雷团"部两军相遇，竟相互交火，混战一场。至下午 3 时，敌人遭独立大队袭击，两部互相埋怨，无心恋战，仓促逃回新洲。

围歼大沟反动武装茹恩昌联防队　国民党阳江县保警敖敏超营 5 月被独立大队夜袭歼灭一个连后，撤离大沟圩，移至新洲圩驻扎，由大沟联防队长茹恩昌率队留守大沟圩，欲互相配合"围剿"独立大队。独立大队则准备乘大沟圩守敌空虚之机，袭击敌据点，迫敌回防，打乱其"清剿"计划，决定集中大队主力连和幸福连共 300 多人优势兵力，围歼大沟圩茹恩昌联防中队，牵制新洲圩敖敏超之敌。7 月 10 日早上 5 时许，独立大队两个主力连和幸福连全体指战员从花村小学出发，向大沟圩进军。一路由李乃驹作向导，林良荣指挥猛虎连和幸福连进入扶东中学插至联防队驻地背后对敌实施包围；另一路由李正枝作向导，马德里率领雄狮连和直属武工队，经过定光村插到联防队驻地前门，形成对敌包围之势。当独立大队将到敌营地门前时，见敌哨兵在营门口打瞌睡，陈中福下令捉其活口。哨兵警觉后即跑进屋内，几个敌人持枪向独立大队扫射，独立大队集中火力还击，压住敌人的火力后，对敌开展强大的政治攻势。此时茹恩昌的儿子茹光亚被押到阵前劝其父亲缴械投降。茹恩昌在强大的政治攻势和军事威迫下，不得不命令其部下缴械投降。至此，长期驻大沟圩的国民党联防队被歼灭。是役，除联防队队长茹恩昌一人乘缴械不备之机，带枪爬墙逃脱外，其余40多人被俘；同时，在扶东中学教室俘获县保警敖敏超部第六连连长梁正图和密探梁汉铭等3人，缴获长短枪43支，子弹数千发。

驻守新洲圩的敖敏超部获悉茹恩昌联防队被歼，立即放弃新洲，回防大沟圩。接着，独立大队和幸福连又乘新洲守敌空虚，疾进新洲圩，拆毁敌工事，挫败了敌人在新洲"清剿"的阴谋。

平田桥伏击战　7月12日，国民政府阳江县县长甘清池亲自出马，调遣"雷团"一个营和县保警敖敏超部及地方精练武装共500多人，由"雷团"副团长温某指挥，分兵两路到新洲"扫荡"。大队领导获此情报，研究拟订了粉碎敌人"扫荡"的战斗方案。决定主力连队和幸福连队立即撤回龙潭设伏，诱敌深入围歼；另派陈中福带领精干班12人，向江台公路西进，与三山等地下党、武工队联系，传达独立大队的决定，动员和组织群众配合大队主力反"扫荡"。当陈中福率精干班前进至平田桥附近时，发现了"雷团"的先头部队。陈立即命令战士隐蔽前进，观察敌情。弄清来犯之敌280多人分成三股向新洲圩方向前进，其先头部队一个连，已越过平田桥，中间主力部队正通过平田桥，后面的一股敌人前进至三山圩附近。为了牵制敌人，使大队主力连队有足够的时间转移，陈中福和战士们交换意见后，决定在平田桥伏击敌人。当敌人进入伏击圈时，陈中福命令战士茹雷射击骑马的指挥官。只见敌军官从坐骑滚落地下，其余战士则集中火力打击敌人。敌军遭到袭击后，一片混乱。稍后，敌人组织反扑，集中火力向精干班扑来。

霎时间，已过平田桥的敌先头部队和在三山圲后面的敌人分别向精干班阵地左右两翼迂回，配合正面之敌形成对精干班的三面包围。此时，敌人以轻机枪、重机枪一齐向精干班阵地扫射。因力量对比悬殊，又处于不利地形，陈中福果断命令茹雷带领李业棠和林湘三人留下掩护，其余战士立即撤出战斗。

这时敌人又以八二迫击炮和六〇炮轰击元山仔阵地，负责掩护的三位战士毫无畏惧，沉着应战。敌人在炮火的掩护下，成扇形三面蜂拥冲上来，在距阵地只有百多米时，茹雷命令林湘和李业棠二人向马岭山方向撤退后，自己依托着一块大石作掩护，勇猛地向敌人扫射。当茹雷的冲锋枪子弹打光时，敌人嚎叫着冲了上来。茹雷待敌人距自己只有四五十米时，拔出驳壳枪还击，接着用手榴弹投向敌群，并利用手榴弹爆炸掀起的滚滚浓烟，迅速抱着冲锋枪滚下山沟，隐蔽在山沟里。不久，三股敌人会合后进山搜索，一无所获。茹雷脱险后与战友一起归队。

龙潭反击"雷团"进攻　7月12日，阳江县县长甘清池和"雷团"进入新洲圲后，策划恢复新洲乡政权，对各村庄开展"大扫荡"，"围剿"独立大队。独立大队把队伍拉进龙潭村研究对策。为了巩固龙潭游击根据地，安定民心，保护群众利益，独立大队针对敌强我弱的情况，制订了诱敌深入，截击歼灭的作战方案。

14日凌晨，"雷团"部和阳江县保警敖敏超部及地方武装共500多人，由"雷团"副团长温某指挥，分兵三路偷袭龙潭浦竹溢村独立大队驻地。其中一路向那邓、留安、迳口岗进犯；一路由蔡贵率领自卫队经石岗、鸡关山、南坑进犯；另一路从黑石头、龙渊、茶洋村进犯。凌晨2时，独立大队发现敌情后，各战斗队分别进入预定阵地准备迎敌。雄狮连连长陈森带领一个排哨占领马山警戒，监视来敌；主力连队和幸福连共 300 多人在马山背的崖婆尾（地名）掩蔽，待敌进入马山脚坑口时，即予迎头痛击，截歼敌人。

天蒙蒙亮，一股敌人摸近马山脚，距独立大队排哨阵地约 30 米。陈森命令，机枪、步枪一齐向敌人开火，敌机枪手和几个敌兵被击毙。此时，陈森命战士暂停射击，跃身就往山下跑，意欲抢夺敌人机枪。正在这时，敌人的重机枪打响，密集子弹向排哨阵地扫射，陈森左肩中弹身负重伤，他忍痛坚守阵地，指挥战士打退敌人多次冲锋。上午 7 时许，敌人在距排哨阵地右前方约 1000 米的三个石（地名）和左边大石鼓（地名）小山岗的敌机炮阵地上，疯狂地向排哨阵地轰击，阵地情势十分紧急。这时，大队领导认定敌人已布置好火力点发起进攻，再打伏击战已不利，遂决定主力部队主动撤退。

自恃正规军的"雷团"进军阳东"扫荡"遭到严重挫折。是役，独立大队毙敌 19 人，伤敌 5 人，敌逃散了 10 余人。独立大队战士何锐牺牲，陈森和战士谭炳等 4 人负伤。龙潭反击战，宣告了"雷团"进阳东地区"扫荡"失败。

龙潭战斗结束后，大队长马德里率领幸福连以及已调至总队的猛虎连指导员黄德昭、文化教员陈川和战士 40 多人回滨海总部，参加 7 月 30 日广海义路口战斗。赵向明政委和林良荣副大队长率雄狮连留在阳东地区坚持斗争。

漠东飞来寺伏击战 7 月 30 日晨，八团二连和六团二连及武工队共 120 多人，在飞来寺伏击由梁喜芳领头到东安乡大冈塘保公所收缴稻谷的九区联防队。最后，俘敌 8 人，缴枪 8 支，农民被强征的稻谷悉数追还。

陈秧仔等壮烈牺牲 8 月 8 日，省保警 400 多人从江门乘车直抵横陂圩，在漏网潜逃的"土皇帝"吴任平的配合下，包围袭击恩平县大亨游击基地。大亨武工组陈郁等在群众的掩护下突围，安全撤退。大亨武工人员陈秧仔和交通员陈新二人被敌围困，他们从清晨 4 时起，英勇抗击敌人至中午，因身陷敌阵，寡不敌众，陈秧仔用尽最后几颗子弹，击伤爬上屋顶的敌人。敌人放火烧屋，陈秧仔被烧死；交通员陈新跳窗突围，中弹壮烈牺牲。

紫罗山战斗　8 月初，国民党新洲联防自卫队长蔡贵收买了紫罗村的冯流泮，指使其跟踪侦察游击队的活动。7 日，李基奉命带领旱地武工组陈其永、洪东柱、金殷碧等 4 人从龙潭出发，到清岩村收缴地主车安的驳壳枪。他们在天黑时进入紫罗村，遇村民冯流喜。冯流喜将蔡贵已率自卫队在葵田，可能会到紫罗、旱地村来的情况告知李基，并建议游击队晚上不要在村中住宿，可移到紫罗三踏石处宿营。不料当时在场的冯流泮闻知此情况后，连夜跑到新洲那笃向蔡贵告密，蔡贵即率几十名自卫队员到紫罗山的三踏石"围剿"。8 日天刚亮，李基等 4 位武工队员被敌三面包围，遂行迎击，但敌强我弱，便决定撤出战斗，却遭冯流泮阻拦。冯流泮诱骗武工队员撤向鸡𠎀堡（地名）。武工人员警惕性不高，结果受骗中计，当李基带领武工组到达鸡𠎀堡时，即遭到早已在此埋伏的蔡贵自卫队袭击，李基等虽英勇还击，边打边退，但始终不能摆脱敌人的包围。当撤至山脚坑口时，又遇一股从侧面跟踪穿插过来的敌人。敌人集中强大火力向李基等扫射，李基不幸中弹牺牲，陈其永亦负伤。事后经查实是冯流泮告密，直属武工队将其抓捕，处决于新洲圩。

突袭黄龙酒家　阳江县国民政府和警察局为了加强东平的反动统治，于 8 月上旬，任命盛文达为东平联防队长。盛文达与其兄盛文光（淮海战役释放的俘虏兵）和阳江城爱和轩药店敖某等秘密商谈，筹集枪支武器组织地方反动武装，以配合对游击队的

"围剿"。武工队获此情况，决定除掉盛文达。8月中旬的一天，东平送来情报称盛文达等在东平黄龙酒家饮茶。朱明和黄学璇当即带领谭青等6名武工队员，赶到黄龙酒家，在靠近大门口找座位坐下，伺机捉拿盛文达。当盛文达等人步出酒家门口时，武工队员立即拔出手枪将其控制，使其束手就擒。武工队当众宣布盛文达组织反动武装的罪行，表示特奉恩阳台独立大队的命令将其逮捕，以安定群众情绪。后他们将盛文达押解送至沙堤关押所看管。待搜查盛文达家时，收缴大印一枚和长短枪30余支，其本人则经教育罚军粮50担后予以释放。

强攻新洲圩敌炮楼　8月中旬，据守新洲圩的蔡贵自卫队和二区李廉防"剿"联防队，配合"雷团"和敖敏超部经常四处围捕武工人员，袭击游击根据地，对群众及武工人员威胁甚大。独立大队领导决定四打新洲。

战前，独立大队派出武工人员对敌据点进行侦察，探明敌人分驻的新洲圩乡公所炮楼和商会（吴维亮铺）两个地方。独立大队据此情况作了针对性的战斗布置：由茹雷等人组织突击组爆破敌炮楼；由指导员马文活和马裕等组织火力组掩护，支援突击组进行爆破；由马德里指挥战斗，林良荣和赵向明带领预备队，在圩北面的牛排山布防监视敌人。确定行动时间后，独立大队雄狮连和飞龙连共200多人，从龙潭出发，包围了新洲圩敌炮楼和商会。当天早上6时许，战斗打响，先由范正强接近炮楼进行爆破，因炮楼春墙坚固，爆破不成功，惊醒了敌人。敌人从楼下隐蔽枪眼开枪射击，范正强中弹壮烈牺牲。黄德锐见战友牺牲，马上冲向楼房抢救战友，又被敌人开枪击中。苏顺浓急于为牺牲的战友报仇，背着炸药包冲向敌人炮楼，结果又壮烈牺牲。这时，马德里命令飞龙连连长陈成高率队支援，把"十三咪"重机枪架在距敌炮楼30米的地方。但敌人又从炮楼上向大队机枪阵地扫射，容基头部中弹牺牲。这时飞龙连用"十三咪"重机枪以猛烈火力扫射敌炮楼，掩护爆破组茹雷冲至敌炮楼旁边点燃炸药，敌炮楼被炸开洞口。但正在此时，外出"扫荡"的敌人突然从背后偷袭大队设在新洲北面的牛排山临时指挥部，对独立大队进行反包围。马德里见势于己不利，当即命令部队互相掩护，撤回龙潭。

这次战斗失利，主要是大队领导和干部产生轻敌麻痹情绪，侦察不够缜密，把敌炮楼的舂墙误为砖墙，导致作战中未能用足量的炸药把炮楼炸毁。同时，没有布置"坐探"以防敌情变化，对敌人半夜外出"扫荡"也不知情，几乎陷进敌人的空城阵。这是恩阳台独立大队自出平原以来，在对敌作战中的一次最深刻的教训。

截击东安乡后备队 8 月 25 日，大八区队截击东安乡后备队，俘敌 6 人，缴步枪 6 支，俘虏经教育后释放。

林键元在乌石圩被捕 8 月间，独立大队征收组人员林举芬、林善思、林键元 3 人进入乌石附近村庄活动。在乌石圩期（农历七月十八日），他们在圩内街上张贴传单后进入和兴油杂店休息。林键元在圩遇见在乌石小学任教时的旧同事李斯和，两人久别相逢，偕同在圩内游走，后在一空地上谈心。突然一个特务从背后将林键元半腰紧抱，一个用枪指住林的胸膛，另一个上前搜身缴了林键元的枪，合力将林抓捕。李斯和见状逃跑，特务开枪把李射杀。林举芬和林善思在和兴油杂店里听到枪声，即跑出店外夹杂在趁圩的群众中观察动静，见圩中路口有敌人把守，他们遂折回店中从店后门越墙突围，安全返回表竹村游击据点。林键元被捕后，敌人对他进行严刑拷打，迫其透露独立大队的情况，林宁死不屈，没有泄露独立大队点滴情况和自己的身份。当天林被押解回大沟圩，后被送至阳江城关押。至 10 月 24 日南下大军解放阳江县城时，才得以获救。

烧毁西南堡乡公所　8月底，塘坪武工队员放火烧毁西南堡乡公所。

设埋伏毙敌酋　瓦解良澳联防队　9月初，台山南部的寨门至阳东的东平已基本连成一片，成为恩阳台独立大队活动基地。唯独北一村，由良澳联防队长蔡兴的队伍控制，如"钉子"般插在寨门与东平之间。他们经常配合林英、敖敏超等部"围剿"游击队，并向新洲驻敌提供独立大队的活动情报，使武工人员活动受阻。尽管独立大队对蔡兴进行过多次教育和警告，但他仍执迷不悟，继续坚持敌对立场。独立大队决定拔除这心头之患，由陈中福率领直属武工队员一连几天在北一村一带设埋伏，终于把联防队长蔡兴擒获。武工队即押解蔡兴转移至附近的密林里隐蔽，以迫其部下放下武器投降。岂料，其部下闻知蔡兴被捕的消息后，迅速集结登山，向直属武工队发动进攻，企图救出其主子。直属武工队面对敌人反扑，为杀敌气焰，将蔡兴就地处决，然后从容撤退。蔡兴被处决后，良澳联防队群龙无首，乱成一团，在东平武工队政治、军事的攻势下，有的放下武器投降，有的携带武器自愿参加武工队，良澳联防队被彻底瓦解。

大陂激战　9月，粤中纵队第八团第一连80多人在大八大陂与阳江县保警营及联防队200多人相遇，发生激战。八团一连毙敌3人，敌中队长梁大权受伤，八团一连两名战士受伤。

赤岗事件　9月5日，中共阳春县委江北区委委员钟景宏带领5名武工队员在阳江县塘坪乡（今阳东塘坪镇）漠江沿岸旱地村、赤岗村一带活动。当晚返回赤岗村分散住宿，遭驻在大八圩的县保警二营营长敖敏超率所部及大八联防队300多人"围剿"，除队员李世权突围外，钟景宏、林东、黎道熊、陈世伦、欧华贵5人被捕，敌人还抓捕了40多名村民。陈世伦、欧华贵当日在大八圩被杀害。钟景宏、林东、黎道熊3人被押至阳江县城监狱收押。在狱中，他们受尽酷刑，但始终坚贞不屈，于9月下旬被杀害。临刑前，他们高唱《国际歌》并沿街高呼："打倒国民党反动派，解放全中国！中国共产党万岁！"市民纷纷为之感动落泪。

在钟景宏、林东等被捕之后，漠东地区东南区队队长陈冬率队迅速回师塘坪，一边安抚激励赤岗村梁喜等被抄家受辱的群众，一边坚持与敌人斗争。在这之后陈冬带领的部队狠狠地惩办了给敌人送情报的国民党特务乡丁。

反击敖敏超"扫荡"　9月3日，阳江保警二营敖敏超部第四连、第六连、大工连特务队及大八联防队200多人，进入大八石梯村"扫荡"，第六团陈庚率一个连和大八区队迎敌，双方发生激战。敌大八联防队主任梁大邦被击伤，保安营、联防队狼狈逃窜。

田畔圩战斗　9月6日，粤中纵队第二支队第五团政委李白率启明星连在田畔圩与驻在恩平、阳东边境的国民党广东省保二师第五团冯恩轼营、合山防"剿"区队数百人发生遭遇战。五团机枪手牺牲，防"剿"区队捉去群众60余人，杀死群众3人。

黄计保牺牲　9月30日，新洲自卫队蔡贵部40多人，从三山圩袭击表竹村。表竹武工组和民兵隔河抗击敌人，令敌人无法进入表竹村，蔡贵部便转而包围表竹村附近的大环仔老黄斗农庄。独立大队交通员黄计保遭敌突然袭击，来不及撤离，被困在农庄边的鲁村，隐蔽于稻草堆丛中。敌在农庄反复搜查，一无所获而离去。后由于反动保长告密，敌人又返回鲁村，将黄计保抓获，当场毒打黄计保，然后强迫黄为他们把从农庄抢来的200多斤重的肥猪扛到新洲圩。黄计保虽遭酷刑，但他坚贞不屈，没有泄露独立大队丝毫机密。敌无计可施，只好利用黄作人质，威迫黄的胞弟黄福、黄盛（均是武工人员）在三天内到新洲乡公所自首。黄姓三兄弟坚持革命气节，不向敌人屈服。三天后，年仅32岁的黄计保被敌人杀害于新洲圩。

表竹民兵誓死保卫家园 10月4日，独立大队主力部队和直属武工队奉命暂时撤离表竹村。敌林英部进驻东平后，派林德仪部和阳江县保警敖敏超部共300余人，联合对表竹村进行大"扫荡"。表竹37名民兵，英勇抗击十倍于己且武器精良之敌，终因敌我力量过于悬殊，被敌攻入村中。兽性大发的敌人，在村中肆意烧杀抢掠。民兵见状，义愤填膺，决心誓死保卫家园。民兵队长黄广彤，带病指挥战斗，布置每两名民兵负责一条巷，与敌人展开巷战肉搏。一声冲锋令下，民兵们像猛虎般冲出密林，攻进村中巷道打击敌人。敌正在村中放火烧屋，抢劫群众财物，遭到民兵突然袭击，慌忙逃走。民兵迅速抢占高地监视敌人，严防敌人杀回马枪。这时，被烧房屋火势猛烈，留在村中的6位老妇，紧急挑水、扛梯爬屋救火，待敌走远后，民兵立即投入救火。从下午2时起，直至黄昏才把几十间房屋的烈火扑灭，保卫了自己的家园。是役，黄士通等10名村民被抓走，几名妇女被轮奸，12幢共60余间房屋被烧毁，全村百余户共400多对门窗被砸烂。被抢去耕牛3头，生猪、三鸟及财物一批。

解放战争以来，游击根据地表竹村虽历经敌人15次残酷"扫荡"，但表竹人民并没有被吓倒，相反，村民对敌人更加仇恨，斗志更加坚强。表竹人民众志成城投身革命，捍卫了恩阳台边区赖以开展游击战争的革命根据地。

"雷团"和茂阳师管区忠勤部队以及阳江县警、自卫队、联防队等敌军，对游击区进行三个多月的残酷"扫荡"，使游击队蒙受损失，大批群众财物被抢，一批革命骨干被杀害。但根据地军民奋起还击，主力部队不但没有削弱，而且在斗争中不断壮大。敌人的"扫荡"，锻炼了群众，提升了部队的战斗力。当南下大军即将到来时，敌人闻风而逃，宣告了他们对游击区"扫荡"计划落空。

经过几十场大小战斗的连续打击，敌人的有生力量被不断歼灭，而武工队却在历尽艰难困苦的战斗中不断发展壮大，根据地不断扩大，武装斗争形势朝着更加有利的方向发展。

四、掩护游击队员，军民鱼水情深

在与敌人进行殊死斗争中，根据地军民同生死共患难，群众舍生忘死，掩护游击队员，结下了浓浓的军民鱼水情。

1949 年 8 月 8 日凌晨，国民党粤南师管区林英部队和阳江县保警敖敏超部共 200 多人，合围游击据点那味村，搜捕游击队员。当时，女游击队员利惠、岑萍和交通员陈水源 3 人被包围在村中。天刚亮，敌人进村逐户搜查，陈水源在一间牛栏里被敌人盘问。在这危险关头，群众月华四婆挺身而出，称陈是自家雇请的牧童，边说边叫陈水源去放牛。陈趁机牵着牛走出村闸口鱼塘，乘敌人不备安全脱险。村民敬嫂将岑萍装扮成农村姑娘，以母女相认，两人挑着尿桶到村外浇菜，岑萍便在敌人的眼皮底下脱险。村民大邦婆让利惠装扮成农妇，两人相互配合，与敌人斗智斗勇。当几个持枪敌人气势汹汹地冲进大邦婆家时，利惠与大邦婆家中的姑娘以姑嫂相称，并装着要下地做工的样子。敌人在屋里翻箱倒柜，四处搜查，多方盘问，也无法找出破绽。敌人在村中挨户搜查，无法找到游击队员的踪影，便把全村群众赶至村门楼空地上，并将李德润、李宗耀、李孔怀、李家祥、李家安、李德光、李章安、李计均等 8 人捆绑在旷地的牛车上逼供，威迫他们说出游击队员的去向，还恐吓群众，说若谁家藏有游击队员不报，查出便杀头烧屋。当时，利惠和大邦婆夹杂在群众中。全村群众在敌人的恐吓威胁下，守口如瓶。在群众的掩护下，这几名游击队员终于安全脱险。敌人的"扫荡"一无所获，遂将李德润等 8 名群众硬押回大沟乡公所，诬说他们犯了"窝匪罪"，勒索 120 担谷才释放。

敌人包围那味村不久，中共阳东区委书记许式邦带领区委梁嗣和与岑萍到丹载村隐蔽，以避敌"扫荡"锋芒。途经北惯乡范屋寨时，与北惯乡公所自卫队相遇。当时，许式邦已走在前面，梁、岑两人走在后面被盘查。许式邦和梁嗣和身藏短枪，岑萍身上带有宣传文件，情况十分危急。梁、岑两人泰然自若，做好了一旦身份暴露就与敌人搏斗的准备。许式邦随即返回与敌人周旋，正好与敌班长何燕民（台村人，曾接受北惯武工队的统战教育，向游击队提供过情报）相识，便边打招呼边掩护说："她们是北惯人，探亲回来路过这里。"何燕民领会许式邦话中意思，立即命令士兵放行，3 人安全脱险。

8 月间，敌人在阳江地区频繁"扫荡"，群众不顾生命危险，掩护和护理伤病员。一次阳江县保警敖敏超部和大沟区联防队李廉部联合包围新洲龙潭和北股一带，来势凶猛，情况十分危急。独立大队主力部队为避敌锋芒，主动撤离。卫生员欧贞发高烧，不能随队撤离，留在横岗村农民冯流驹家里休养。冯的家人把欧贞当作自己亲人，关怀备至，精心护理。敌人进村搜查时，他们秘密把欧贞藏在村后山里，保证了欧贞的安全。福田武工组员林善思患了病，领导为了他的安全，将林转移到北股冯屋村冯道亮家中隐蔽治疗。村里群众热情关心，为了使林的病早日痊愈，他们不怕劳苦，冒着生命危险，跑到十多里外的敌占区新洲圩寻医买药，晚上轮流放哨，以确保林的安全。后来，群众还护送他回石塘村家里治疗。

五、策反自卫队起义，分化瓦解敌人

阳东游击队在开展对敌斗争中，注重开展政治攻势，对敌加强策反，促使敌地方武装起义投诚。

苏宏深率太平村自卫队起义　1949 年 3 月，受游击队宣传攻势感化，大八太平村保公所自卫队长苏宏深率自卫队员 11 人，长短枪 12 支起义，参加游击队，编入广阳支队第八团。

陈成高率津浦自卫队起义　陈成高在 1948 年 2 月由谭葆英介绍与粤中纵队驻香港统战负责人陈信才会见，接受任务后回阳江打进敌人地方武装，待机起义。同年 10 月间，陈成高通过津浦村官僚地主陈成骏的关系，出任阳江县国民党"国大"代表陈书畴的海安渡船护航队长，掌握"十三咪"重机枪一挺，轻机枪一挺，长短枪 9 支以及弹药一批。并任用亲信陈广、陈成仁等 6 人为护航队员，准备条件成熟时举行起义。1949 年 3 月，周文奏在津浦小学约见陈成高，商量如何加快扩大武装和组织起义事宜。陈成高建议，在海安渡船停航检修时，集中船上武器连同津浦村的武器，成立津浦自卫队，待机起义。对此周文奏根据恩阳台县工委的指示予以同意，并强调指出，这批武器绝不能再落在敌人的手上。5 月间，海安渡停航，陈成高通过陈成骏说服陈书畴将海安渡船的武器交付津浦自卫队使用，并任自卫队长。26 日，国民党津浦村保长陈立功在津浦小学召开村民大会，宣布津浦自卫队成立，但却以维护地方治安为借口，扬言要加收自卫队成立后的有关费用。这种变相征收兵费的行径，当即遭到津浦抗征会和武工人员陈立玺等人的反对，致使他们的计划破产。这显然触犯了陈成骏的官威和族规（笏朝、津浦、华洞三乡联合订有乡规民约，对族中叛逆子弟，父老有权处死），指令要自卫队于当夜将陈立玺等 3 人枪杀。陈成高为营救陈立玺等武工队员，主动要求"执法"，并向陈立玺等表明自己的身份。当天夜晚，陈成高把陈立玺等 3 人带到北津港海边，鸣枪几发，制造枪毙的假象，秘密将 3 人放走。

陈成高为避免真相暴露，从思想上、组织上加紧了起义的准备。一面派心腹接近陈成骏探听动静，以防意外；一面同当地武工人员陈汝惠商谈早日举事。不久，独立大队派雷启光到石塘村约见陈成高，布置起义的具体事宜。7月31日上午，陈成高率津浦自卫队27人携带"十三咪"重机枪两挺，轻机枪两挺，长短枪20余支，子弹3000余发，手榴弹数十枚及望远镜等军用物资一批，乘船离开北津港，于下午抵达东平允泊登陆，投奔恩阳台独立大队，宣布起义。起义部队最初命名为恩阳台独立大队阳东第一独立中队。后经整编、扩编为恩阳台独立大队第三连（代号飞龙连），连长为陈成高，副连长为梁锋，指导员为周文奏，文化教员为陈国藩，事务长为陈慎炯，卫生员为敖大山。

梁始耀率队起义　1949年8月27日，经江北区委长期的策反工作，大八第九联防队主任梁始耀率13人携长枪17支、驳壳枪2支起义，起义队伍编入粤中纵队第二支队第六团。

钟远行率部起义　1949年9月5日，原国民党合山第三防"剿"区自卫中队长钟远行，按武工队部署，组织发动田畔乡青年农民、学生四五十人，由五团启明星连接应，在田畔乡自卫队内线队员黄广源的配合下，于5日夜在黄值班时袭击乡公所。过程一枪不发，全缴乡公所枪100多支，俘乡兵、联防队员及到该乡催粮的阳江国民政府民政科科长梁广和合山第三防"剿"区士兵等80人（经俘虏教育后释放）。参与袭击田畔乡公所的青年农民、学生一起参加粤中纵队第二支队第五团。

六、镇压土匪恶霸，维护社会治安

在国民党的反动统治下，社会残渣泛起，土匪四处为患，恶霸地主横行乡里。为维护人民群众利益，阳东人民武装坚决打击为害人民的反动分子。

打击土匪，保护商旅　1949年3月，漠东地区东南区队队长陈冬率大八武工队和民兵 400 余人在格山村围歼陈胜三股匪。

7 月间，惯匪张汉、信宜三等人不思悔改，继续在东平附近抢劫作案，扰乱社会治安。独立大队直属武工队和大沟武工队互相配合，由陈中福、雷启光亲自率队，身穿黑胶绸，头戴白通帽，乔装成富商的样子，出现在东平附近，引匪出动。张、信两匪果然上钩，当匪徒欲施抢劫时，武工队员前后用枪指着，喝令匪徒们举手就擒，收缴了他们身藏作案的短枪 4 支及子弹数发，并将他们押解往东平海堤游街示众。8 月间，土匪谭奕等 2 人在花村凉水迳行劫，当即被大沟武工队抓捕，被收缴长枪 3 支及子弹数发。土匪经教育后被释放。独立大队消除匪患为民除害，保护商旅的安全，维护了社会治安，受到群众的赞扬和拥护。

严惩恶霸陈大槐父子　新洲北股大元岭村恶霸地主陈大槐，恃其子陈典瑞是国民党阳江县参议员，在乡间横行霸道，村中有姿色的青年妇女常遭其污辱。群众曾经向国民党法院上诉，被陈典瑞勾结国民党官吏压案不办。陈大槐父子因丑闻被揭，怀恨在心，纠集爪牙 10 余人杀害告发其罪行的群众 3 人，打伤 1 人，烧毁民房多间，烧死群众 1 人，烧伤 3 人，并带爪牙四处抢劫作案，还企图勾结当地国民党反动派与独立大队为敌。当地群众对其恨之入骨，纷纷请求给予严惩。经调查属实，为平民愤，独立大队指令直属武工队为民除害。陈中福接受任务后，率领直属武工队员埋伏在大元岭村附近，日夜跟踪追捕陈大槐父子。8 月间的一天夜晚，陈大槐回老家进入直属武工队的伏击圈，即被活捉，后被处决于新洲圩。群众闻除暴喜讯，奔走相告，拍手称快。陈大槐被镇压后，独立大队警告和敦促陈典瑞放下武器投降，争取宽大处理。陈典瑞仍坚持反动立场，继续流窜各地作案，为害一方。一天，独立大队直属武工队侦悉陈典瑞等在北桂村聚集，陈中福立即率队员乔装成牛贩，迅速行动袭击陈典瑞聚集地牛棚，将他和其同伙一起抓获，收缴了他们的武器，其同伙经教育后被释放。陈典瑞被押送至大队部看管，独立大队对他进行教育改造，但陈没有悔改之意，乘去河边洗澡之机跳河逃跑，被看守战士当场击毙。

处决反动保长陈文博 国民党大沟乡公所户籍干事兼沙岗村保长陈文博，在国民党反动派军队"扫荡"阳东地区期间，常向大沟乡驻敌提供"黑名单"和独立大队活动的情况，积极配合敌人对大队进行"围剿"。阳江县保警敖敏超部"围剿"那味村，就是他告密。陈也是沙岗村大地主陈绍域的走狗，秉承地主旨意在沙岗村大路边的地主大楼中，日夜设岗哨，以监视和阻止武工人员的活动，使大沟一带武工人员活动受阻。他身藏武器，随时准备和游击队搏斗。为铲除这只拦路虎，杀敌嚣张气焰，大沟武工队请示大队获得批准，决定镇压他，准备在其打麻将时进行突袭。一天晚上，获悉陈正在村中打麻将，大沟武工队员李业棠等2人突然冲进屋内，将陈文博活捉。起初他企图拔枪对抗，被李业棠等武工队员制服缴械。然后武工队员将他押解出村。押至村边时，陈竟作反抗搏斗，意欲逃跑，被大沟武工队员当场击毙。大沟武工队处决陈文博后，即在寿长河乘船前往北政村。

收缴地主藏枪 8月间，雷启光率领大沟武工队挺进花村，收缴地主李士举家中藏枪。起初李推说无枪，当武工队要拉他到独立大队部时，他便害怕起来，被迫交出长枪2支及一些子弹。事前大沟武工队调查得知李有短枪，经搜查，队员在竹磨里搜出驳壳枪2支、左轮枪1支及子弹数发，还抓获在李家躲藏的龙潭大地主黄赞祚的大儿子黄侠沃。此前，龙潭武工队要黄赞祚缴交收藏的驳壳枪，但黄拒交并外逃。捕获黄侠沃的大沟武工队劝其交出家里藏枪，黄亦顽固拒交，于是，武工队就押着他行军打仗。黄侠沃从小娇生惯养，哪经受得起艰苦的行军环境，为了保命，连忙通知其家里人将收藏的2支崭新驳壳枪及子弹数发交出，大沟武工队遂将其释放。接着，大沟武工队又派武工人员到华洞村收缴地主陈义槐的枪，陈赖说无枪，后雷启光亲自率队进驻其家里，老奸巨猾的陈义槐假作殷勤，交出驳壳枪1支及子弹数发。大沟武工队乘势派茹立言等两位武工队员到石塘村地主林放家里缴枪，起初林拒绝不交，后因害怕被带去武工队才回房拿出驳壳枪1支及子弹数发，却留下一个重要的枪件弹匣不交。雷启光即率队到石塘村，要求林放之妾交出枪匣。林妾害怕事情闹大，连忙将枪匣交出。随后，大沟武工队回到大沟村时，又收缴了地主陈其派家中藏枪1支、子弹数发。

林芳源、林芳秀两人一个是北惯乡联防主任，一个是田头屋村保长。他们坚持反动立场，与罗村直属武工组作对，阻止群众接近武工组，使该村成为名副其实的反动堡垒村。为煞住地方反动势力的嚣张气焰，攻破这个反动堡垒村，使三宝洞地区连成一片，巩固游击根据地，8月下旬，林良荣率直属武工队、北惯武工队、罗村武工组50多人，挺进田头屋村，进入林芳源、林芳秀家中对他们进行政治攻势和思想教育。昔日反动气焰嚣张的二林，当场向独立大队交出家里收藏的长短枪20多支，子弹一批，缴交军粮谷50担，并表示保证今后武工人员在三宝洞一带地区活动的安全。

同月，罗村武工组组长许兆铭率组员控制了深水河反动保长林礼荣，将他解送至新洲独立大队部进行教育，责成其交出家藏长枪4支及子弹百余发，军粮谷几十担。过后林还暗中向武工队提供情报。接着，各地武工组连续出击，在林屋寨收缴地主林其家驳壳枪1支、子弹数发；在下六村收缴富农潘儒胜的长枪2支、驳壳枪1支；在那山村收缴保长张锡佑长、短枪各1支。

同月，合山武工队突击合山圩警察分驻所，责令巡官钟家年缴交左轮手枪 1 支、长枪 1 支、子弹数发、手榴弹数枚；在大迳村收缴地主钟贤烈驳壳枪 1 支、子弹数发。

同在 8 月间，谭葆英率领北惯武工队，在二十六乡武工队的配合支持下，于牧湖村和丹黎村边埋伏，抓捕了地主李学年。当谭葆英与陈湘等 5 人将李学年押往独立大队部时，遭李家保镖武装截击，双方发生了战斗。由于敌我力量对比悬殊，武工队主动将李释放，然后撤退。李学年慑于独立大队的声威，主动派人求和。经过与武工队谈判后，李交出家中收藏的长枪 8 支、子弹百余发、军粮谷 50 担。

同时，北惯武工队还收缴了田头屋附近村富农陈某的长、短枪各 1 支。9 月，中共阳东区委梁嗣和与雅韶武工组组长谭保业率二十六乡武工队 10 多人，突然袭击进入欧村地主谭星灿家中，令其交出家藏长枪 10 余支、子弹数百发，解除了其反动武装。

围歼南逃残敌，大军解放阳江（1949 年 10 月）

一、做好迎接大军南下准备

1949 年 10 月 8 日，湖南长沙和平解放，中国人民解放军继续挥戈南下。为断敌南逃路线，粤中区党委通知各地武工组织，破坏广湛公路和通讯设施。沿广湛公路活动的恩阳台独立大队的武工队，坚决执行上级指示，迅速行动。合山武工队在队长岑业楷的指挥下，由岑传生等 30 余名武工队员和抗征队员，携带煤油、草纸、手钳、钢锯等工具，连续行动两个黑夜，烧毁公路桥两座、捣毁平岸坡至平地路段木电线杆 20 余根，剪除电线几百千克。丹载直属武工组，在党支部书记许名琪的领导下，由许名炽等多名武工队员深夜出动，冒雨烧毁铜鼓湾路段官山脚下的木桥一座，剪除电话线一段。武工组织的革命行动，破坏了敌人的交通通讯设施，阻缓了敌军南逃计划，为南下野战大军追歼逃敌赢得了时间。

14 日，为迎接和配合南下大军解放滨海地区，准备接管城镇和支援前线，滨海总队在军事上作出重大部署，命令恩阳台独立大队分三路迎接解放：由赵向明、马德里率雄狮连回台山总部；林良荣、陈中福率飞龙连留守阳东坚持斗争；吴国光率恩南区队回恩南。同时中共恩阳台县工委改组，成立临时县工委，书记为林良荣，委员有陈中福、吴国光；中共阳东区委同时进行调整，许式邦为区委书记，梁嗣和、陈修励为委员；恩阳台独立大队则由林良荣任大队长兼政委，陈中福为副大队长。

20 日，独立大队部、主力连队和一部分武工队员 200 余人集中北惯深水河村整编，组织学习政策，抽调武工队员加强扩充连队，调整各地武工组织和人员。表竹武工组划归大沟武工队，由雷启光指挥。组织连队战士、武工队员学习中国人民解放军的"约法八章"，领会其中各项政策。同时还学习了粤中纵队敦促敌军、政人员起义投降《布告》的五项限令：粤中境内的所有反动武装及反动政权，不得再与人民为敌，倘能从即日停止作恶，则既往不咎，当予宽大处理；所有反动武装，应争取机会携械起义，政府机关人员应向其上级提出辞职，并向本队及人民政府申请登记听候接收，对其有功者，当予以奖励，并量才使用；如认为起义和移交有困难者，则向本队及人民政府进行登记，请示处理办法；经登记准予暂时维持现状的反动武装和政府机关，应即将其武器、财资、公物、名册等列明具报本队及各地人民政府接收，不得隐藏、变卖、搬迁或破坏；凡执迷不悟，反动到底，自绝于人民者，其首要分子以战犯论罪，余则按罪行大小分别惩处。学习后，大队部、各武工队在各驻地以贴公告、发通令、递信函等形式以及通过各种社会关系，派人深入敌营活动等，加强政治攻势，敦促敌人弃暗投明。

为了更好地配合大军解放滨海、阳江，缩小打击面，恩阳台地区在临时县工委的领导下，独立大队、区队、武工队认真做好统战工作，敦促敌人投诚起义。

东平获得解放 10 月 20 日，粤南师管区林英部属百余人，眼见国民党大势将去，东平难以驻守，急忙强征民船多艘，乘船南逃。东平武工队获悉情况后，为保护渔民和商旅安全，免遭匪劫，队长朱明亲率武工队和民兵 40 余人攻进东平，东平获得解放。武工队进驻东平"正记"炮楼办公，维持社会治安秩序。

李廉率部投诚　李廉于 1948 年冬任国民党大沟乡长。1949年 5 月 5 日，大沟守敌敖敏超部一个连被歼灭。国民党阳江县当局以李纵容共产党而将其撤职。8 月，国民党阳江县当局派李廉重组武装，出任阳江二区联防大队长。花村武工人员向李廉发出忠告，李表明不会反对雷启光和游击队，不会伤害群众和武工人员。

李廉出任后，雷启光和梁嗣和率领的武工队及妇女组和花村武工组、农会、民兵努力做好各项工作。9 月下旬，解放大军南下，势如破竹，广东即将解放，大沟武工队又多次敦促李廉投诚起义。由于形势所迫，李廉遂派李仕旭回花村联系，找雷启光商谈投诚起义事宜。经几次在寸头村雷启光家会面谈判，李廉、冯尊炳接受投诚起义条件。10 月 22 日，李廉率部 50 余人，携带轻机枪一挺、长短枪 50 余支、弹药一批在大沟二龙村宣布起义。武工队列册接收人员、枪械和弹药。雷启光代表游击队对起义投诚人员进行教育后，宣布人员去留自愿。当时有 30 人自愿留下，雷启光派武工队员把他们送往独立大队归编。抵大队部时，因独立大队已奉命出发与南下大军会师，故这部分人员折回大沟，暂时编入大沟武工队。

二、配合南下大军，解放阳江县城

10 月 14 日，在南下野战军的迅猛攻势下，广州外围之敌全线溃逃，城内之敌余汉谋残部也大部分弃城而逃。南下大军左路军挺进广州市区，歼残敌 2000 余人，随即占领敌设置在广州的总统府、省政府、警察局等重要机关，广州宣布解放。广州解放后，左路军四野十五兵团留守广州，右路军二野四兵团和南路军两广纵队、粤赣湘边纵队分别沿西江、粤中和珠江三角洲中山方向，继续追击向南和向东逃窜之敌。

10月17日，毛泽东再次电示进军部队："广州敌逃跑方向不是向正西入广西，就是向西南入海南岛。我四兵团似应乘胜追击，直至占高要、德庆、封川、高明、新兴、云浮、郁南、罗定等县，必要时并占领梧州……"①

四兵团先头部队已查明敌人行踪，广州溃逃之敌除六十三、一〇九军等向西流窜粤桂边境外，敌余汉谋残部第二十一兵团经佛山向阳江撤退，第十三兵团残部经高要向阳春方向撤退，第三十九军经高明向阳江方向逃窜。以上表明敌人主力企图向雷州半岛和海南岛逃窜。二野四兵团陈赓司令员立即决定由十四军军长李成芳指挥6个师（十三军三十八师，十四军四十师、四十一师，四十一军四十二师，十五军四十三师、四十四师）兵分三路，向阳江进军，平行推进追歼逃敌。具体部署是以四十二师（缺一二四团）和四十师一一九团、一二〇团为右路军，从四会经高要、新兴向阳春方向追击；四十一师（缺一二三团）和四十师一一八团为中路军，从三水经高要，进入新兴切断高要之敌南逃之路，以后经天堂折向阳春；以四十三师、四十四师为左路军，从佛山出发，经鹤山、沙坪一线向阳江方向追击。三十八师作为第二梯队，随右路军之后向阳春方向开进。追击阳江之敌的三路大军迅速渡过西江，日夜兼程，沿粤中各县向南进发，对敌实施聚歼。

中路军先头部队于16日下午从三水渡过西江，向高明方向尾追敌人。17日，歼敌三十九军一部及省保警四师一部后占领高明县城。18日，大军与粤中纵队第六支队会师高明合水，协同独一

---

① 《毛泽东关于追击广州逃敌的指示》，中共广东省委党史资料征集委员会、中共广东省委党史研究委员会编：《广东党史资料》（第17辑），广东人民出版社1990年版，第67页。

团在大宅梧地区迫降敌九十一师，随后迅疾进入开平东北部，尾随逃敌向恩平方向追击。20日，粤中纵队司令部在鹤山金冈圩与大军会师，随大军一起前进。这时，探知敌军拥滞于开平、恩平地区，陈赓司令员急令各路军尽一切努力，不畏艰苦，追上敌人，对敌包围。21日，中路军追至恩平江洲歼敌五十军一部，接着进抵圣堂，与粤中纵队第二支队司令部及所属五团会师，二支队司令员郑锦波等即率队随同大军向阳江进发，于当天下午占领恩平县恩城。22日，大军先头部队一个营继续向南推进。陈赓司令员指示各路部队应坚决歼灭抵达阳江、阳春地区西逃之敌之主力。

10月20日，国民党乡、保人员在国民党军队败退至阳江时，惊慌逃散。乘大八圩日六团副团长曹广率领六团一、二连进入大八圩，各界人士夹道欢迎，晚上召开军民联欢会。

23日上午9时许，敌刘安琪兵团最后一批部队逃离阳江的合山圩。下午5时，中路军先头部队进抵合山，解除当地政权武装，进驻合山乡公所。

合山地下交通站负责人岑业雄发现这支军队的战士胸前戴着中国人民解放军的胸章，头戴五角星军帽，在街上帮助群众打扫卫生，跟群众有说有笑，十分亲热，心中大喜。连忙向在合山附近驻牛栏村活动的中共阳东区委书记许式邦、合山武工队长岑业楷汇报。为防敌冒充解放军，担心上当受骗，岑业雄受命重返合山侦察。晚上8时，岑进入合山圩，被解放军岗哨发现，当得知岑是合山小学教师后，哨兵将岑带往驻地，解放军首长热情地接见了他。经过交谈，解放军首长要求岑帮他们联系地方游击队。岑经两次与解放军接触，从解放军的服装、配备、作风和纪律素质等方面观察，确信这支部队是解放军，于是答应找游击队与解放军会面。解放军战士交军用马灯一盏给岑作通行联络讯号。岑到合山圩附近堤围向领导汇报经过。经过研究，先由区委书记许式邦、武工队长岑业楷和许兆铭等与解放军见面，再由合山、罗村两个武工队部分队员与解放军会合，并派交通员岑英就火速向驻在坡村的恩阳台独立大队领导汇报。当夜许式邦等怀着十分喜悦的心情与解放军营长、教导员亲切会见，交流情况和分析敌情，研究第二天攻击阳江城的计划。天亮前，林良荣、陈中福等独立大队领导率独立大队百余人赶到合山，与南下大军胜利会师。

10月24日凌晨，中共阳东区委派武工队员许绍铭、岑英科、张飞雄等作向导，带领大军前锋部队攻击阳江城。许式邦、岑业楷留在合山，负责与大军联络和筹集支前物资。恩阳台独立大队随大军前进，由大军安排负责支前工作。独立大队在金村、那霍村广湛公路一带筹粮、买菜供应大军。稍后，许式邦又随大军前进，到丹载大令村投入支前工作。中午，大军先头部队一二二团进攻阳江城东北面的放鸡山，歼敌三十六师一部，将前线指挥部设在十里茶亭。独立大队领导随大军一名师级首长进入指挥部，配合大军救护伤员。下午2时，解放大军对阳江城附近的狮子山、望了岭两个高地的敌人发动猛烈攻击。战斗打响不久，大军已有伤亡，从前线运回伤员，在十里茶亭的帐篷里救护。这时敌人组织反扑，向大军指挥部及前沿阵地发炮，炮弹爆炸的硝烟夹着掀起的沙泥在翻滚，久经沙场考验的大军战士，以猛烈炮火向敌进攻。经过几个小时激战，敌一部分被歼，其余的溃逃，大军占领了两个高地。24日晚，解放军以排山倒海之势解放了阳江县城。25日晨，独立大队随解放军进入阳江城，全力投入支前工作。

三、乘胜追击，消灭残敌

在配合解放大军追歼国民党正规军的同时，恩阳台独台大队属下各武工队伍对地方残敌亦展开连续打击。

智降恩平县保警大队　10月23日，敌恩平县长冯岳率县保警大队 200 余人，逃至台山的寨门、尾角，妄图夺船南逃。东平武工队副队长黄学璇在沙堤村接获情报后，立即动员群众撤往山上，并组织民兵 30 余人登山截击来敌。午后，敌人发觉东平武工队的军事行动，停止前进。下午 7 时，土匪头子林贵仔的两艘电扒船停在尾角，企图接敌逃跑。东平武工队以独立大队副大队长陈中福名义，写信警告林贵仔，令其立即把船开走，不得载运国民党军队逃跑。林贵仔接信后，匆忙把船开走，从而斩断了敌人从海上逃跑之路。

东平武工队一面监视敌人的动向，一面调集各村武装民兵 60 余人在木马村山洞一带，准备围歼敌人。是夜，敌企图乘黑夜溜走，被东平武工队发觉，武工队即对敌人发动突然袭击，把敌截成两部分。敌先头部队的一个排，逃到木马村的菜园里，当即被东平武工队缴了械，其余敌人退至尾角村的后山，龟缩着不敢妄动。从审讯俘虏得悉，敌虽武器精良，但面临前无去路、后有追兵的困境，且饿了一天一夜，战斗力基本丧失。于是东平武工队决定以武力作威慑，与敌打一场"攻心战"，智降敌人。

翌日晨，东平武工队布置民兵装扮成村民往敌所在地侦察。敌向装扮的民兵了解情况，民兵恐吓说昨晚有几百名解放军战士进村，现在山上。敌一军官要求民兵帮助他们找解放军首长，说有事商量。民兵答应后，回来汇报了敌人的动态。武工队经分析研究，再布置民兵折回向敌人传话："解放军首长来了，欢迎你们缴械投降，现已准备好饭菜款待你们！""昨天晚上你们已有几十个兄弟向解放军缴械投降了。"敌士兵听后军心动荡，死一般躺在山坡上。

稍后，东平武工队副队长黄学璇带着几名短枪队员，出现在敌人面前。黄向敌人宣布，他奉中国人民解放军粤中纵队滨海总队恩阳台独立大队之命，前来传令，要敌保警大队放下武器，免得造成伤亡。放下武器后，去留自愿，留下来的欢迎，愿意回家的，则发给通行证和路费。此际，农会骨干挑来开水，整天滴水未进的敌兵，丢掉枪支，一窝蜂上前抢喝开水。黄学璇乘机下达命令："你们把枪架好，由我们来接收！"就这样，这股敌人被武工队缴了械。计缴获有八二炮 1 门、六〇炮 2 门、轻机枪 6 挺、长短枪 200 余支。敌县长冯岳率 10 余个亲信逃经尾角，劫民船出海逃跑。

国民党的残兵缴械投降　10 月 25 日，国民党残兵 40 余人，从允泊、平堤向东平溃逃。东平武工队接获情报后，队长朱明带几名队员登山侦察，发现敌朝东平而来。因敌我力量悬殊，如与敌硬拼，不能取胜。经分析研究，认为敌是惊弓之鸟，必须制造后有追兵、前无去路的假象，以智降敌人。朱明采用"以攻代守"策略，带领通讯员奔赴敌营，大声说道："你们谁是长官？我是解放军指导员，奉团长之命，要你们就地缴械，否则随时歼灭你们！"敌顿时被镇住，推选 4 名军官，跟朱明谈判。敌人因两天没饭吃，要求朱明杀猪供他们吃两顿饭，待到达东平后再缴械投降。朱明与民兵及农会骨干商议后，于当晚和次日早晨在平堤村满足了他们所提要求。后来武工队带敌人抵达东平。南下大军进入东平后，迅速地将敌人的武器全部收缴，并将武器部件拆除，捆绑好让敌兵扛着往阳江前进。就这样，东平武工队配合大军智降了这股残敌。

寿长河畔伏击战　10 月 25 日早上，大沟武工队获悉粤南师管区林英部属蔡志桥部在寿长河渡口强征 6 艘民船欲逃往海南的动向。表竹武工组和民兵，奉命到寿长河畔伏击。

伏击前，大沟武工队长雷启光把歼敌任务交给表竹武工组、民兵和大沟武工队部分队员。早上，参战人员来到寿长河西岸堤围战地，观察了伏击现场，就地商量战法。确定了由冯尊炳带投诚的 30 余人于寿长河畔西堤下段设伏，表竹武工组和民兵 30 余人埋伏于西堤上段。待敌登船驶至上、下段伏击点中间，由冯尊炳的机枪扫射前面之敌，表竹武工组和民兵打后面的敌船，中间两船则由表竹武工组用手榴弹炸毁，形成前后夹击、中间轰击之势，使敌插翅难逃。

上午 7 时许，从东平海面开来一艘电船，在寿长河面来回游弋，企图配合敌军登船撤退。约 10 时，敌军近 200 人，从新洲、平田、福平、三山、良洞沿路抢劫老百姓的财物，并在三山圩枪杀表竹商人黄联玉后，陆续进入良洞小学开饭。中午 12 时许，心慌意乱的敌军来到寿长河东岸渡口，争先恐后地登上了早在渡口等候的 6 艘渔船。在载着逃敌的渔船刚开航，驶在最前面的那艘渔船距伏击点尚有 100 多米时，冯尊炳假投诚的面目瞬间暴露，突然朝天鸣枪，打乱了武工队的伏击计划。面对这突然的变化，表竹民兵队长黄广彤当机立断，指挥 30 多条长短枪向敌人猛烈射击。敌遭这突然的袭击，吓得慌作一团，无从还手。有的中弹落水，有的跳河逃生。战斗持续到下午 1 时多，至河水退潮时，敌军官强迫船公将船靠岸。当敌人接近东堤围罗斗石的位置时，船只搁浅，敌人便把 6 挺机枪架在船旁，疯狂地朝武工队阵地扫射。顷刻间，武工队和民兵埋伏的那段堤基，被敌人的机枪打得尘土飞扬，无法继续展开攻击，于是，武工队和民兵撤出战斗。

此战，因冯尊炳从中作梗，未能全歼这股敌人。战斗结束后，表竹武工组、民兵以及大沟武工队，欲严惩冯尊炳，但冯尊炳在战斗最激烈时，已偷偷溜回了三丫村老家。

几天后，在河里捕鱼捞虾的渔民拾获长短枪 20 余支以及弹药一批。冯尊炳解放后继续为匪，被阳江县人民政府处决。

围歼阳江县第七区联防中队　阳江县第七区联防中队陈宏志部百余人逃至北惯响水庙潜伏，罔顾笏朝武工组的警告，拒不放下武器投诚。他们肆无忌惮地向洪村、牧湖等村庄群众勒索钱物，群众稍有反抗，就遭打骂捆绑。牧湖村群众冯就祥等就因为反抗他们横行乡里、强抢民财的恶行，被押至响水庙惩罚。10 月 25 日晨，牧湖村抗征会、农会骨干，向驻台村的北惯武工队留守队员陈修忠、林仁光等汇报情况，请求他们为民除害。当时，武工队大部分同志已随独立大队与解放军会师攻打阳江城，仅留下武工队员 3 人，即使调集台村的武装抗征队，也是敌强我弱，难以取胜。为保护群众生命财产的安全，武工人员决定到广湛公路各村庄找南下大军支援。

上午，中共阳东区委书记许式邦率许兆铭等正好回到北惯圩，武工队员向他们作了扼要的汇报后，提出求援大军的想法，许当即表态支持。

3 名武工队员往吉水塘村解放军驻地求见大军，一名营级军官热情接见了他们。在听取了武工队员的汇报和请求后，大军决定立即行动消灭敌人。随即派出一个连的兵力，于当日 10 时许出发，由武工队员作向导各带一个排奔向目标。第一排、第二排分别抢占崖鹰山和牛山的制高点，埋伏待命；第三排沿长山脚向南疾进，迂回向北再登长山。当对敌形成三面包围时，崖鹰山上的解放军指挥员一声令下，三路士兵同时向响水庙背后的牛山、长山的敌岗哨和山腰下的敌人猛烈开火，冲向敌阵。敌遭此突然袭击，死的死，伤的伤，其余的全部当了俘虏。此战计毙敌 12 人，俘敌近 100 人，缴获轻机枪 2 挺、长短枪 100 余支以及弹药一批。敌中队长陈宏志在战斗时溜出包围圈只身逃走。冯就祥等被绑村民由武工队员救出。

迫降国民党残兵败将 10 月 25 日，国民党残兵 10 余人在寸头村买米煮饭，大沟武工队队员发现后即向大队领导汇报。雷启光迅速率领队员多名，向寸头村疾进歼敌。途中发现敌人在田间小道上向大沟前进，雷启光即命令队员向敌人攻击。武工队边打边冲向敌群，待走近田间时却不见敌人的踪影。队员们正在纳闷，雷启光发现稻田水沟里有人用枪顶着军帽向上举，是敌人以此表示愿意投降，于是雷启光大声喝令他们放下武器。敌残兵一个接一个地从水沟里钻出来举手缴械投降。此役俘敌 11 人，缴获自动步枪 10 支、短枪 1 支及子弹一批。经审讯，这股敌人是国民党第七兵团司令官刘安琪兵团的一部分，刘兵团原打算向海上逃走，被大军于台山歼灭，这部分敌人是漏网逃出，其中一名军官为中校营长。

四、军民并肩作战，阳江全境解放

10 月 22 日，右路军攻占阳春城后，与粤中纵队第二支队第六团会师。此际，右路军接到四兵团命令，"急速由阳春取捷径直出程村圩，并在该处占领阵地，迎着拦击，包围敌军"。当日，右路军挺进潭勒圩与粤中纵队第二支队第八团会师。八团随大军向东推进，24 日控制了漠阳江以西地区，切断了阳江之敌西逃之路。

左路军在解放单水口的当夜，根据吴有恒司令员的命令，一三一团连夜由单水口渡过潭江，经台山西部取捷道火速插向阳江东部北津一带，以封锁阳江东出海口。吴有恒率纵队司令部继续随大军向南进发，沿途指挥纵队所属各支队、各团配合作战。

24 日，解放军一三一团抵达阳江合山。恩阳台独立大队交通情报总站负责人许航和连长陈成高派队员陈立玺、陈成圭等人带领大军至迳口村，再由二十六乡武工队加派陈章元、谭创基作向导，带领大军直抵北津港，封锁控制了港口，渡河占领了渡头地区，将残敌东逃的水陆之道全部封锁。

25 日，恩阳台独立大队和粤中纵队第二支队第四团奉吴有恒司令员命令，集结船只，抢架广湛公路鱿鱼渡浮桥。独立大队和四团坚决执行命令，由陈中福和许航率领数十名战士到塘围、双捷、北惯等地找寻船只，迅速集中几十条木船，完成架设浮桥任务，使南下大军辎重装备顺利通过鱿鱼渡口，有力地支援大军追歼逃敌。

此时，大军各后续部队纷纷抵达阳江加入战斗。四兵团前线指挥所即迅速调整兵力部署，加紧压缩，对敌军形成东、西、北的包围。南逃阳江之敌在解放大军的紧逼下，已成瓮中之鳖，麇集于平冈周围不到 15 公里范围的狭长地带。

26 日拂晓，四兵团前线指挥所向左、中、右三军下达发起总攻击的命令，十多支突击队尖刀一般直插平冈，将敌人割裂成无数小块，然后逐股围歼。中午 12 时，阳江围歼战胜利结束。企图经阳江逃向海南岛的刘安琪兵团 4 个军 4 万余人，全部被歼，其中溺、毙万余人，俘 3 万余人。

26 日开展围歼战时，在北津港，津浦武工组积极为大军找来多艘渡海船只，多次满载大军从北津飞快驶向独石、长沙等沙洲，向逃至海边企图乘坐前来接应的 4 艘大船逃走之敌发动攻击，大军歼敌千余人。武工组为大军筹粮、买菜，做好支前后勤供应。从 25 日开始，二十六乡武工队 30 余人在区委梁嗣和的率领下，在笏朝、平岚、雅韶、津浦一带紧张地借粮食、购稻草、买蔬菜等，并雇船源源不断地运往阳江城，支援前线。在短短的几天时间内，借、购到粮食数十万斤，购买稻草三万余斤、蔬菜万余斤。

合山圩因遭敌机轰炸、扫射骚扰，店主纷纷回乡逃避，商店关闭，致使支前工作出现困难。为解决部队的生活供给问题，岑业楷队长让一加工户加工豆腐供应，以代蔬菜。大军购得豆腐非常高兴，可仅靠一个加工户生产的豆腐，远不能满足南下大军的需要。于是，许式邦派人在圩中组织群众轮流推磨磨豆腐，做到人停磨不停，增加豆浆产量，让有技术的专业人员煮成豆腐。他们如此缓解蔬菜供应的困难，为支援前线作出了贡献。

10月26日，围歼刘安琪兵团的阳江战役胜利结束，阳东人民在中共阳江县委、中共恩阳台县工委（阳东地区）、中共阳春县委（大八地区）的领导下，为夺取这场历史里程碑式的伟大胜利团结一致，英勇战斗，积极支前，立下了不可磨灭的功勋。

解放战争时期，阳东地区党的组织及其领导的武装队伍，经历了分散隐蔽、自卫斗争、北撤和恢复武装斗争的过程，并在武装斗争中从"小搞"到"大搞"，粉碎了国民党反动派多次"清剿"和"扫荡"，经受住大大小小数十次血与火的战斗洗礼，最终迎来了中华人民共和国的成立和阳江解放。获得翻身解放、当家做主的阳东人民从此站起来了。

第五章

建政立制　摸索发展之路

（1949 年 10 月—1977 年）

清匪反霸，建设人民政权

一、建立人民民主政权

阳江人民民主政府的建立

1949年2月，阳江县人民民主政府在漠南游击区（现为阳西县地域）塘口镇横山乡梅花地村成立，姚立尹任县长，陈国璋任副县长。县民主政府下辖金横、路南、路北、江城、罗琴等5个区工委。其中金横、路南、路北3个区均建立了区人民民主政权和区队及武工队，而江城区处于中共地下党组织从事秘密斗争阶段，罗琴区仅有武工队活动。当时，县人民民主政府是在国民政府统治区内的红色政权，其赖以施政的许多行政职能尚未确立。

县人民民主政府成立后，在中共阳江县委的领导和人民解放军广阳支队第八团的配合下，坚决贯彻中共香港分局指示，针对国民党大肆征兵、征粮、征税的"三征"苛政，组织和发动建立农会、壮丁队和抗征队等，深入开展反"三征"斗争。

1949年8月，阳江解放在即，县人民民主政府发布命令，令国民党党、政、军、警人员不得继续与人民为敌，不得擅离职守，务必保护各机关、档案、资料，准备移交给民主政府。同时，发动和组织人民群众护厂、护校、护仓、护路、护桥，并发动群众筹集粮食、马草、燃料，支援南下大军作战。

阳江县人民民主政府的建立，使阳江地区迎来全境解放的曙光。

中华人民共和国成立后的行政机关

县人民政府（1949—1956） 1949 年 10 月至 1951 年冬，全县实行军管。10 月 22 日，县人民政府接管了县军事委员会的职能部门后，设民政科、文教科、建设科、公安局、社会科、税捐处、军事科、财经科。后经 1950 年、1951 年、1953 年和 1954 年的撤并和增设，县人民政府的行政职能部门渐趋完善。

县人民委员会（1956—1968） 1956 年县人民政府改为县人民委员会，其间逐步增设机构，到 1957 年设置人委办公室等 21 个委、办、局、科。

1958 年 11 月，阳江县与阳春县合并为两阳县，改称两阳县人民委员会，县属机构进行对口合并。1961 年 3 月，撤销两阳县重新分为阳江、阳春两个县，恢复阳江县人民委员会。1965 年县人民委员会设立人民委员会办公室等 32 个委、办、局。

县革命委员会（1968—1979） 1966 年，"文化大革命"开始后，阳江县政权系统的组织机构受到冲击，其领导机构和工作机构被迫停止工作。1968 年 8 月 31 日成立阳江县革命委员会，取代了县人民委员会的职权。县革命委员会下设政工组、生产组、办事组和保卫组，四大组内共设 12 个办公室，分别成立革命领导小组。1969 年成立工交、财贸、农林水、文教、卫生五大战线革命委员会，取代原政府各部门职能。后于 1969 年、1971 年、1972 年、1973 年和 1976 年，先后对政府机构作了相应调整。1980 年 12 月撤销县革命委员会，1981 年恢复县人民政府。

基层行政机构 中华人民共和国成立初，阳江在建立人民政权时，沿袭民国时期的行政区域，全县设 9 个区，39 个乡，3 个乡级镇。县以下建立区、乡（镇）两级人民政府，区设正副区长，秘书，民政、财粮、文教、生产、公安等助理员，以及交通员和炊事员；乡（镇）设正副乡（镇）长，文书、民政、财粮、文教、生产等干事，以及交通员和炊事员。

土改结束后，1953年建政时对行政体制作了变动，全县调整为19个区、2个区级镇、237个小乡。区设区公所作为县派出的行政机关，江城、闸坡二个区级镇建立镇人民政府。区公所和镇人民政府内部均设民政、财粮、文教、生产、公安等助理员和会计员、交通员、炊事员。1956年春，根据《中华人民共和国地方各级人民委员会组织法》，改地方各级人民政府为人民委员会，区公所仍为县人民委员会的派出机关，镇人民政府改为镇人民委员会。区公所和镇人民委员会人员设置不变。

随着农业生产合作社由初级社转高级社，1956年底合并小乡，但仍保留区。1957年2月撤销区一级区公所，把108个乡合并为58个大乡，原来江城、闸坡、东平、沙扒4个镇体制不变。1958年5月把原来19个农业区合并为19个乡，乡（镇）均称人民委员会，乡设正副乡长，镇设镇长1人，副镇长1—3人。乡（镇）内部仍设民政、财粮、文教、生产、公安等助理员，增设资料员，仍保留交通员和炊事员。半渔农地区仍设渔业专职干部。

1958年11月，成立人民公社，实行"政社合一"。公社机构称公社管理委员会，初期内部设农业、工交、财贸、文教卫生、政法等5个部和办公室。1961年3月，中共中央颁发《农村人民公社工作条例（草案）》，调整公社体制和公社规模，撤销公社内部各部，恢复生产、民政、财粮、文教、公安等助理员，保留公社办公室，设置渔业专职干部。

"文化大革命"期间，于1968年8月成立县革命委员会。10月，各公社、大队也相继改管理委员会为革命委员会。公社革命委员会设主任 1 人，副主任若干人。下设办公室、生产组、政工组、办事组、保卫组，各组设组长和干事。①

二、剿匪肃特，巩固新生政权

中华人民共和国成立初期阳江地区匪患严重

1949 年 10 月 24 日阳江解放，广大军民欢天喜地，共同庆祝伟大的历史性胜利。国民党反动派却不甘心于自身的灭亡，竭力勾结美帝国主义进行窜扰破坏，妄图卷土重来复辟其反动统治。

当时，国民党国防部保密局等在背后策划操纵，通过海南岛和香港特务机关遥控指挥阳江地区匪特组织，让他们纠集社会残渣余孽，笼络反动豪绅地霸，拼凑起各式各样的土匪武装，有国民党国防部保密局粤南工作站"阳江忠义救国军"，有"广州绥靖公署西江指挥所"，有"广州华南沿海护渔大队"，还有人民"反共救国军"、"青年救国军"等。据统计，当时为害阳江地区大大小小的股匪约 20 股，网罗 3000 多名武装土匪和暗藏的反革命分子，拥有轻重机枪 22 挺，长枪 431 支，手枪 28 支，火炮 1门，船只 30 艘。土匪祸害遍及阳江各地，尤以沿海地区严重。在土匪猖獗为患的时候，有的乡政府遭破坏，干部遭杀害，人民群众遭抢劫。其间，股匪先后袭击了人民政府 11 次、驻军 2 次，杀害干部 49 人，洗劫圩镇、村庄 122 次，杀害群众 9 人，轮奸妇女数人，并疯狂抢劫群众渔船、耕牛、稻谷、大米，甚至黄金、白银等。1950 年 4 月间，解放大军在海练时被敖昌端股匪抢走船只 3 艘，杀害解放军战士 5 人、区队干部 1 人。1950 年 5 月，土匪郑文广、敖昌端、林贵仔等南鹏股匪，竟于 5 月 5 日、19 日、20日和 6 月 1 日先后四次袭击东平镇，围攻公安机关，抢劫财物，

---

① 《阳江县志》第二十五编，第 690—693 页。

杀死、杀伤渔民各 1 名。如此疯狂的匪患，严重影响了新生政权施政和人民群众生命财产安全。

剿匪成为新生政权的工作重心

为了巩固人民民主政权，维护社会治安，保障人民生命财产安全，中共中央华南分局、华南军区和广东军区先后对剿匪工作发出指示，以重典治匪。在兵力上除留驻阳江的野战军第四七四团外，1949 年 12 月又增调独立第十九团进两阳剿匪。同时还通过整编，组织 5 个建制连队共 600 多名战士于 1950 年 1 月在阳江成立中国人民解放军广东军区第七军分区阳江县大队，进一步整合加强了阳江的剿匪力量。中共阳江县委、阳江县军管会和阳江县人民政府亦及时把工作重心转移到剿匪上来。

在强大的剿匪行动中，阳江地区股匪连续被剿灭。其中在阳东地域对匪特进行了多次较大规模的清剿。

1950 年 1 月 6 日，解放军和民兵围剿盘踞在新洲镇紫罗山的黄思补股匪，俘匪首吴思琳及匪众共 20 余名，缴枪 30 支、子弹及物资一批。60 多名匪众携轻机枪 1 挺、步枪 12 支投诚。

1 月 10 日，阳江县大队在大八区剿匪，擒获国民党"广州绥靖公署西江指挥所独立第三旅第四团"正副团长李光泽、李光南。

2 月，阳江县大队在北惯乡糯米田一带围歼"反共救国军西江指挥所独立第三旅"，生擒匪第一团团长黄文忠（绰号黄牛仔）及以下匪众，毙俘匪徒 100 余人。缴获重机枪 1 挺、长短枪 45 支、子弹 1300 发。

2 月 4 日，在那龙黄竹桥追歼钟基良股匪，俘匪 5 名，缴枪数支及物资一批。

3 月 4 日，在大那红再剿黄思补股匪，俘匪 80 余名，缴轻重机枪 2 挺、长短枪 70 余支、马 2 匹。

3 月 10 日，在紫罗山石碑村山区围歼刘贵永股匪，俘匪首刘贵永、朱罗山及以下 69 名匪众，缴长短枪 17 支、子弹 300 余发。

4 月上旬，于大八地区的暗冰山、雷冈等地，阳江县大队与解放军十九团在当地区乡中队的配合下，一举围歼"反共救国军"梁大邦属下匪徒 60 余人，缴枪 50 余支，其余匪徒携械自首。

6 月 2 日，二区（现属大沟镇）民兵在伍屋寨村剿匪，击毙"广东人民反共救国军陆军第三军独立第一旅第二团"营长林家仙等匪，生擒第五团团长杨道彬。

至 1950 年 6 月，阳东地区经过上半年对土匪的连续清剿，把谢天伟、张六记、黄牛仔、梁大邦几股顽匪 400 余人分别歼于龙高山、罗琴山、下水山、糯米田和大八区。击毙匪首谢天伟、张六记和戴炳河，活捉匪首黄牛仔。其余匪首黄思补、吴亦平、敖昌端等土匪武装在解放军和地方民兵的协力围剿下，也受到重创。据统计，全县共打死打伤及俘获匪徒 2500 余人。

粤中地区最后一窝股匪被剿灭

由于解放军的连续清剿，阳东境内的武装股匪土崩瓦解，他们的残兵败将在陆地已无处藏身，但苟延残喘的匪首敖昌端、郑文广、吴亦平、陈越华、郑竹仁、黄思准等仍在困兽犹斗，先后逃窜到南鹏岛。同时还有被解放军围剿而从万山群岛等处逃脱的散匪也窜到南鹏岛。这时，南鹏大小股土匪与原在岛上占山为王的土匪头子林贵仔纠集一起，形成 16 股共 400 余名的武装土匪盘踞岛上。

1950 年 6 月 25 日，台山军分区成立阳江县剿匪委员会，军分区副司令员阮海天担任主任，统一协调军分区，野战军四七四团，广东军区独立十八、十九、二十团和阳江县党政军的关系。各参战部队随时准备解放南鹏岛。

8 月 8 日，根据台山军分区的作战命令，阳江县大队在大队长陈中福的率领下，分别从闸坡和海陵神前村乘船出发，于9日凌晨抵达南鹏岛附近海域待命。8日下午1时，台山军分区领导率领由8艘机船和30多艘帆船，配备20门八二炮和火箭炮、80多挺轻重机枪等武器组成的主力部队，从台山广海出发，于9日凌晨3时抵达南鹏岛，完成对南鹏岛的包围。凌晨4时，解放军发出总攻令，20门大炮和80多挺轻重机枪一齐向岛上土匪窝点展开猛烈攻击。在先行奇袭登岛部队的接应下，海上参战部队在一个小时内全部登陆南鹏岛，并迅速向岛上各个匪巢发起攻击。在解放军的猛烈打击下，岛上土匪在梦中惊醒，束手就擒。6时30分战斗结束。

南鹏岛一役，全歼敌"广东省人民反共抗俄忠义救国军南路第九支队""广州绥靖公署西江指挥所独立第三旅"等16股武装土匪约470人。其中毙敌10人，生俘土匪460人。除"广州绥靖公署西江指挥所独立第三旅"旅长敖昌端畏罪自杀外，林贵仔、谭明华、陈永生、吴亦平、谢旭林、郑文广、蔡培等团级以上匪首16人悉数被俘。缴获敌六〇炮一门、轻重机枪17挺、长短枪158支、子弹10000发、电船1艘、帆船20艘和其他军用物资一大批。至此，阳江地区当时最大的一支武装股匪被剿灭。

1950年8月11日《南方日报》报道称："我军渡海解放南鹏岛，解除了广州、江门与南路航运的威胁，造就今后清剿粤中散匪的有利条件。"

阳东剿匪结束后兵事延记

在1950年的剿匪中，匪首黄思补逃逸。随后，黄由"匪"变"特"，成为国民党武装特务的一个头目。1954年4月17日，以黄思补为首的17名武装特务，在东平至台山交界地东平黄花环（湾）偷潜登陆。驻阳江的公安第十师二十八团获悉后，即会同阳江、台山两县的县委、武装部、公安局，从北津港、东平、新

洲及台山县的尾角、镇海等地一带形成网状包围圈。阳江、台山
两县共组织民兵 2200 多人及两县公安干警，开进紫罗山黄花环地
区围剿。19 日 7 时，二十八团三连二排在黄花环与特务遭遇，驻
东平部队随后赶到投入战斗。至 13 时，击毙特务 3 名，生俘 6
名，其余分散潜逃。接着，陈双（东平允泊民兵队长）带领允泊
民兵配合部队作战，至 17 时，捕获特务 3 名，击毙 2 名。20 日 1
时又击毙 1 名，21 日把最后 1 名特务擒获。至此，全歼武装特务
17 名，其中击毙支队长黄思补等 6 名，生俘副支队长何葵等 10
名，投诚自首 1 名。缴获卡宾枪 4 支、手枪 17 支、冲锋枪 19 支、
各种子弹 3000 余发、发报机 3 台和其他物资一批。此战受到中央
军委通令嘉奖，广东省人民政府也通令表彰有功人员。1960 年 4
月，东平允泊民兵队长陈双出席全国民兵代表大会，受到毛泽东、
周恩来等国家领导人的接见。中央军委授赠 56 式半自动步枪 1
支、子弹 100 发以及英雄奖章 1 枚给陈双留念。

第二节 开展农村土地改革运动

中华人民共和国成立前，阳江县农村的土地制度是封建土地所有制。根据阳江县土地改革委员会 1952 年统计（不包括县城和东平、闸坡、织篢、儒洞、溪头等圩镇，以及表竹、良洞、双安、莲岭、花村等小乡户数人口，下同）：占农村总人口 6.4% 的地主阶级，占有土地 36%，而占土地 14% 的公尝田绝大部分也为地主恶霸所把持；占总人口 3.7% 的富农，占有土地 16%；占总人口 28.1% 的中农，占有土地 20%；占总人口 54.7% 的贫雇农（含工人、贫民），占有土地 13%；另有 1% 的土地，由占总人口 7.1% 的小土地出租者、小手工业、工商业、自由职业、小商贩和渔民及其他劳动人民所占有。地主凭借占有的土地以地租、债利和雇工等对农民进行剥削。农民向地主缴纳的地租，在平常年份一般占全部收获量的 50%—60%，有的高达 70%—80%。此外，还要抵押金和送"田信鸡""田信酒米"（即给地主送鸡、米、酒等信用物品）等，遇上歉收年只得向地主借谷抵租，付高额利息。一般是"生"（借）一石谷一年要还二石，有的要还三石。如当年交不清，就"本上加本，利上滚利"，逼得农民将房产、土地变卖抵债。在地主家当雇工的农民劳动强度大、工钱低微，地主的佃户除交租外，有的还要无偿为地主做工。遇上荒年时不少农民要挨饥受饿，卖儿鬻女，造成家破人亡。这种封建土地所有制，不但形成了残酷的阶级压迫和剥削，而且大大地束缚了社会生产力，阻碍了农业生产的发展。

中华人民共和国成立后，阳江地区在农村全面开展清匪反霸，减租退押，夏征支前和生产度荒运动，从政治上、经济上削弱封建势力，提高农民的思想觉悟，壮大农民协会，农民开始当家作主，为开展土地改革打下了基础。同时，还从政策、干部等方面做好土改的准备。根据《中华人民共和国土地改革法》，1950 年冬，成立阳江县土地改革委员会，先在现属阳东区的朝平津、雅八两乡进行土改试点。全县"清匪反霸，减租退押"运动同时开展。土改试点于 1951 年 3 月结束，接着铺开第一批、第二批试点，最后一批试点于 1952 年 9 月铺开。全县设 10 个土改大队，分管 40 多个片、237 个小乡，参加土改干部共 1355 人。当时土改的主要领导由南下干部担任。在土改过程中，贯彻执行中共中央制定的"依靠贫农、雇农，团结中农，中立富农，有步骤地有分别地消灭封建剥削制度，发展农业生产"的总路线和总政策。土地改革分步进行：

（一）组织阶级队伍，斗争地主分子。土改队员进村和贫雇农"三同"（同吃、同住、同劳动），访贫问苦，扎根串联，成立贫雇农小组主席团，组织阶级队伍，树立阶级优势，斗争地主分子。

（二）划分阶级成分。在土改中，全县农村划分地主、富农、中农、贫农、雇农、工人、贫民、小商贩、小土地出租、自由职业、小手工业、渔民、工商业和其他阶级。

（三）没收地主的土地，征收公尝田和富农出租的土地，分配给无土地和少土地的农民。全县共征收没收进行分配的土地 49021.5 公顷，分配给贫苦农民，使贫苦农民占有土地由原来的 34% 增到 81%。同时，还没收地主阶级房屋 3.72 万间，耕牛 1.35 万头，农具 1.79 万件，余粮 5805 吨，分配给贫苦农民。对地主也分配一份土地，给予生活出路，自食其力。

（四）民主建政。当时，全县 237 个小乡都建立了乡人民政府，选举乡长，并建立农协、妇女、民兵、治保等组织。接着进行土改复查，解决遗留问题，查田定产，颁发土地证。

1953 年 4 月，全县土地改革结束。

土地改革后城乡的变革

　　土地改革的胜利，从根本上废除了农村封建土地所有制，摧毁了封建统治的经济基础，人民民主政权得以巩固。在城市亦陆续完成了对资本主义工商业的社会主义改造，实现私营工业的公私合营和手工业的合法化，继而逐步建立国营工业，私营商业也在实行社会主义改造中逐步建立国营商业和供销合作社。社会主义经济成分占有绝对优势，人民江山变得更加牢固。

　　后来在相当长的一段时间里，阳东经历了体制治理和政权治理的多次变革。

　　从互助组到农业生产合作社　土地改革改变了封建社会关系，农民当家作主，劳动积极性有所提高，生产得以恢复和发展，多数农民的生产和生活条件得到改善，但不少贫农、雇农由于家底薄，缺乏劳动力和耕牛、农具，生产仍然搞不好。为了帮助农民解决困难、发展生产，1953 年秋，中共阳江县委、县人民政府引导农民组织互助组。至 1954 年 6 月底止，全县共办起互助组10534 个，占农村总户数的 45%。

　　当年底，一批互助组陆续转成初级农业生产合作社（当时称为半社会主义性质的农业经济合作社）。社员投入土地和劳动，按 4∶6 比例分配收益。当时，县委在试办儒洞边海等 3 个初级农业合作社的基础上，又在全县组建 16 个合作社，统称 19 个老社。阳东笏朝、两报（现为报平、报头）、龙潭、九三、塘坪、龙心等村庄合作社也在老社之列。至 1955 年底，全县已建立初级农业生产合作社 1030 个。接着初级农业生产合作社迅速向高级农业生产合作社过渡（当时称社会主义性质的经济合作社）。至 1956 年底，全县共办起高级农业生产合作社 710 个，入社农户 12.63 万户，占农村总户数的 94%。但是，由于高级合作社过渡过急，走得太快，加上公有化程度高，大大削弱了私人占有。尤其是一些富裕中农，原来占有较多的生产资料，当时以较低折价入社，后来实际上又没有兑现偿还，致使他们的家庭收入减少。1957 年春，各地出现了拉牛退社风波，退社农民达 1000 多户，占社员总数的 3.6%。后来，在党和政府的领导下，平息了退社风波，巩固了农业生产合作社。

从"大跃进"到人民公社 1957 年，阳江与全国各地一样，掀起了"大跃进"的风潮（后来"大跃进"与社会主义建设总路线、人民公社合称"三面红旗"）。当年还同时开展了反"右派"斗争，使阶级斗争扩大化。1958 年 9 月，阳江首先在海陵、岗列、平冈成立了 3 个人民公社。前后仅仅一个月时间，全县就建立起 8 个人民公社，其中规模最大的"大跃进"人民公社，由 8 个乡镇、50000 户、20 万人组成，全县实现了人民公社化。人民公社的特征是"政社合一"，"一大二公"，实行人民公社一级所有制。在经济上，把原高级社的一切生产资料、公有财产和社员未折价入社的山林、果树以及自留地、自留山等无偿归人民公社所有。在经营管理上，实行计划统一安排、生产统一指挥、劳动物资统一调配、财务统一收支、收益统一分配的"五个统一"。"大跃进"恰逢 1961 年的自然灾害，中国进入了三年严重困难时期。后来，党中央执行了"调整、巩固、充实、提高"的方针，国民经济得到恢复。

从"四清"到"文化大革命" 1964 年 8 月至 1965 年 7 月，

原阳江县为湛江地区"四清"（即清政治、清经济、清组织、清思想）运动的重点县，中共湛江地委从全地区 10 多个县调集 1.7 万名干部组成工作队进驻阳江县，在阳江城乡全面铺开社会主义教育运动（即"四清"运动）。在运动中，虽然对解决干部作风和经济管理等方面的问题起了一定作用，但由于把这些不同性质的问题都认为是阶级斗争在党内的反映，使不少基层干部受到不应有的打击。后经历了十年之久的"文化大革命"，阳江的社会和经济受到了冲击。

中华人民共和国成立后至 1978 年党的十一届三中全会召开，在这 20 多年的摸索中，我国经历了比较好的发展时期，也受到冲击，但经过调整后逐渐转好。虽走过不少弯路，但国民经济总体上是在徘徊中前进的。人民群众日益增长的物质文化需要与落后的社会生产力之间的矛盾依然突出。因此，十一届三中全会后实行改革开放成为人民的必然抉择。

第六章

改革开放　谱写发展华章

（1978 年—2012 年）

第一节 新区设立，家乡建设百业待兴

1988年1月7日，国务院批准阳江撤县建市（地级），原阳江县分设阳西县、江城区和阳东区，并由阳江市代管阳春市。4月2日，中共阳江市阳东区委员会、阳东区人民政府正式挂牌成立，开启了阳东作为县级地方行政区域经济社会发展的新纪元。

开元之初，阳东百业待兴。

一是，农业基础薄弱。

建区时，阳东是一个纯农业区。全区农业仍禁锢在传统农业的旧框架中，"一把水稻一把甘蔗"，生产力水平低下，农业效益差。水利等农田基础设施老化，抗洪排涝能力脆弱，经不住水涝风灾的袭击；广大农民沿用脸朝黄土背朝天的耕作方式，农业机械化程度低；农村人居环境状况不佳，垃圾乱堆放，生活污水横流，有新屋无新村的现象较普遍存在。1988年，阳东这个以农业为基础的农业大区，农业总产值仅为4.03亿元。

二是，工业几乎是一张白纸。

当年，全区仅办有零星小规模的集体企业和少数几个国有企业，而且国有企业和集体所有制企业，都不是独立意义上的经济实体，而是政府的附属物。政府对企业统得过多、管得过死，企业缺乏经营管理的自主权，责、权、利相分离，导致职工吃企业的"大锅饭"，企业吃政府的"大锅饭"，使企业失去活力。1988年，全区工业总产值仅为1.12亿元。

三是，行政区政治、经济、文化中心尚未形成。

1988 年建区前，"阳东""东城"的名字，在国内地图，即使在地方版图上，都无法找到。那时，从透迤过境的广湛公路北惯段进入阳江城时，人们见到的是路北面的官山、放鸡山如一道道屏障，南面狗尾水库周围群山环绕，大小冈峦林立，其间或松林苍翠，或荒草萋萋，一条名叫"大令"的小山村，隐现于青山绿水之间。后来，这片土地被开发，大令便成了东城的"乳名"，是阳东后来政治、经济、文化中心的"血脉地"。

四是，本级财力匮乏。

建区之初，由于农业、工业、第三产业发展水平低下，区内税基狭窄，致使以税收为主要收入来源的财政运行举步维艰。1988 年，阳东地方财政收入和财政总收入分别为 1581 万元和 2743 万元，是典型的"吃饭财政"，连维持人头吃饭也捉襟见肘，无力顾及开发建设。

全区经济总量小；产业结构不合理，第一产业比重偏大，第二、三产业水平低；能源、交通、水利等基础设施建设滞后；城镇化水平落后；社会事业发展缓慢，教育、科技、文化、公共服务和社会保障体系不健全，阳东发展面临严峻挑战。

面对困难和挑战，阳东人努力寻求自我发展的机遇。1989 年 6 月 9 日—11 日，中共阳江市阳东区第一次代表大会召开，向全区共产党员和人民发出了"团结奋进、深化改革、建设文明富裕新阳东"的庄严号召。接着，先后于 1991 年 5 月 30 日—31 日召开中共阳江市阳东区第二次代表大会和 1993 年 12 月 23 日—26 日召开中共阳东县第三次代表大会①，又连续发出了"团结改革、艰苦创业，努力开创我区社会主义现代化建设的新局面"和"坚

---

① 1991 年 6 月经国务院批准，撤销阳江市阳东区，设立阳东县。

持改革开放，加快建设步伐，实现 90 年代阳东经济发展的大跨越"的铿锵誓言，彰显中共阳东区（县）委带领阳东人民奋力建设家乡的磐石意志和坚强信心。

党心凝聚民心。从 1988 年 4 月 2 日新区成立，到 1993 年 12 月中共阳东县第三次代表大会召开，阳东走过了五年多的艰苦历程。在这期间，全区（县）人民在建设阳东的道路上，坚持改革，大胆实践，勇于开拓，克服了各种困难，阳东"两个文明"建设迈出了可喜步伐。全区各级党组织在各项工作中充分发挥了战斗堡垒作用，广大共产党员亦起到了先锋模范作用，出色地完成了各项任务；全区的工人、农民、知识分子，同共产党员一道艰苦创业，在各条战线中发挥了主力军的作用，创造了非凡业绩。建区（县）五年，阳东党群一心，团结奋进，战胜各种困难，努力建立阳东经济新格局，实现了社会经济明显进步。

改革开放，漠东大地春潮涌动

1978 年中共十一届三中全会的顺利召开，开启了中国改革开放的大潮。这场伟大革命展现出的巨大生命力和创造力，令世人瞩目。阳东人民为中国改革开放取得的巨大建设成就感到欢欣鼓舞，1988 年建区时赶上了这个好时代，义无反顾地走上了改革开放这条开创社会主义现代化建设新局面的必由之路。

一、农村体制改革首先破题

实行家庭联产承包责任制　20 世纪 80 年代初，阳东地区农村体制改革已经破题。当时在农村普遍实行家庭联产承包责任制，革除以往"三级所有，队为基础"的经营管理模式，家庭成为基本生产单位。农民在承包的土地里安排生产活动，其劳动成果除按合同规定缴纳农业税及上交集体提留外，其余归自己所得，农民生产积极性得到释放。在实行土地承包后的两三年内，农民基本解决了温饱问题。有的农户进入"小康"，尤其是东平镇的渔民，生活水平提高得更快。1983 年，继续完善多种经营生产责任制，把荒山、荒地、荒滩、小林场、小果园、小水利工程和集体工副业全面落实承包到户，并以原生产队为基础，组织经济合作社，实行了"统分结合"的经营模式，能统一经营的，就由集体统一经营，可以分散经营的，就由农户承包经营。1984 年下半年，延长土地承包期为一定 15 年。1999 年 12 月第一轮土地承包期满，2000 年开始第二轮土地承包，把承包期再延长 30 年至 2029 年底。

调整农业生产结构 农业生产不再墨守"以粮为纲"而转向"全面发展"。农民一改以往只重视单一水稻种植而忽视发展经济作物的传统种植观念，利用水田种甘蔗、花生、玉米、西瓜、北运菜、栽桑养蚕，利用滩涂或低产田开挖鱼塘养鱼。多种经营种养面积增加，水稻种植面积适度减少。20 世纪 90 年代后期，又组织农业"三大开发"，把农业划分为山地农业、田园农业和水域农业进行综合开发，并实行"公司 + 基地 + 农户"的经营模式。至 2000 年，全区（县）种植业、渔业、畜牧业、副业、林业等五业总产值比例依次为 39.5∶34.7∶14.6∶7.7∶3.5，而 1988 年五业总产值比例依次为 34.8∶21.6∶20.9∶16.1∶6.6。农业生产结构开始出现变化。

改革农业流通体制 农业流通体制也进行了相应的改革。农民不再按以往国家指定性计划安排生产和产品销售，追逐市场成了农民基本的生产目标，各地农贸市场破茧而出，形成多层次、多渠道的农村商贸市场，促成产销对接，市场经济变得活跃。

2005 年，根据国家有关政策，全县免征农业税。这场世纪之变革，让农民头一回享受到种田不用交税的待遇。

二、工业企业改革成效显现

1988—2000 年，阳东工业企业改革进入重要时期，加快发展民营企业也进入重要时间窗口。

工业企业改革主要从两个方面展开。

改革经营体制 以往阳东工业企业由国家统管，实行计划经济，原材料和生产由国家统一支配，产品由国家统购统销，人员、工资也由政府统一安排和支配。企业没有自主权，企业和职工缺乏生产、经营的主动性及积极性。随后，阳东按照中共中央《关于经济体制改革的决定》，对企业实行简政放权、厂长负责制，企业实行自主经营，按市场需要安排生产。随着改革的推进，实行政企分开，企业的所有权和经营权相分离，扩大企业经营自主权，改革企业内部不合理的分配制度，实行定额承包，按件计酬，超产奖励；调动了职工的生产积极性，推动企业发展。各种所有制企业特别是民营企业蓬勃发展，1990 年，全区（县）民营工业企业总户数为 202 家，至 2000 年已发展至 2011 家。总产值（现行价）由 1348 万元增加到 20.96 亿元。上规模的民营企业，1988年仅有 1 家，2000 年增加至 383 家。

改革企业产权制度　20 世纪 90 年代中期以前，阳东国有企业实行计划经济的管理体制。1997 年县政府实行第一轮机构改革，裁员治乱，转变思维方式和工作作风，对经济工作以间接管理取代直接管理。1997—2000 年，按"产权明晰，自主经营，自负盈亏，科学管理"的原则，对县食品集团公司、县自来水公司、县商业集团公司、县进出口贸易公司、阳江市合成皮有限公司、阳江市粤宝矿泉水厂有限公司等 6 家国有企业进行了公司制改造。对严重资不抵债的国营阳江糖厂按《国有企业破产法》，提请国务院批准实施破产。对严重亏损的县建材厂、玻璃钢厂、乳胶厂、机械厂、粤阳林化厂等企业，实施租赁经营，或以租促卖、以租带卖的形式，让这些国有企业退出市场，实现转制。

企业改革在当时曾有阵痛，部分职工因企业转制下岗，导致生活困难。对此，政府积极采取措施，如开设下岗职工灯光夜市一条街等，鼓励和支持下岗职工实现再就业。

三、流通体制改革稳步推进

改革物资体制　1993 年，阳东着手改革物资体制，对企业从直接控制为主转向间接控制为主，并按"计划经济为主，市场调节为辅"的原则，除指令性分配的物资外，其余物资都可以进入市场自由购销。1994年12月，县政府根据所有权与经营权分离的原则，把物资购销经营管理权下放给企业，实行开放式经营，打破条块分割和城乡界限，扩大企业之间的横向经济联系与联合，大大激发了物资管理与物资经营的活力。

改革商业体制 20世纪90年代，阳东对商业体制进行所有制结构的调整与改革。1995年对东平商业公司实行租赁形式改制；同年10月，县食品公司转制为食品集团有限公司；1997年6月，县商业局改制为县商业集团有限公司。通过资产重组，整合县商业总公司、县百货公司、县糖烟酒公司等8家公司建立县商业企业集团，并相应建立一批日用工业品、五金交电化工、针纺织品、医药等商场门店和蔬果、水产品等农副产品批零市场。1998年6月，阳东石油公司转制为广东省石油企业集团阳东县公司。同月，县石油公司（含加油站）的全部资产无偿划转给广东省石油企业集团公司经营管理，形成石油纵向经营管理体制。

经过调整与改革，阳东国有商业网点、从业人员、经营额在商业中所占比重逐渐缩减，个体商业则逐年壮大，商品流通市场加快发育。

改革粮油体制 阳东的粮油体制改革，遵照"改革、开放、搞活"的方针，先从粮食统购统销的体制改为牌价粮、议价粮由粮食部门统一经营的"双轨制"开始，到放开食油购销、全面实行市场调节，再到粮食按指导性计划收购，粮食经营和价格放开，停止对非农业人口的粮食供应，管住收购、规范批发、放活零售。通过一系列的改革，发展和完善了全县的粮油购销市场。

改革供销体制 1993年3月，县供销社全面推行"三自一包"（自筹资金、自主经营、自负盈亏、包干上缴）经营承包责任制。同年10月，出台带资抵押"三自一包"经营承包责任制方案，经试点后在县供销系统推广。1994年3月，将原来两块牌子合署办公的县土产日用杂品公司、县物资回收公司分割，各自成立为独立法人、独立核算、自负盈亏的经营实体。1998年7月，县供销系统在"招标为主、协商为辅"的框架中，落实新一轮经营承包。

改革外贸体制 1991—1993年，阳东全面推行对外贸易承包经营责任制。1994年春，转上实行自负盈亏的外贸体制改革，取消补贴，打破"大锅饭"，彻底转换外贸企业经营机制、改革外贸企业体制，逐步建立现代企业制度，按"产权明晰、权责明确、政企分开、管理科学"的要求，把外贸企业与行政机关脱钩，企业陆续从政府分离。

四、财政体制改革多轮渐进

1989—1990年，阳东开始按"核定基数、定收定支、超收分成、超支不补"的原则对乡镇实行第一轮财政包干；1991—1993年，实行第二轮乡镇财政包干，执行时间调整为一定三年；1994年，对各镇实行第三轮财政包干；1995年起，对各镇先后实施第四、五轮财政包干，主要是对各镇调整收入基数和超收分成比例；2000年开始，县实施分税制的财政管理新体制，其框架是"核定基数、分税分成、定额解补、分级管理、水涨船高"。按事权与财权相一致的原则，对县、镇两级财政的收支重新合理界定和划分，进一步规范财政转移支付制度，强化公共财政的调节功能，缩小各地分配差距，协调地区经济发展。

五、改革税务金融价格体制

税务体制改革 主要是从1994年起实行新税制改革，县税务局分设县国家税务局和县地方税务局，垂直于广东省税务局领导；乡镇建立税务所，隶属于县局管理。2000 年，县国家税务局和县地方税务局，在全县各镇相应设立 8 个税务中心分局和 7 个税务征收所。

金融体制改革　主要是按照1995 年国家颁布《中华人民共和国中国人民银行法》和《中华人民共和国商业银行法》，实施银行职能改革，确立了中国人民银行金融监管地位，取消临时贷款和发放地方贷款，摆脱了经营、监管集于一身的做法；对专业银行推行企业管理，建立层层包干的管理体制；农村信用社实行股份制，民主办社，建立个人经营责任制。

价格体制改革　主要是在建区之初，区政府按照"稳定市场、稳定物价和安定人民生活"的物价方针，采取调、放、管相结合的改革方式，只调控粮食、棉花、能源、交通及重要材料计划内的部分价格，逐步放开工业消费品、国家定购以外的农产品及部分工业生产资料的价格，引入市场机制，使之形成一个国家定价、国家指导价和市场调节价三种价格形式并存的双轨制。

实施各项改革的预期目标，是不断促进阳东社会主义市场经济的发育和完善，为经济社会的全面发展提供源源不竭的内生动力。

以地建城，开辟新城行政中心

　　建区后，阳东人民建设新家园的积极性高涨，热切期盼尽快建设自己的政治、经济、文化中心。在刚诞生的区政府无法安排资金投入城市建设时，阳东人民以自己的责任担当，探索城区开发建设的路子。全国首个经济特区——深圳经济特区在成立之初首创"以地建城"的成功经验及城市建设的"深圳速度"，给阳东建设者以极大启示，他们意识到自身的优势在于有着丰富而尚未开发的土地资源。"以地建城"——钱从地来，城由地兴，人们找到了在当时条件下新城区建设的钥匙。

　　1988 年 3 月初，阳东区政府即将成立，建区筹备组邀请有关专家对阳东经济发展战略进行研讨，确定阳东经济区选址于北惯镇大令村，以狗尾水库为中心，在其周围土地上建设一座以轻工业为主的综合性现代化花园式海滨新城。5 月中旬，阳东成立了阳东城市开发总公司，随后又成立了城市建设指挥部，统一规划和实施阳东经济开发区的开发建设。同月 28 日在大令村举行的阳东经济开发区奠基典礼，拉开了阳东城区建设的序幕。1989 年 3 月，以大令为中心，组建东城镇，作为阳东区的政治、经济、文化中心。按照"统一规则、综合开发、配套建设、逐步完善"的方针，城区的总体布局以工业大道为界，分两个片区：东北部至官山脚下自 G325 国道及那味、端陶管理区为工业片区；西南部为综合片区，在综合片区内，又分为行政区、商住区和文化区三个功能区。此后，东城镇的开发建设迅猛推进，各项工程边开发边建设边配套完善，一座功能日渐齐全的现代化花园城市在昔日"九分山头一分地"的荒野中崛起。

东城镇镇区的开发建设，是由阳东城市建设指挥部统筹安排的，阳东城市开发总公司起了龙头作用。1988—1991年，该公司共征用开发了昔日峰峦错落的土地155万平方米，完成了工业、商业、住宅、学校等其他配套设施建设。1988年，首先建成了联结东城镇两个片区的标准混凝土大道——工业大道，在其两旁建成东城首个面积为92762平方米的湖滨商住小区。至1991年，坐落于G325国道两旁工业区的阳江市嘉伦饼业有限公司、乔士实业公司等31家企业的厂房拔地而起。其间，占地15800平方米的东城镇第一小学，东城镇委、镇政府及"七所八站"的办公楼，东城（大令）农贸市场等先后建成并投入使用；G325国道东城镇区路段4.4公里混凝土路面改建工程竣工通车；日供水量10000立方米的自来水厂、100千伏输变电站等配套设施工程立项建设；1992年阳东第一中学建成后开始招生。1991年阳东撤区建县后，社会各界普遍看好阳东的发展前景，争相到阳东县城投资置业，购地办厂、建房安居，阳东县城掀起第一轮开发建设热潮。

1992—1998年，阳东县城开发建设进入黄金阶段。中共阳东县委、县政府在资金紧缺的情况下，出台了一系列加快县城建设的政策措施，继续采取县城开发建设以地抵顶市政工程款，鼓励开发商、建筑工程公司带资承包工程的办法，加速各项市政工程建设。

7年间，县城新建的各项主要建筑工程，一年比一年多，特别是作为城区"动脉"的主要道路不断延伸扩张。1992—1998年建成的主干道有：1992年建成始兴路等6条，1993年建成德政路等9条，1994年建成平南路等4条，1995年建成永兴路等6条，

1996 年建成绿景路等 6 条，1997 年建成始兴中路等 11 条，1998 年建成裕东六路等 10 条。其间，道路修到哪里，新城区就扩展到哪里。

7 年间，建成县委、县政府大院等 31 个单位办公大楼，建成新江花园等 21 个商住小区，开发建设东城第一工业小区等 7 个工业小区（工业园）。

从 1988 至 1998 年，历经十年开发建设，阳东县城的基础设施、配套设施日趋齐全，作为阳东政治、经济、文化中心的城市功能日益显现。此后，随着县域经济特别是民营经济的发展，继续完善和加快县城以土地开发和配套设施为主的各项建设。1999—2000 年，先后开发了振士商住小区，开通了工业大路南段等 7 条街道，阳东汽车站、阳东人民医院等较大的公共设施工程也破土动工。

1991—2000 年，中共阳东县委、县人民政府和全县人民发扬艰苦创业的精神，按照"高起点规划、高标准建设、高效能管理"的要求和建设现代化花园式海滨城市的总目标，共投入 20 亿元，把原来一片荒山野岭，建设成为初具规模的政治、经济、文化中心，一个以轻工业为主的综合性新县城宣示了阳东的快速发展。

2000 年，东城建成区面积 5.42 平方公里，积聚户籍人口 3.65 万人，其中常住人口 2.3 万人。日新月异的新城区里可见高楼争辉，通衢大道上车来车往，游人如鲫，校园里书声琅琅，工厂里机器轰鸣，夜晚万家灯火，南国海滨新城繁华初现。

夯实基础，现代农业展现雏形

    "以农业为基础"，是阳东发展不变的主题。20 世纪 90 年代后，尽管工业化、城镇化的进程明显加快，新兴的第三产业崭露头角，但阳东始终坚持兴农稳县的发展方略，根据新时期农业内在的发展要求和时代特点，以彻底告别传统农业为目标，适时推进农业转型升级，发展现代农业。重点突出涉农新产业开发，大力发展特色农业、优质农业和效益农业，致力于提高农业产业化、市场化和现代化水平。

一、提高科技推进农业生产，保持农业生产稳定

    全县粮食种植面积常年稳定在 4 万公顷，并通过科学耕作，提高粮食单产，确保增产。全县保证年人均粮食占有量达到 300 千克以上，把"米袋子"抓在自己手里，"手中有粮，心里不慌"。同时，农村和农民问题越来越引起重视，采取各种措施促进农村建设和保护农民利益。

    加快覆盖县内沿海农业经济带、山区农业经济带、中部农业经济带、城郊农业经济带等四个各具特色、各有侧重的区域农业经济带建设，对不同地区实行分类指导，形成"一镇一品，一村一品，一户一园"的农业经济新格局。

    进一步提升科技兴农的能力，依靠科技实力发展现代化农业，不断提高农业的科技含量，加速单一传统农业向立体农业、无公

害农业、生态农业和经济农业发展，实施科技兴农。

二、加强东平国家级中心渔港建设

2008 年 12 月，农业部批准东平渔港为国家级中心渔港，同时批准建设东平渔港改造升级首期工程。项目总投资 4988 万元，由中央投资 2440 万元，地方投资 2548 万元。

项目按农业部办公厅农渔办〔2009〕112 号文件的设计方案进行施工，实际完成的建设内容包括：新建港口码头长 360 米，防洪堤长 150 米，西防江堤维修加固长 360 米，港池、航道和锚地疏浚 58.63 万立方米，装修综合执法办证中心面积 714.7 平方米，铺设港区道路 15833 平方米，新建渔港标志 1 座，购置多点视频监控系统、扩音及报警设备、工作台兼机柜等设备 6 台（套），并完成港区水电设施配套。

在加大渔港硬件设施建设的同时，为扶持渔业生产发展，阳东认真落实国家出台的有关政策规定，从 2006 年起对渔用柴油实行涨价补助。到 2012 年，七年间对渔民共发放柴油涨价补助 57782.84 万元。

在伏季休渔期，阳东给常年出海作业渔民每人每月发放生活补助 1500 元，稳定渔民生活。

为全面振兴渔港经济，阳东根据渔业生产发展的客观要求，综合施策，不断加强海洋资源环境保护、渔政海监执法与伏季休渔、海域使用管理、开办政策性渔业保险及防范重大自然灾害等工作，致力于建设功能齐全、设施完备、管理有序、抗灾能力强、经济效益好的中心渔港和进出口货运码头，充分发挥其作为国家级中心渔港在发展海洋经济和进出口贸易中的重要作用。

同时，阳东充分发挥东平中心渔港优势，坚持"深海渔业抓突破，浅海滩涂抓开发，水产加工上水平"的发展思路，开拓海洋产业发展空间，开辟远洋捕捞渔场，建立海水养殖示范基地，大力发展为内外市场和核电服务的鱼翅、鱿鱼、鳝肚等特色高档海产品加工场，建立海洋矿产资源开发和海洋生物保健品开发的海洋产品体系，推进"海上阳东"建设。

据 2012 年统计，阳东海洋捕捞产量 66040 吨，产值 94950 万元。

三、开发水域农业

开发水域农业是阳东发展现代大农业的重要内容。1992 年以来，阳东充分发挥江海滩涂和浅海资源优势，开发水域农业资源，大力发展海水、淡水养殖业。

改造沿海低产咸酸田发展海水养殖

2000 年以来，全县共投入开发资金 1000 万元，改造低产咸酸田，开发水产养殖面积 493.33 公顷。当中投资规模较大的有大沟镇三丫河周边徐赤至沙岗一带的连片养殖池，投入开发资金 300 万元，建成养殖池 166.67 公顷；三山镇东安围首期养殖场投入资金 245 万元，建成养殖池 66.67 公顷；东平镇引进广州市海珠区海联经济发展公司注资 300 万元，建成海萌围养殖池 66.67 公顷。

开发大面积水域的淡水、海水养殖

海水养殖利用鱼围主攻黄花鱼精养。东平镇以先锋养殖公司为龙头，以海养科技园为种苗基地，组合各个鱼围联营，统一养殖黄花鱼，由先锋公司提供种苗的技术指导，确定最低保护收购价，各渔户按公司要求养鱼，建成 6666.67 公顷的规模养殖场，带动水域农业发展。

其他沿海镇主要从事牡蛎、泥蚶、文蛤、翡翠贻贝、对虾、尖山蟹等海水养殖。2001 年，养殖面积达 800 公顷。当时，以

"浅海贝类增养殖示范基地"为重点的浅海增养殖业亦快速发展，全县浅海增养殖面积达1200公顷。

淡水养殖以星洲水产公司为龙头，开发3333公顷养殖池作基地，采取"公司＋基地＋农户"的生产模式，统一规划养殖单性罗非鱼和星洲红鱼两个当家品种。由星洲公司向农户提供种苗、饲料和技术指导，并确定最低保护收购价，农户按要求进行养殖作业。

至2012年，海水养殖产量16.88万吨，产值17.51亿元；淡水养殖产量2.33万吨，产值1.73亿元。

海洋捕捞业

水域农业的开发，使海洋捕捞业的作业形态也随之发生变化，特别是中央和省提出海洋捕捞产量"零增长"的目标后，经过宣传引导，渔民树立了保护海洋资源的新观念，由单纯追求产量增长逐渐向注重质量和效益增长转变，实现了海洋捕捞渔船和海洋捕捞产量适度双减。

四、提高农业生产商品化和规模化水平

在引领农民冲破自给自足或半自给自足传统农业的束缚，以市场为导向，发展具有一定规模的商品生产，形成各具特色的农副产品集散地的进程中，各级政府和有关职能部门切实做好信息、购销、科技、信贷服务，助力农民发展农业商品生产。至1993年，阳东生产的水果、蔬菜、花生、三鸟等分别有85%、65%、92%、80%进入市场交易。

农业生产稳中有进，进中提质，以质增效。尤其是农业现代化的步伐明显加快，打破了过去以种植为主，以粮为纲，生产单一的格局，建立起以种养为主，多种经营并进，结构渐趋合理，农、林、牧、副、渔全面发展，多元化生产的新格局。农业由昔

日粗放经营逐步转向专业化、集约化和适度规模经营，一大批农业生产专业户和联合体破茧而出。至 1993 年底，全县从事农、林、牧、副、渔适度规模经营的专业户有 2673 户，占农村总户数的 3.04%；经营面积达 19133 公顷，占耕地和林地面积的 17.5%。

进入 21 世纪，阳东被列入国家农业综合开发区和广东省农业现代化示范区，继续围绕农业增效、农民增收和农村稳定的目标，筑牢农业基础，推进农业现代化建设。

在国家农业综合开发区建设中，阳东于 2001 年首次实施国家农业综合开发项目。至 2008 年，全县投入 6373.5 万元，实施合山镇石鼓朗峒，北惯镇台丹峒、大朗峒，红丰镇珍珠峒、岗表峒，雅韶镇笏朝峒、平岚峒、双八峒，新洲镇广仔峒，大沟镇新梨峒，大八镇雷岗峒及白沙镇南洋峒等 12 个中低产田改造项目，改造面积为 8553 公顷；同时投入 2797 万元，完成 2 个产业化经营项目建设。

在农田建设项目开发中，经过土地平整，结合建设排灌泵站、防洪水闸、田间机耕路和水泥衬砌渠道等农田基础配套设施，改善农业生产条件，实现了旱涝保收的项目建设预期目标。项目区新增灌溉面积 1293 公顷，改善灌溉面积 3040 公顷，新增机耕面积 607 公顷。项目区农田基本建设和实施产业化经营的成功做法，有效地推动了邻近地区农田基本建设和农业多元化经营，促进了全县农业产业结构优化和现代农业发展。

阳东省级农业现代化示范区的创建于 2003 年启动，是广东省东西两翼及粤北山区兴办的 12 个示范区之一。示范区位于红丰镇红丰、珍珠、塘角和钓月行政村一带农田，投入建设资金 2300 万元，建设三个功能区。第一功能区为 209 公顷优质无公害粮菜种植区；第二功能区面积为 200 公顷，建有钢架大棚区和半保护性网纱遮阴大棚区、常年蔬菜生产区、粮食轮作区及其产后流通加工配套设施；第三功能区为名种阳江鹅养殖区，占地 9 公顷，重点建设良种鹅繁育中心，开展阳江黄鬃鹅培育和推广养殖新技术研究，实行产业化经营。

五、综合施策，加快现代农业发展

中共阳东县委、县政府把"三农"工作纳入全县经济发展大计划，对"三农"综合施策，按照统筹城乡，兴工促农，建城带乡的新思路，以发展县城经济为载体，以农业产业化为推手发展农业、农村经济。通过深化农村经济结构调整，大力发展效益农业、集约农业、特色农业；创建温氏集团、羽威、丰多采等具有带动效应的农业龙头企业；加强农田基本建设；深化以减轻农民负担为目标的农村税费改革和包括集体林权制度改革在内的其他各项改革；加强农民职业技能培训，大力推进工业化和城镇化，吸纳农村富余劳动力；加强农村基层组织建设，健全农民自治等多举措并行，增强农村自我发展的能力，全面改善农民生产和生活环境。

经过多年努力，阳东成功创建为"全国粮食生产先进单位""广东省粮油糖丰产创建先进单位""全国平安渔业示范县""中国黄鬃鹅之乡"。"三农"工作持续实现农业增收、农民增效、农村稳定。2012 年，全县农业总产值 58.49 亿元，是 1988 年阳东建区之初 4.03 亿元的 14.51 倍。其中，阳东的特色农产品有以下品牌：

东平鱼翅　这是阳东最负盛名的特色渔业品牌。东平渔民在渔业生产中，通过远洋捕捞，采用传统工艺把鱼翅加工成为宴席珍品。东平渔港是国内十大渔港之一，渔民尤以捕鲨著称，谙熟钓鲨及鱼翅加工技术，是国内最大鱼翅生产基地。20 世纪八九十年代，东平渔港平均每年鱼翅总产量为 50000 千克，占全国产量近四成，且大部分产品出口创汇。港区常年赴远洋从事钓鲨的专业渔船 20 艘，出海渔工近 200 人，且作业范围陆续扩展至南沙、西沙、东沙和舟山等多个捕鲨作业区。90 年代后期，又扩展到南亚附近海域开展钓鲨作业，渔获颇丰。东平鱼翅成为渔港渔业经济的名片。

大八益智　种植益智是老区大八镇的传统农业，历史悠久。据明代李时珍所著《本草纲目》载：益智子，辛温、无毒。有益气安神、补肾固精、健胃增食等功效。20 世纪八九十年代，益智的药用、保健功能为越来越多的人所认可，这一土特产的知名度越来越高，社会需求量也越来越大，发展益智生产成为老区农民增收致富的一条门路。大八镇有适宜种植益智的山地 6666 公顷，常年种植益智 333 公顷，总产量 150 万千克，产值近 1000 万元。龙心、白蒙、新垌、牛岭等村农民种植益智最多，面积占全镇三分之二以上。大八镇建有一间以制造益智凉果为主的食品加工厂，向农民收购益智果，由华南农业大学监制，制成"九制益智""酸甜益智""砂糖益智""蜜饯益智"等绿色保健品，畅销北京、上海、广州、深圳等大城市及港澳地区。1991 年，大八益智制品被农业部授予"绿色食品"称号，成功创建为"中国果用益智之乡"。

雅韶尖山蟹　尖山蟹因其壳薄膏红，体质丰腴，肉质脂多鲜嫩，香脆爽滑，营养价值丰富著称。产于雅韶镇西南面漠阳江与那龙河出海的尖山河段咸淡水交汇处。从近代发现尖山蟹化石推断，五六千年前尖山河段一带已有大量蟹类繁衍。尖山蟹从野生粗放到大规模养殖，始于 20 世纪 90 年代。雅韶镇委为做大做精尖山蟹特色品牌，利用台平津联围堤内北津村下洋垌的咸酸低产田，引淡治咸改造成尖山蟹养殖基地。1998 年，引进养殖家承包下洋垌，投资建设20公顷标准池塘养殖尖山蟹获得成功，带动当地老区村庄村民纷纷养蟹，形成尖山蟹品牌养殖规模，年均产量达60万千克，产值4000万元。产品畅销省内外各大城市及港澳地区。

双肩玉荷包荔枝　这是阳东特色农业的佼佼者之一。其独具特色的元素在于优质，鲜果果实大，肉厚核小，皮色鲜红靓丽，果身有"金带"环绕，果肉晶莹，入口甜脆香爽，可食率达73.7%。2000年，阳东玉荷包荔枝种植发展至1.86万公顷。在塘坪、雅韶、新洲、大八等镇，双肩玉荷包荔枝形成规模种植，其产品备受消费者欢迎。生产经营双肩玉荷包荔枝及其他优质水果，成为农民尤其是老区村庄村民的一大经济收入来源。"阳东双肩玉荷包荔枝"注册为中国地理标志证明商标。

以工兴县，推动工业跨越发展

一、"兴工富县"发展战略的确立

工业兴，则阳东兴；工业强，则阳东强。源于这种研判，阳东撤区建县时确立了"兴工富县"的发展战略。

1992年2月，中共阳东县委、县政府印发《关于加快阳东工业发展若干问题的决定》，首次提出"兴工富县"的指导思想，明确撤区建县以后，工业发展面临的首要任务，就是要集中精力加快目前仍处于落后状态的工业的发展。

1997年12月，中共阳东县委、县人民政府印发《关于加快发展民营经济的决定》，客观分析并充分肯定了民营经济经过几年的发展已是阳东经济重要的新兴产业；强调必须把发展民营经济作为长时期的一项重大任务来抓。进一步确立了解放思想，放宽政策，放开经营，大力扶持，科学安排，正确引导，加强管理的方针，促进民营经济健康迅速发展。

2000年2月，《中共阳东县委、县人民政府印发关于兴办县城工业园的决定》强调要进一步发挥县城的区位、交通和土地资源优势，集中力量，突出重点，建设起点高、规模大、设施完备、服务优良、管理顺畅的县城工业园，扩张工业体量，做大工业堆头，形成阳东工业既有"明月当空"，又有"群星拱照"的发展格局，让"兴工富县"战略落地见效。

2000 年 9 月，阳东县人民政府出台《关于鼓励外商投资阳东的优惠规定》，以土地出让价格优惠、工业用水用电优惠、各种规费优惠、税收返还以及对外商投资奖励、提供产销优质服务等多方面优惠政策鼓励和吸引外商到阳东投资置业。

2003 年 10 月，中共阳东县委、县人民政府再次印发《关于进一步加快发展民营经济的决定》，进一步明确民营经济在社会主义市场经济中所处的重要地位，强化其在推进阳东工业化进程，加快区域特色产业成长，实现富民强县中的重要作用。强调全县上下要凝心聚力，切实为民营企业营造"社会上有地位、政治上有荣誉、经济上有实惠、管理上有秩序"的良好发展氛围，加速全县民营经济发展迈上新的台阶。

这些不断出台的政策，推动了阳东工业的发展，使"兴工富县"发展战略落实到奔康致富的创业实践中。

二、创办"三来一补"，打造工业开篇秀

20 世纪 80 年代，阳东境内合山镇办起一家中外合作的"三来一补"（来料来样来件加工、补偿贸易）服装企业，这是境内"三来一补"工业企业的雏形。阳东区成立后，从东莞市大力发展"三来一补"企业的成功经验中得到启发，致力兴办"三来一补"企业，点燃工业发展的星星之火。

兴办"三来一补"的企业所需投资少，符合阳东当时财政薄弱的实际情况；其建设周期短，企业可以就地利用旧厂房、旧仓库、旧会堂等场地稍加改造后安装机器设备，以最快速度进入生产周期，能抢时机承接各种港资投建的"三来一补"业务；企业可以尽快获取加工费，并为国家赚取宝贵的外汇。当时，"三来一补"业务成为阳东工业起步的最佳选项。

1991 年后，阳东"三来一补"业务取得了很大进展。在此基

础上，又进一步拓展思路，陆续引进法国、新加坡、英国等国家和中国香港等地区的资金，创办中外合资、中外合作、外商独资经营的"三资企业"。2000—2002年，阳东新办三资企业16家，合同利用外资和港澳台资4187.5万美元，实际利用外资和港澳台资2834万美元。其中，引进的三资工业企业规模较大的有：阳东县金冠线业有限公司、阳江市狮龙丝袜有限公司、阳江市阳东县金辉刀剪制品有限公司、阳江市东达家具有限公司、阳东县万盛五金工具制品有限公司和阳东县五昌五金塑料制品有限公司。

经过一轮发展，阳东三资企业初具规模，并以轻工业为主。主要有服装、针织、五金、机械、塑料制品、皮革、家具、食品、化工等行业。由此产生的集聚效应不断扩大，推动了农民洗脚上田，穿鞋进厂，上岗务工，按劳取酬，展现出阳东工业发展的开篇秀。

三、大力发展民营工业，拉开经济突破口

民营企业是20世纪80年代末期，根据当时国民经济组织成分，除国有经济外，对集体经济、合作经济、民间持股的股份经济、个体经济、私营经济等所办企业的统称，工业企业部分称为民营工业企业。1990年，阳东有民营企业202家。1997年国家出台有关政策，大力扶持民营经济发展。中共阳东县委、县人民政府印发《关于加快发展民营经济的决定》，阳东民营经济尤其是民营工业迅猛发展。1997年下半年新增民营工业企业97家，1998年又新办55家，其中投资额1000万元以上的项目有9家。当时国内最大的果冻布丁生产企业喜之郎食品有限公司落户阳东，总投资5亿元，厂房占地33万平方米，首期投资2亿元，投产当年实现工业产值10亿元。

1999年初，阳东举行33个重点工业项目庆典。规模较大的

有浩强贸易有限公司，投资 1200 万元，规模产值 3500 万元；阳江市金辉小刀厂，投资 1280 元，规模产值 3000 万元。投产项目中，还有金泽五金塑料厂、阳腾刀具厂、鸿兴实业有限公司、阳东盛丰餐具厂等也都是规模较大、效益较佳的外向型民营企业。当年，广东省丰源粮油有限公司在阳东办厂，总投资 2.3 亿元（首期完成投资 4200 万元）。年加工大豆能力 150 万吨，年产值 10 亿元。除了 33 个重点项目外，还上马了 30 个其他工业项目，计划投资 6010 万元。1999 年，全年共上马 57 个工业项目，完成投资 2.37 亿元。

通过上项目、扩规模、增效益，阳东初步构筑起以县城工业区为中心，G325 国道沿线镇和东平沿海经济开发试验区为依托的三大民营工业基地，形成了以食品、五金、针织、机械、服装、建材、化工、金属喷塑等行业为主的民营工业新体系。

其间，阳东多举措并举，在各地创办镇办、村办集体企业，鼓励发展联办、户办的个体企业，逐渐形成以集体企业为主，私营企业、股份企业和个体企业齐驱并进的乡镇企业新格局。1995 年 8 月，中共阳东县委、县政府印发《阳东县关于发展乡镇企业的奖励办法》，随后设立了"工业产值亿元镇"和"发展乡镇企业奖"，一定三年。每年年终由县组织有关部门组成检查组进行年度考评，对优秀者给予奖励，激励乡镇企业发展。1998 年，随着民营经济快速发展，村办、镇办以上部分集体工业企业，归属民营工业范畴。后来有的集体企业在改制中承包给私人经营。至 2000 年，已经归属民营企业范畴的集体工业企业保留有 73 家。

至 2000 年，阳东民营工业企业发展到 2011 家，民营工业总产值 20.96 亿元，占全县工业总产值 76.4%，年均增长 32%；民营工业从业人员也由 1990 年的 200 人增加至 1998 年的 13929 人，占全部工业企业从业人数的 61.4%。

2003 年，出台《中共阳东县委、阳东县人民政府关于进一步加快发展民营经济的决定》，不断完善民营经济发展的软硬环境，民营经济又上了一个新台阶。2008 年，全县实现民营工业总产值97.28 亿元，占全县工业总产值的 63%。

四、创立多元企业协调发展的工业新格局

经过不断的摸索和实践，阳东逐渐建立起多元企业相融并进，既有"明月当空"，又有"群星拱照"的工业发展新格局。

民营企业成为阳东工业体系中的主力军。在其孕育和发展的过程中，从无到有，从小到大，从大到强，从只是国民经济的补充到成为国民经济的主力军，实现了跨越式发展。至 2012 年，全县民营企业（含中小企业）发展到 3466 家，其中规模以上民营企业 176 家，总产值 335.3 亿元，占县内工业总产值的 85.97%。民营企业成为阳东工业的"一轮明月"。

乡镇企业是阳东工业门类企业中的重要成员。在阳东大力发展工业时，各镇村亦发挥各自优势，大办镇村集体企业，并采取措施鼓励发展联办、户办的个体企业，逐步形成以集体企业为主，私营企业和个体企业齐驱并进的乡镇企业新模式。

阳东在加快发展工业的进程中，积极创造条件，重点扩大内源工业发展规模，同时也充分注重壮大外源工业的发展，实施外向型经济带动，促进外源工业与内源工业相互促进、协调发展。当中金泽金属塑料厂等多家企业都是规模较大、效益较佳的外向型企业。2010 年，全县实际利用外资和港澳台资 2407 万美元，外贸出口总值 19866 万美元。

"兴工富县"发展战略的深入实施，使阳东工业实现了跨越式发展。至 2012 年，全县工业企业发展到 3466 家，总产值实现

390.1亿元，是农业总产值58.49亿元的6.67倍。在整个工业体系中，其工业门类以轻工业为主，重工业为次。五金、食品、化工、刀具、服装（针织）、建材、家具、印刷、铸造、机械、造船、制冰等多门类工业"群星拱照"。随着工业门类日趋完备，阳东多种经济成分并存，多种经营方式兼备，合作形式多样化，资金来源多元化，国有、集体、民营和三资企业协调发展，以五金、食品、服装、皮革、日用化工、建材为六大支柱的工业格局初步成形。

五、兴办工业园区，开启工业发展升级版

阳东工业经过扩张发展，陆续吸引了一批又一批的工业企业前来办厂置业。为进一步发挥县城的区位、交通、土地资源和置业环境等优势，增强县城作为阳东招商引资主要载体的功能，中共阳东县委、县人民政府印发《关于兴办县城工业园的决定》，决议兴办一个起点更高、规模更大、设施更好、服务更优、管理顺畅的县城工业园。县城工业园区域控制在200万平方米的范围，覆盖阳东东鹏集团开发的县城第四、五工业小区，外商投资工业基地，以及往北延伸到狮子山，往西延伸到官山等一片山坡旱地。

县城工业园创办之初，立刻着手成立县城工业园开发建设协调领导小组和县城工业园开发建设总公司，统筹负责园区的开发建设。园区开发突出从高起点着手，首先搞好园内各小区的通路、通电、通水和土地平整等"三通一平"及公共设施建设，对工业园的产业布局进行科学谋划，并按规划开展污染处理配套工程的建设。对经过"三通一平"的园区工业用地出让价实行优惠，每平方米仅收取出让金50元。

"投资到阳东，事业更成功"，投资者普遍看好到阳东置业的

良好前景。县城工业园开园的头两年内，先后引进规模工业项目21 个，置地 41.7 万平方米，短时间内就有 8 间厂房在建或建成投产。

与县城工业园建设相呼应，合山镇兴办了合山工业区、北惯镇兴办了打石山工业区、雅韶镇兴办了尖山工业区、红丰镇兴办了红丰工业区、白沙镇兴办了白沙工业区（后划为江城区管辖）、东城镇兴办了那味工业区和金山工业区等 7 个工业小区。开发面积共 127.22 万平方米。同时，采取后续措施激活合山、北惯、塘坪、雅韶、白沙等镇上原有的闲置工业用地，为工业开发提供充足的土地资源贮备。

从阳东民营企业于 1992 年蹒跚起步，到占据阳东工业的半壁江山，再到成为阳东工业的主力军；从"三来一补"到兴办升级版的工业园；从在家"筑巢引凤"到迈开双腿发展外联招商，主动承接珠三角产业转移，每前进一步，阳东人都付出了不懈的努力，换来了阳东工业的跨越发展，"兴工富县"的发展战略落地生效。全县工业总产值由 1992 年的 1.59 亿元增加到 2012 年的390.1 亿元。

其中，"喜之郎"国内最大的果冻布丁生产基地就在阳东。

广东喜之郎集团有限公司是阳东以优惠政策吸引其落户置业的大型民营企业。公司位于广东阳东经济开发区的中心服务功能区，于 20 世纪 90 年代初建设，占地面积 33 万平方米，建筑面积7.8 万平方米，拥有 18 条先进生产线，产品种类达 200 多种，日产量可达 80 万千克，年产值达 10 亿多元。主导产品是以海藻提取物作主要原料的果冻、布丁休闲食品，拥有"喜之郎""水晶之恋""美好时光""优乐美"等品牌，是国内最大的果冻布丁生产基地。公司研制开发具有自主知识产权的果冻产品通过ISO9001、HACCP 等国际化标准体系认证，技术上保持国内领先地位，先后获得"中国驰名商标""广东省高新技术企业""中国品牌产品""广东省百强民营企业"等荣誉。作为"消费者最喜爱产品"，喜之郎果冻布丁是中国营养学会、中国消费者协会推荐的畅销产品。

培育支撑，加快发展第三产业

第三产业是阳东经济发展的一个新兴产业，在发展过程中逐渐成为阳东经济建设的支撑。阳东建区之初，第三产业发展滞后。1989 年 5 月 29—31 日召开的中共阳东区第二次代表大会，首次提出了加快发展第三产业的任务。随着农业产业化的兴起，工业的跨越式发展，人民生活水平的提高，第三产业迎来了难得的发展机遇。

一、发展旅游业，培育经济发展新的增长点

"十一五"（2006—2010 年）时期，阳东以创建广东省旅游强县为契机，全域发展旅游业，推动旅游业成为第三产业中的支柱。

一是，开展"三水一线"旅游深度开发。以连成一线的珍珠湾海水浴场、东湖星岛旅游区、合山温泉等大型旅游景点为基础，进行"三水一线"旅游的深度开发，同时加快新洲沸泉建设，突出山、海、湖、泉的生态度假休闲旅游特色。

二是，加强旅游区域合作。建立旅游网络，逐步进行省内外、国内外的旅游市场开拓，做到走得出去，也引得进来。

三是，开拓度假休闲旅游新领域。以阳江温泉度假村、阳江涛景高尔夫度假村、燕山湖宾馆为依托，开拓度假休闲旅游业的新领域。

四是，打造地方特色旅游品牌。挖掘、丰富旅游文化内涵，结合

景区、景点的建设，增加旅游项目和内容，着力打造阳东的渔家文化、刀剪文化、红色文化、山水文化等具有地方特色的旅游品牌。

五是，完善旅游配套设施。2008 年，全县旅游酒店由 2001 年的 4 家增加到 13 家。其中，五星级配置 2 家，四星级配置 1 家，三星级配置 8 家。县城的旅馆主要集中在始兴路、龙日路和工业大道，三处共有旅馆 25 家，床位 1028 张。重视旅游业的管理水平和服务质量，不断提高本地旅游业的知名度。

2012 年，全县旅游景点接待各方游客 209.34 万人次，旅游业总收入由 2008 年的 4.36 亿元，增加到 16.5 亿元。旅游业成为阳东经济的另一个支柱产业。

二、加快发展房地产业

阳东把加快发展房地产业作为推动国民经济发展，加快升级政治、经济、文化中心，促进实现城镇化的重要抓手，整合各方面的力量，形成合力投入开发。在开发初期，突出房地产的集聚功能和普惠性质，重点发展经济适用住房、廉租房和普通档次的商品住宅，鼓励和扶持发展高档次的园区住宅。抓好城南新区的规划和前期基础设施建设，完善已成功开盘的碧桂园、美丽花城、金桂花园、馨雅苑商住小区、官山小区的建设。各镇则结合城镇化的建设需要，适度开发房地产业，积聚越来越多的城镇居住人口，加快城乡一体化建设步伐。

三、发展交通运输服务业

客货运量、货物周转量是衡量地区经济发展程度的重要指标。随着阳东经济活动越来越活跃，工业产品和外销农副产品在经济中所占的比重越来越大，直接推动了客货运量和货物周转量逐年增长，交通运输业相应得到发展。为适应形势不断发展的要求，其行业本身也在进行优化，努力提高交通运输业的技术装备水平、管理水平和服务质量，保证产业稳步发展。2010年，即"十一五"期末，阳东道路客运周转量达2375万人公里，货运周转量达38250万吨公里，呈现逐年增长态势。

四、注重拓展物流业

为提高阳东商品流通层次，满足社会需求，促进经济发展，阳东抓住国家扩大服务业开放的机遇，打破区域分割和地区封锁，以发展现代流通业为突破口，加快商贸流通体制改革和结构调整，大力发展商贸物流业。以城区为中心，以圩镇为依托，建立起高效、顺畅、统一、可调控监测的市场服务体系。并与工业、农业、房地产业、旅游业等产业融合，建设多功能的综合物流平台、专业批发市场、连锁经营体、商贸设施和网点，形成大市场、大流通的业态。

五、拓展信息、金融、营商服务和社会服务业

注重加强信息化基础设施建设，逐步建立互联互通的多媒体信息服务网络和体系，推广信息技术在政务、商务和各行各业的广泛应用，促进生产管理和政务管理的网络化、智能化和自动化。培育和发展金融市场，推进金融创新，不断拓展金融服务，更好地发挥其经济发展蓄水池的作用。1988年，阳东有20家金融机构，至2000年发展到115家，各项存款余额15.73亿元，各项贷款余额7.09亿元，比1988年分别增长6.5倍和4倍，金融网点遍布城乡。

通过政策引导和精心培育，阳东逐步建立起为经济社会发展和市场运营服务的信息、金融、法律、咨询、会计、资产评估、广告等综合服务体系。

促产培源，财政实力明显增强

经过20世纪八九十年代实施的五轮财政包干，阳东财政稳步增长。进入21世纪后，按照"稳中求进，有效增长"方针，财政工作紧紧围绕着改革、发展、稳定大局的方向进行，积极推进改革，强化收入征管，依法治税。并立足于本县实际，积极培育财源，创新收入征管方式，大力组织财政收入，不断增强财政实力。2003年实施农村税费改革后，地方财政由农业财政型转为工业财政型，地方一般预算收入由原来以农业税为主转变为以增值税、营业税、企业所得税、个人所得税等工商税为主，实现可持续稳步增长。同时，利用各项财政政策，积极挖潜，向上级财政申报项目，争取转移支付等财力性补助，努力做大财政"蛋糕"，保证全县关系国计民生的重点项目支出的需要，促进地方经济发展。2012年，全县地方一般财政预算收入8.53亿元，2012年是1988年1581万元的53.95倍。

在财政支出方面，不断加强科学管理，优化支出结构，提高财政对公共支出的保障能力，全县地方一般预算支出保持平稳增长，基本保障各项公共支出需要。按照公共财政的要求，坚持"保重点"和"有所为，有所不为"的原则，做到"量入而出、量财办事、统筹兼顾、突出重点"，在调整和优化财政支出上下真功夫，合理界定财政供给范围；加大财政支出的调整力度，从严控制一般性支出，压缩不必要支出，确保公共支出需要，保证国家行政事业单位人员工资、行政机关正常运作、社会保障、农业、教育、科技、医疗卫生等重点支出。全县一般财政预算支出由 1988 年 2257 万元增加到 2012 年 16.48 亿元，2012 年是 1988 年的 73.02 倍。

2003 年，农村税费改革全面推行，农业特产税和屠宰税被取消。2004 年对农民采取进一步的减负政策，使全县农民负担总额由改革前的 4818 万元降为 2005 年的 601 万元，2014 年再降至 300.5 万元，农民人均年负担由改革前的 133 元降至 2005 年的 16.6 元，2013 年再降至 8.3 元，人均减负率约为 87.52%。2005 年，面向农民征收的税费全部取消，农民每年只需负担村内事务"一事一议"资金，全年人均不超过 15 元。

积极实施各种补贴惠农政策。在实行农村税费改革中，确立了农村以"一事一议"筹资筹劳为主要内容的新农村税费制度框架，初步规范农民与国家、集体之间的关系。在减轻农民负担的同时，从 2004 年开始，推行种粮直补工作，对种粮大户实施直接补贴政策，并陆续落实农贸综合直补、成品油价格补贴、能繁母猪补贴、农机具购置补贴、水稻良种补贴等一系列支农惠农政策。至 2008 年，发放种粮直补资金 784 万元，农资综合直补资金 2641 万元，成品油价格补贴 11000 万元，能繁母猪补贴 345.44 万元，能繁母猪保险 22.55 万元，农机具购置补贴 442 万元，水稻良种补贴 489.93 万元。

财政支持经济社会事业建设力度加大。通过规范非税收入管理，实行收支脱钩和收缴分离，逐步将行政事业性收费收入、罚没收入、土地出让金收入等上缴财政，实行"收支两条线"管理，并将其部分统筹用于支持全县基础设施建设。2001—2008 年，全县非税收入 13.9 亿元，其中用于道路交通、绿化亮化、污水改造等基础设施建设资金 8086 万元。八年间，共向上级争取国债 4326 万元，并认真落实地方配套资金，支持地方经济发展。主要用于沿海防护林、水利、引水工程等基础设施建设。同时，支持省旅游强县的创建，先后安排"创强"资金442万元，用于完善新洲沸泉、东平珍珠湾以及特色乡村旅游等旅游资源开发。

在支持建立完善社会保障体系，保证城乡居（村）民最低生活保障、离退休人员养老金及时足额发放等民生事项中发挥重要作用。2001—2008 年，全县抚恤和社会福利救济支出为1.45 亿元；社会保障补助支出为3279 万元；行政单位离退休人员养老金等支出2.08 亿元。加大对农业、教育、医疗卫生、公检法等关系社会稳定和民生的重点支出项目的支持力度，着力解决关系人民群众切身利益的问题，维护社会和谐稳定。2001—2008 年，全县财政支农支出（包括农业、林业、水利和气象支出）共完成5 亿元，教育支出完成7.63 亿元，医疗卫生支出完成2.06 亿元，公共安全支出完成2.57 亿元。加大公共卫生和应对突发性自然灾害支出，投入资金631 万元，用于防范"非典"和"禽流感"等疫情，保证人民生命和财产安全。

2009 年后，随着全县经济的加快发展，财政实力也在快速增长。地方一般预算收入从2008 年的3.63 亿元增长到2012 年的8.53 亿元，2012 年是2008 年的2.36 倍。尤其是2011 年，一般预算收入达7.17 亿元，首次突破7 亿元，实现当年增速35.33%。由于全县工业生产形势向好，城镇化步伐加快，重点项目建设强势推进，拉动了相关税收全面增长。与经济发展紧密相关的主体税种稳步提高，增值税、营业税、企业所得税规模壮大，地方税收同时大幅增长。2011 年财政收入占 GDP 的比重为10.38%，比2009 年提高1.16 个百分点。人均财政收入从2009 年的2042 元增加到2011 年的3391 元。同期，县国家税务局的各项工作也成绩突出。2011 年，国税收入首次突破8 亿元关口，比上年增长24.39%，形成归属本级地方财政的收入达1.82 亿元。

第八节 改善民生，推进和谐阳东建设

大力改善民生，推进和谐阳东建设，使人民群众不断增强幸福感和安全感，是阳东党的工作的重大任务，也是人民群众的热切要求。中共阳东区委以加快建设社会主义新农村、大力发展民生公益事业、推进社会主义精神文明建设、改善居民生产和生活条件为抓手，加快建设和谐阳东。

一是提高医疗卫生保障水平。

抓好县人民医院的扩建，完善医疗设施配置，动工建设那龙镇卫生院，逐步改善基层卫生院硬件设施。加强医疗卫生管理，规范医疗服务行为，促进基层卫生院工作上新水平。积极推进"亿万农民健康促进行动"，健全疾病预防控制、医疗救治和卫生监督执法体系，提高突发公共卫生事件应急处理能力。

二是建设社会主义新农村。

大力推进北惯镇平地新村建设，加快完善全县 22 个新农村先行点建设，打造一批新农村建设样板。抓好乡村规划建设，多渠道筹集建设资金，推进农村"五改"工程建设，美化村容村貌，增建农村文化体育设施，改善农村生活环境，推动新农村建设向高水平发展。

三是重视和加强社会管理。

建立和完善信访管理长效机制，进一步落实属地、属事管理和领导包案责任制，依法规范信访秩序。健全突发事件应急机制，

加大矛盾纠纷排查调处力度，积极预防和妥善处置群体性事件。进一步加大资金投入，强化社会治安综合治理，健全治安防控；严厉打击涉黑、涉枪、涉赌等违法犯罪。落实安全生产责任制，抓好安全事故隐患排查整改，完善城镇公共消防设施建设，强化安全监管执法，坚决遏制重特大安全事故发生。深入开展产品质量和食品、药品安全生产专项整治，确保食品、药品安全。加大物价监控力度，维护市场物价稳定。

四是大力发展社会事业。

加快发展体育事业，提高体育竞技水平；扩大和促进劳动就业，抓好《劳动合同法》和《就业促进法》宣传教育及贯彻落实，深入开展"农村能手技能培训工程"；加强退伍军人职业技术培训；强化劳动监察，切实维护劳动者合法权益。切实做好武装、人民防空、双拥和优抚安置工作；积极发展助残事业；强化审计监督，做好保密、档案、地震、地方志、民族宗教等社会各项事业。

五是推进精神文明建设。

围绕建设社会主义核心价值体系，弘扬社会主义荣辱观，抓好社会公德、职业道德、家庭美德教育，深入开展普法教育，推进文明村镇、文明社区、文明单位建设，培育社会主义文明新风尚。切实加强文化设施的建设和管理，把图书馆、文化站（馆）、文化广场、公园等居民经常聚集的场所建设成为宣传科学理论、传播先进文化、塑造美好心灵、弘扬社会正气的阵地，加强对文化娱乐场所和书报销售摊点的管理，发挥娱乐场所在提高居民素质和文明程度方面的积极作用。充分发挥创建文明楼院、文明家庭、文明户、文明小区以及志愿者、送温暖献爱心等群众性创建活动的载体作用，引导居民在参与创建活动中自我教育、自我服务、自我管理、自我约束。做好文化、科技、卫生"三下乡"工作，大力普及科技、法律知识和文明常识，增强市民的文明意识。坚持团结、稳定、鼓劲原则，大力宣传党的路线、方针、政策，宣传改革开放和现代化建设的新成就、新经验、新事物，宣传爱国家、爱集体、爱社会主义的典型，积极加强对社会热点问题的正确引导和舆论监督，抨击丑恶，弘扬正气，树立社会主义新风尚。

六是抓好民心工程建设。

坚持以人为本，按照整体规划、统一部署、分步实施的原则，加快推进民心工程建设，有重点、有计划地解决群众实际困难，切实让全体人民共享改革开放成果。以大办民生实事为抓手，抓好县城自来水改造工程，建设东城、大沟、塘坪、合山、北惯、红丰等镇的农村饮水工程；兴建县城新华北路、新工业大道、阳东旅游大道和迎宾大道；兴建县体育馆、文化馆、图书馆，抓好北惯、合山、雅韶、大沟、东平、大八等镇的综合文化站建设；优化升级县人民医院，动工建设那龙镇卫生院；扩建县福利院，增建和完善各镇敬老院；建好县城污水处理厂，动工建设垃圾处理厂，筹划建设广东阳东经济开发区污水处理厂；抓好东湖水库、马岗水库除险加固工程建设，加快城市防洪工程和台平三丫联围达标加固工程建设，提高抗灾能力。

七是基础设施日趋完善。

2001—2008 年间，逐年加大对基础设施的投入。2001—2005年，五年里累计完成固定资产投资 43.69 亿元；2006—2008 年，各年完成的固定资产投资分别为 18.15 亿元、26.36 亿元和 32.16 亿元，分别比上年增长 41.6%、45.2%、22%。

2001—2005 年，全县新建、改建公路共 508.5 千米，新建桥梁 16 座共 790 米，创建文明样板路 14.6 千米；配合省、市建成广东西部沿海高速公路、开阳高速公路，境内高速公路通车旅程

76.2千米；完成良东公路、合田公路、三北公路等地方公路改造93.5千米；建成镇至行政村硬底化道路383千米。至2005年，全县公路通车旅程1217.3千米，形成以高速公路为骨架、地方公路为支撑的交通网络。

2001—2008年，扩建110千伏东城、赤潭变电站，完成110千伏合山、东平、奕峒、塘坪输变电工程，蝶岭500千伏输变电站建成投产。8年间，先后投入2.31亿元完成全县农网改造工程。

2008年，进一步健全信息化设施，开通光纤宽带网络，建设完善县信息中心，对县城有线电视传输网络完成升级改造。

至2008年，全县城镇建成区总面积不断扩大，城镇化水平由2001年的28%提高到2008年的44%。

致力发展，革命老区矢志追赶

战争年代，老区人民为革命事业作出的巨大贡献彪炳史册。阳东建区后，老区人民发扬光荣的革命传统，自强不息，艰苦创业，主要依靠自己的智慧和力量，矢志建设幸福家园。

一、从老区三镇改变面貌看发展

大八镇、新洲镇、雅韶镇是阳东区三个革命老区镇，分别处于阳东北部山区、东部山区和阳东腹地。三镇人民胸怀加快建设家乡的共同志愿，在谋求发展的道路上励志前行。

调整结构，推进传统农业转型增效。

——大八镇扛起耕山治穷致富大旗。该镇充分利用山地资源优势，引领农民深耕特色农业，创立益智、粉草、黄榄等稀缺农产品品牌。全镇种植益智 800 公顷、粉草 38.67 公顷、黄榄 420 公顷；砂仁、巴戟、金银花、土茯苓等南药以及蔬果的种植面积也逐年扩大。特别是通过深耕宜林宜果山地，新发展荔枝、龙眼等水果，种植面积达 2333.3 公顷，各种水果种植保有量为 4067 公顷；育林 20993 公顷，其中改造低残林 12000 公顷。2011 年底，全镇农业总产值 3.36 亿元，农民人均收入为 7319 元。昔日的荒山野岭变成了金山银山，农民耕山治穷致富成果丰硕。

——新洲镇通过产业结构调整推动农业发展。自实行家庭联产承包责任制后，农民种田的积极性得到充分释放。中共新洲镇委、镇政府因势引导农民发展高产、优质、高效的农业。全镇以调整农业生产结构为突破口，农民由原来以种植水稻为主调整为以种植水稻、花生、甘蔗为主，实现多业并举。至20世纪90年代后期，该镇又实施了山地农业、田园农业和水域农业三大板块综合开发的农业"三大开发"战略，提高农业产业化程度。经过农业生产结构的调整，建设了六大现代农业商品生产基地，分别是：5667公顷优质荔枝、龙眼品牌水果生产基地，3333公顷花生种植基地，3333公顷优质水稻种植基地，333公顷冬瓜种植基地，5万头生猪养殖基地和667公顷咸淡水养殖基地。同时，主动承接珠三角产业转移，提高现代农业产业化程度。2008年引进开平市温氏畜牧有限公司投资的3806万元兴建温氏生猪养殖场，年出栏猪苗15.5万头；2012年又引进丰多采公司落户发展新型果蔬种植业，推进"公司＋基地＋农户"的现代农业发展模式。

——雅韶镇因地制宜发展特色农业。经过多年调整，老区"三农"有了较大发展，但仍然未能从根本上改变三农"老、旧、穷"的落后面貌。所谓老、旧、穷，就是农业生产仍然停留在传统的老模式中，农村面貌总体上仍然破旧，农民生活仍然处于较低水平。为打破这一发展中的瓶颈，雅韶镇从优化农业产业结构入手，因地制宜地发展优质特色农业，推动海水养殖业、田园农业和山地种植业协调发展，培育出尖山蟹、吊桩蚝、南美白对虾、双肩玉荷包等优质无公害农产品，形成"一村一品"的农业发展新模式。至2012年，全镇建成养殖基地22个，面积1000公顷；种植基地8个，面积200公顷；园林花卉场10个，面积26.7公顷。

雅韶老区镇还大力发展农业专业合作社，全镇建立了惠群农机推广专业合作社、柳西水果专业合作社、津浦合兴水产养殖专业合作社、惠民农资专业合作社、鑫顺南药专业合作社等10个具有引领作用的专业合作社，提高了老区现代化农业的发展水平。

各施其策，同步实施兴工富镇发展战略。

——大八镇利用青山林地，大力兴办乡土特色工业。在"工业富镇"思想的指引下，中共大八镇委、镇政府立足本地资源，以木器加工业为龙头，创立家用圆台生产品牌，不断做大做强木器加工业，全力打造木器加工专业镇。大八镇先后在镇区周边开发工业用地30万平方米，满足300多家木器加工厂建厂用地需要，落户加工厂规模较大的有28家。特别是1999年以来，先后在吉水村开发南岗垌工业区（厂区面积为5万平方米）、在塘八公路开发水库移民创（就）业园区（园区面积为13万平方米），吸引了众多木器加工厂进园，木器加工业规模进一步扩大，大八镇形成上规模的家用圆台产销基地。同时，以各种优惠政策吸引阳江八果圣食品有限公司等企业兴办土特产加工业和矿石、石料加工业，并不断做优豆豉、花生油、凉果等加工业。老区乡土特色工业从无到有，从小到大，从大到优。2011年底，大八镇工业总产值4亿元，成功代替农业（总产值为3.36亿元）而成为支柱产业。

——新洲镇筑巢引凤，主动承接珠三角产业转移，推动老区工业发展。在阳东各地大兴工业时，新洲镇也及时调整经济发展战略，依托资源优势，做大做强镇域工业。一方面，发展工贸公司和酿酒、印刷、玩具、印花、豆豉等地方特色工业；另一方面又不断加大招商引资力度，承接阳江志茂贸易有限公司、香港利达贸易公司、东莞盛力皮具手袋厂、金荣电子（珠海）变压器厂、金冠线业有限公司、华天酒业食品有限公司、鸿福彩业印刷厂等企业落地办厂。其间，在十里工业城三区开发工业用地22.38万平方米作为承接珠三角产业转移用地。2008年，被定为阳东四大产业园之一的新洲产业园破土兴建。园区以新洲镇为主，辐射北惯、合山、那龙、大沟、鸡山农场、宝山林场等四镇两场地域，是阳东承接珠三角产业转移的重要载体。园区规划开发总面积为 1667 公顷，首期开发 333 公顷，投资 30 亿元，拟建成一个集工业制造、科技、物流为主的高新技术产业园。2012 年以来，顺利引进并协助外地投资企业建成华能风电新洲风电场、鸡山风电场、宝山风电场，新能源产业异军突起。

——雅韶镇发挥区位优势，创办工业园区。在实施"工业兴镇"战略的引领下，充分激活地缘优势、交通优势和人文优势，通过筑巢引凤，开发尖山工业区和前进工业区，开发面积达 90 万平方米。至 2011 年底，全镇落户园区的工业企业 83 家，建成投产 53 家，年产值 500 万元以上规模的企业 20 家。其中康力日用品有限公司由中国五金产业技术创新战略联盟授予 30 强企业称号。全镇形成以五金、木制品、塑料洁具、食品加工为主导的产业格局。2012 年底，镇区实现工业总产值 8.45 亿元，是 1978 年改革开放前 19 万元的 4447 倍，超过农业总产值 5.1 亿元，工业成为支柱产业。

惠及民生，社会公益事业扎实推进。

——大八镇大力补齐社会公益事业短板。2012 年，完成县道周亨至茅塘段路面改造工程及大八圩过境公路、塘八公路建设，全镇交通状况得到改善，昔日下山无路寻，今日进村有坦途；架通了山区高压电路线，使罗田、珠环、太洞等 53 条老区村庄告别用电难的状况，并同时改造老区村庄残旧电网，降低用电售价，提高供电质量；进村入户安装程控电话 3000 多门、有线电视 1500 多户，实现行政村广播电视村村通；认真做好优抚、救济工作，全镇 1250 名特困对象已全员纳入低保救济；完成农村泥砖房改建小楼房 5000 多户，并在桃园商住小区兴建 40 户安居示范工程，让贫困户住有所居；农村合作医疗覆盖率逐年提高，乡村医疗卫生条件不断完善，破解群众看病难和因病致贫的困境；教育事业快步追赶，全面落实免收农村学生九年义务教育阶段学杂费，山区孩子不再读书难，同时对山区学校教师提供生活补贴，使其安心执教于老区学校。

——雅韶镇积极践行"文化之乡"的科教兴镇战略。该镇是一个有深厚文化底蕴的老区镇，人杰地灵。老区人民坚持实施"科教兴镇"战略，一心一意办强教育。2007—2011年，先后投入500万元完善中小学校基础设施。实现义务教育人口覆盖率100%，少年儿童入学率100%，初中三年巩固率98.7%。同时，合理调整配置教育资源，优化学校布局，改造薄弱学校；全面推进素质教育，深化教育管理体制和办学体制改革，大力培育和开发人力资源，努力建设一支高素质的人才队伍，为加快老区建设提供强有力的技术与智力保证，成功创建教育强镇。

卫生保健工作进一步加强。2011年，建筑面积为1276平方米的镇卫生院门诊治院大楼建成并投入使用。2012年卫生院完成其配套设施建设。同年完成9家乡村卫生站改建。

社会保险事业加速发展。2011年，全镇参加城乡居民合作社医疗覆盖率达100%，城镇居民医保覆盖率达95%。此外，新型农村社会养老保险、贫困人员落实低保待遇和"五保"对象待遇等工作也在有序推进。

2012年，投资280万元兴建笏朝村文化中心，并配套设立图书馆、篮球场、健身设施、休闲亭等，活跃当地村民的文化娱乐活动。镇内建有文学社、楹联诗社、山歌协会、文化室、露天舞台和退离休干部教师俱乐部等文化娱乐设施，彰显了"文化之乡"的文化底蕴和优良的精神风貌。

——新洲镇致力发展和谐共建的社会事业。农业税费改革落实到位，免征了农业税，使原来农业税负担相对较重的新洲农民得到实惠。依法治镇深入推进，民主政治建设进一步加强。平安新洲建设初见成效，通过加大社会治安综合治理，重组治安联防队，充实社会治安综合治理力量，保持社会治安持续稳定。成立镇、行政村、自然村三级信访网络，全镇信访形势向好。高度关注农村贫困户生活，积极开展泥砖房改造等安居工程，累计完成975户泥砖房改造，使贫困户住房条件得到改善。城乡居民医疗保险和养老保险全面实施，参保率均达到100%，加强"五保"和低保管理，不断完善救助机制，民政优抚、灾难救助、医疗救助和临时救助等机制在农村中得以形成。

各展其长，老区资源优势转换产业优势。

——大八镇治水用水成效明显。1988年建区以来，该镇陆续投入400多万元，加固了境内江河水库大坝和上水水库大坝，维修了东干渠、西干渠等水利设施，建设太洞、井岗等陂头62座，开展农村机耕路桥的建设和整治，斥资5880万元建设2753公顷高标准农田。利用拥有水利资源3万千瓦的独特优势，建成罗田电站等20家小水电企业，装机容量11900千瓦，年发电量3200万千瓦时，产值达2260万元。老区水力资源开发展现出良好的发展前景。

——新洲镇创建生态旅游美丽乡村。大力培育和开发生态旅游资源，以地热资源为核心，创建地热小镇品牌，建设生态美丽新洲；2009年，成功申报紫罗山森林公园，成立公园管理处推进旅游绿道、停车场、线路标示牌等前期开发工作，待森林公园建设方案通过省专家组评审后，将其作为阳江市第四个、阳东区第一个省级森林公园进行全面开发建设；2010年，开发新洲北桂园，打响北桂富硒米、富硒红薯、富硒山泉等以稀缺硒为标杆的"北桂三宝"品牌，并以北桂田园综合体为载体，以北桂民宿、旅游、古村落文化为特色，大力开展招商引资，全力推动北桂老区及周边老区的振兴发展。

——雅韶镇创建老区旅游品牌。该镇得山海兼优、风景宜人、邻近市区之利，引资 3000 万元打造福兴生态园 AAA 景区。该园是广东省财政厅和广东省旅游局审定的旅游扶贫重点项目，也是"广东省星级农家乐"旅游景点。同时，采取开发和保护并进的模式，挖掘特色旅游资源，雅韶西元村"十八座"成功申报"省古村落"，成为阳江市"十大最美乡村"之一。2010 年，雅韶镇进入"广东省美食旅游之乡"行列。

二、实施老区学校危房改造

中共阳东区（县）委、阳东区（县）政府始终高度重视老区的教育事业发展。1988—1995 年，在实施九年义务教育阶段，阳东先后投入 8539 万元建设包括老区学校在内的中小学校校舍；1997—2000 年间，投入 4858 万元重点对老（山）区的薄弱学校进行改建，新建校舍 9.6 万平方米；2002 年，为进一步促进老区教育发展，由广东省政府拨出专项资金，对老区小学危房进行改造。阳江市人民政府办公室于 2002 年印发《关于阳江市农村老区小学危房改造的实施方案》，并成立阳江市农村小学危房改造领导小组。阳东县相应成立老区农村小学危房改造领导小组，制定了《阳东县老区学校危房改造实施细则》《阳东县老区学校危房改造工作方案》，使老区学校危房改造有章可循、管理规范、有序推进。

老区学校危房改造是促进老区教育和经济发展的一项重大民心工程，是回馈老区人民的具体行动。2002—2004 年，阳东投入由广东省政府下拨阳东的 1260 万元专项资金和阳东自筹资金 197 万元，以及社会捐资 393 万元，共 1850 万元，分批对老区 42 所小学危房进行全面改造。

学校危房改造工程分三年实施：2002年，完成首批17所小学的危房改造工程，改造危房面积15402平方米，投资912万元；2003年，列入第二批共15所老区农村小学的危房改造工程竣工，改造危房面积为12140平方米，投入改造资金613万元；2004年，列入第三批10所学校改造工程完成，改造危房面积6050平方米，投入改造资金308万元。

三年共完成42所老区学校的危房改造，并新建大八镇新洞老区小学和那龙镇那关、那甲两所山区小学。在完成改造的42所小学中，大八镇有雷冈小学等11所、新洲镇有表竹小学等7所、雅韶镇有平岚小学等4所学校，其余20所为其他镇所属老区村庄的学校。

三年危改共新建校舍34232平方米，拆除危房29000平方米，维修危房4000平方米，新建校园围墙600米及篮球场5个，使老区学校旧貌换新颜，师生们消除简陋的教学和学习条件，清除学校危房潜在的威胁，有了自己的新学校、新课堂。教师用心执教，学生用功读书，老区孩子享受到充满关爱的"暖心教育"。

第十节 依法治区，建设廉洁高效政府

2007 年，阳东县①第六次人民代表大会选举产生了新一届县政府。政府效能建设进一步加强，政府职能逐步向经济调节、市场监管、社会管理和公共服务等方面转变。切实加强民主法制建设，民主进程明显加快。政府坚持科学、民主、依法行政，进一步完善行政决策机制，依法接受县人大及其常委会的监督，认真办理县人大代表议案建议和县政协委员提案，深入推进政务、村务、厂务公开，民众知情权、参与权、选择权进一步扩大，村（居）民自治民主管理制度进一步健全。北惯镇平地村"板凳会议"经验在全国推广。

其间，全县普遍深入地开展"五五""六五"普法教育，加快推进依法治县。通过开展"环境建设年"和"行政服务年"活动，认真进行政务服务环境的整治和建设，设立县行政服务中心和行政效能投诉中心，形成一条龙服务的办事环境；完善《阳东县人民政府工作规则》，推进行政审批制度改革，加大行政监察力度，深入开展行风政风评议，不断规范行政行为；成立县应急管理办公室，确立应急机制，使政府处置突发事件能力明显增强，行政效率和行政服务水平明显提升；有效开展"小政府，大市

---

① 1991 年 6 月阳东由区改为县建制，至 2014 年 10 月又撤消阳东县，恢复阳江市阳东区建制。

场"、政务公开、网络问政，"效率阳东，信用阳东"建设取得明显成效。

全面实施依法行政纲要，认真贯彻执行《行政许可法》，严格按照法定权限和程序行使权力，履行职责，努力建设法治型政府；贯彻落实科学发展观，准确把握形势，创新发展思路，创造性地推进政府各项工作，凝心聚力促发展，抢抓机遇谋建设，全心全意把事关群众切身利益的事情办实、办好，努力建设责任型政府；深化行政体制改革，落实政府承诺制，抓好行风评议，提高行政效能，努力建设服务型政府；认真落实政府系统党风廉政建设责任制，完善教育、制度、监督并重的惩治和预防腐败的机制，不断加强反腐倡廉，切实推进监察、审计工作，使行政复议、行政执法监督形成有效机制，惩处和预防腐败体系建设取得新进展，全力塑造清正廉洁的政府形象，努力建设廉洁型政府。

第七章

砥砺前行　共建富美阳东

（2013 年—2020 年）

第
一
节 **从新一轮经济社会发展指标看阳东五年新变化**

    下表是比较阳东在 2017 年与建区之初（1988 年）及党的十八大前（2012 年）的社会经济发展统计数据。数据诠释了十八大后五年间（2013—2017 年）阳东的新发展。尤其是与建区之初相比，实现了历史性跨越。

社会经济发展指标	1988 年	2012 年	2017 年	2017 年	
				比 1988 年 +（％）	比 2012 年 +（％）
地区生产总值	3.08 亿元	197.44 亿元	280.48 亿元	9006.49	42.06
人均地区生产总值	683 元	44090 元	66120 元	9580.82	49.97
农业生产总值	4.03 亿元	58.49 亿元	85.26 亿元	2015.63	45.77
工业生产总值	1.12 亿元	390.10 亿元	504.79 亿元	44970.54	29.40
旅游总收入	—	16.50 亿元	46.30 亿元	—	180.61
三次产业构成	66.4：15.2：18.4	18.2：55.2：26.6	17.2：52.2：30.6		

（续表）

社会经济发展指标	1988 年	2012 年	2017 年	2017 年	
				比 1988 年 +（%）	比 2012 年 +（%）
固定资产投资	—	192.31 亿元	143.85 亿元	—	-25.20
社会消费品零售总额	—	50.42 亿元	76.70 亿元	—	52.12
地方财政一般预算收入	1581 万元	8.53 亿元	12.06 亿元	7528.08	41.38
地方财政一般预算支出	2257 万元	16.48 亿元	30.08 亿元	13227.43	82.52
全社会用电量	0.24 亿千瓦时	10.79 亿千瓦时	15.96 亿千瓦时	6550	47.91
农村居民可支配收入	536 元	10065 元	15978 元	2880.97	58.75
城镇居民可支配收入	—	18731 元	28360 元	—	51.41
小学在校生人数	62135 人	30252 人	44030 人	-29.14	45.54
初中在校生人数	15722 人	16963 人	15052 人	-4.26	-11.27
中小学专任教师	2553 人（含职工）	4965 人	4895 人	91.74	-1.41
医疗机构病床位	459 张（2000 年）	1083 张	1929 张	320.26	78.12

（续表）

社会经济 发展指标	1988 年	2012 年	2017 年	2017 年	
				比 1988 年 + （%）	比 2012 年 + （%）
卫生技术人员	536 人 （2000 年）	1311 人	2200 人	310. 45	67. 81
金融机构各项 存款余额	2. 08 亿元	94. 66 亿元	201. 55 亿元	9589. 90	112. 92
金融机构各项 贷款余额	1. 39 亿元	53. 60 亿元	106. 46 亿元	7558. 99	98. 62

注：1988 年小学、初中在校人数包括了 1990 年划归江城区的平冈、埠场、海陵、闸坡四镇的在校生人数。

新型工业项目群星璀璨

2013年始，阳东大力推进新能源产业建设，着力发展高新技术产业，加快承接珠三角地区产业转移，构建了以阳江核电站为标杆，广东阳东经济开发区为龙头，珠海（阳江万象）产业转移园为主战场，滨海环保产业园、新洲产业园、北部木器加工专业园齐头并进的工业发展格局。

一、国家级核能源基地牵手阳东发展

位于美丽的南海之滨——广东省阳江市阳东区东平镇的阳江核电站，是至今国家唯一"一次核准建设六台百万千瓦级压水堆核电机组"的"十一五"重点能源建设项目，采用我国自主品牌的改进型压水堆核电技术CPR1000，是我国核电朝着"规模化、系列化、标准化"发展的重要标志。项目建设总投资近700亿元，可拉动数千亿元的相关产业投资。2008年项目正式开工，在阳江核电人的努力、阳东各级党委和政府及人民的支持配合下，核电建设顺利进行。2017年3月，1—4号机组先后投入商业运营（注：5号机组于2018年7月投运，6号机组亦于2019年投运）。六台机组全部投运后，年发电量将达480亿千瓦时，与同等规模的燃煤电厂相比，相当于减少标准煤消耗1483万吨，减少二氧化碳排放量3878万吨，相当于造林11万公顷。

在10年的建设中，阳江核电人提炼并升华了"一次把事情办好"的企业核心价值观和"安全第一，质量第一，追求卓越"的企业精神，使机组运营指标达到国际先进水平，为地方提供了大量清洁、安全的新能源，并为地方提供了税收来源。运行结果证明，核电周边海域环境优良，成为吸引国家一级保护动物、素有"水上大熊猫"和"美人鱼"之称的中华大海豚结伴前来游弋嬉戏的"海上乐园"。

在推进项目建设中，阳江核电人深度融入阳东的经济社会发展，不断加大对周边地区基础设施建设的扶持力度。2012—2017年间，先后支持三核公路、东平镇海滨路、迎宾路、飞鹅岭核电科普公园等民生项目建设以及东平镇奖教助学、对口帮扶贫困村脱贫致富，彰显企业所肩负的社会责任和担当。

二、海陆联动，构建完整的能源产业体系

阳东优良的投资环境，丰富的自然资源条件和优质的政府服务，纷纷吸引新能源产业落户置业。

华能阳江雷平风电场　项目地处阳东区东平镇与新洲镇所属山地，区域风力资源丰富，年有效风速3—25米/秒达到6670小时以上，独具良好的风能资源和风电开发前景。项目由华能阳江风力发电有限公司开发，分三期建设，总投资13.68亿元，于2015年全部工程竣工。共建成场内道路75千米，35千伏集电线路9回，杆塔249座，架空线路46千米，直埋电缆21千米，安装单机容量为1500千瓦的风力发电机组99台，总装机容量为148.5兆瓦。2017年，华能风电发电量为3.2亿度，产值1.87亿元。

大型农光互补光伏发电示范项目　项目地处阳东区大沟镇，由阳江鑫业绿色能源科技有限公司投资建设，总投资4.5亿元。工程总装机容量50兆瓦，占地面积116.67万平方米。项目建设秉承"农业光伏、地面光伏、观光光伏、生态光伏"四位一体的发展理念，打造广东省首个农光互补农业生态园绿色环保能源新军。项目从2015年5月开工到8月正式并网发电，施工期仅为4个月，创造了阳东亿元以上重大项目建设的最快速度。投产后日均发电量达15—20万千瓦时。

项目投产后，在光伏电池板下的地面种植牛大力47公顷，其他观赏性作物40公顷，批量养殖放养鸡（俗称走地鸡）及放养生猪，并规划在基地发展综合性特色生态休闲旅游项目。项目建设期间，三年内周边村民出租土地和村经济合作社收入租金1100万元，有23户贫困户实现脱贫，村集体年均收入增收2万元以上。同时为100多名附近村民提供就业岗位，其中贫困村民25人，另有11名劳动能力强的贫困村民参加基地农业种养，人均年收入超过1.5万元。企业还启动了扶贫工作，与珠海帮扶单位和当地政府共同推进乡村道路建设、农业光伏产业技术培训，与农民合作种植芦荟等特色经济作物，收到了良好的社会效益和经济效益。

中电建（阳江）岭南风电场　由中电建（阳江）新能源开发有限公司建设的岭南风电场，落户在阳东区新洲镇、那龙镇境内，总装机容量为100兆瓦，分两期建设，总投资为9.2亿元。一期项目安装单机容量为2兆瓦的风电机组25台，新建和改扩建道路33千米、集电线路30千米，新建110千伏升压变电站1座。风电场所发电力经升压至110千伏后外送到新洲变电站接入广东电网。一期工程于2014年10月开工，2016年9月全部机组并网发电。二期项目采用19台单机容量为2兆瓦和4台单机容量为3兆瓦的风电机组，接入一期已建成的升压变电站。二期工程项目于2015年12月由广东省发改委核准，2017年4月开工，当年底首批机组并网发电。

鸡山风电场（一期） 中水建阳东鸡山风电场，是阳东引进的大型风电项目。一期装机总容量49.5兆瓦。前期征地工作已全部完成，场内升压站建成投产，新建道路29.5千米，改扩建道路7.04千米，完成投资1.6亿元。2016年8月25台机组安装完毕，于同年9月并网发电。

中广核阳江南鹏岛风电场 项目瞄准海岛独具的优良风电资源和风电开发前景，落地南鹏岛建设新能源风电项目，是阳东区海岛风电场首秀。中广核阳江南鹏岛40万千瓦海上风电场是目前国内单体容量最大的风电项目，标志着新能源海上发电项目建设拉开序幕。

风电企业抱团落户，促进了阳东区核能、风能、太阳能等新能源产业的蓬勃发展，构建了较为完整的能源产业体系，加快了阳东打造新能源基地的进程。

三、阳东经济开发区的承载能力不断加强

阳东经济开发区是阳东区争创的省级经济开发区，规划面积15.6平方千米，分为东城和万象两大片区。由于阳东地处广东西南沿海、珠三角西缘，紧接阳江市区，距一类口岸阳江港30千米，距广州219千米，距香港120海里，是联结珠三角与粤西及大西南的黄金通道。G15沈海高速公路、S32广东西部沿海高速公路、深茂铁路和G325国道贯穿全境，区位优越，交通便捷，凸显承接珠三角、长三角和其他发达地区产业转移的优势。至2017年底，开发区累计引进工业企业600多家，其中国家级高新技术产业6家，规模以上企业96家。园区内有"中国菜刀中心""中国剪刀中心""中国脚手架中心"以及"五金刀具省级工程技术研发中心"等。阳江十八子、广东金辉、阳江市万丰等12家企业入选中国刀剪企业30强。逐步形成以金属制品（刀剪）为龙

头，带动机械制造、汽车零配件、木器家具、食品加工等行业为主导的工业体系。2017 年，阳东经济开发区实现工业总产值 400 亿元，实现工业增加值 105 亿元。

四、珠海（阳江万象）产业转移工业园加快建设

珠海（阳江万象）产业转移工业园，是阳东经济开发区的一个重要功能片区，是阳东工业开发的主战场之一。园区位于阳东经济开发区东面，2006 年经省政府审批认定为省级产业转移工业园。园区规划开发面积为 6.8 平方千米。2013 年起由珠海市对口帮扶合作共建，成为贯彻落实省推进"双转移"发展战略，实现区域协调发展的重要载体。园区建设坚持"共建共享，合作共赢"理念，致力打造为阳东工业发展的重要引擎。园区以日臻完善的基础设施建设，吸纳推动优质产业和优秀企业加快集聚。2016 年底，珠三角 21 家金属紧固件企业组团落户园区，带动了阳东五金产业转型升级。至 2017 年，工业园已有五金生产研发基地等一批合作共建项目投入使用，实现工业总产值 165 亿元，工业增加值 31.5 亿元，创税收 1.53 亿元。

五、"科技兴区"引领阳东工业可持续发展

阳东人坚持不懈营造人文环境、政务环境、营工营商环境、社会环境、市场环境和生活环境等良好的综合环境，持续强有力地吸引了各类企业包括高新技术企业接连落户阳东置业。

阳江十八子有限公司 公司是从传统手工业生产碳钢菜刀发展到集科研炼钢、生产、销售、旅游配套服务一条龙全方位经营的综合大型品牌企业。公司经历了四个跳跃式发展阶段和五次技术革新，使企业得以飞速发展，奠定了企业在中国菜刀行业的龙头地位，成功创立了"阳江十八子集团有限公司"，拥有阳江十

八子刀剪制品有限公司、阳江十八子厨业有限公司、阳江十八子工贸实业有限公司、阳江十八子饮食娱乐服务有限公司、阳江十八子材料供应有限公司、阳江十八子精密特钢有限公司和阳江十八子文化有限公司等 7 家子公司。拥有工业及配套设施用地 25 万平方米，员工 1600 人，常年平均产值 4.5 亿元。企业自主品牌"十八子作"由广东省工商局认定为"广东省著名商标"，企业相继获得广东省民营科技企业、中国菜刀中心、广东省优质新产品等荣誉称号。其系列刀具产品畅销全国各地（含香港、澳门、台湾等）及日本、美国、加拿大、韩国等国家和东南亚地区。

阳江纳谷科技有限公司　该公司是一家置业在阳东区工业园的美德合资企业，投资总额为 1000 万美元，占地面积 10.3 万平方米，是集科研开发、设计制造、学习培训为一体的现代化高科技企业。公司引进欧美先进的设计理念、生产设备、生产工艺和科学的管理方法，开发应用发光二极管（LED）技术，设计、生产和销售节能环保的 LED 系列手电筒、灯具和发光电子制品，产品 100% 出口欧洲、美国、加拿大、澳大利亚、韩国、日本等 25 个国家和地区。公司主打产品"LEDLENSER"是全球顶尖的手电筒品牌之一，成为世界光电行业的一盏耀眼明灯。

高新技术企业群星争辉　"科技兴区"和可持续发展战略的深入实施，使阳东区域创新能力不断提升，一批批创新能力强，具有自主知识产权和核心技术的企业被省科技厅列为高新技术培育入库企业。2016 年有"拓必拓""金辉"等 5 家企业申报高新技术企业认定，"欧思朗""韦帮""金鹏"等 7 家企业申报高企培育入库。全区高新技术产业迅猛发展，科技创新型企业队伍发展壮大，一大批高新技术产品打开了国内外市场销售渠道。2016 年，全区新增广东永力泵业有限公司、广东金辉刀剪股份有限公司、阳江市韦帮电器有限公司、阳江市拓必拓科技有限公司等 4

家国家级高新技术企业。

2016 年，组织阳江市纳丽德工贸有限公司、阳江市扬航实业有限公司、阳东广海五金机械制造有限公司等 9 家企业申报阳江市科学技术奖，其中 7 家企业分别获一、二、三等奖。组织区内 8 家企业共 22 个项目申请 2014—2015 年度阳江市专利奖，有 7 家企业 16 个项目获奖。高新技术产业成为阳东工业体系中的佼佼者。

阳东以功能日臻完善的产业园区为平台，加大招商引资力度，吸纳新企业落户阳东，成功引进了汽车新能源、新材料、品牌服饰、电缆制造、紧固件、智能电子产品、医疗器械等企业。2016 年底，珠三角 21 家金属紧固件企业组团落户珠海（阳江万象）产业转移工业园，带动阳东五金产业转型升级。其中规模产值达 20 亿元的华正能电缆项目加快建设，填补了阳东新材料制造的空白。

第三节 农业在传承和变革中转型升级

"兴农稳区"是阳东发展战略之一。党的十八大以后，阳东更加重视解决农村、农业、农民问题，认真贯彻落实中共中央和中共广东省委、省政府对"三农"的决策部署，紧紧围绕农业增效、农民增效、农村稳定的目标，切实开展农业供给侧结构性改革，加快农业结构调整优化，全面深化农业农村改革，使农业农村经济发展实现稳中有进、稳中向好、稳中向新。

兴办农业科技示范基地和现代化农业园区　2013年，创办合山丰多采无公害蔬菜示范基地、东半北环无公害荔枝示范基地和大沟水稻三控技术示范基地等3个20公顷以上的大型农业科技示范基地，以及300个以示范户为主的小型科技示范项目。同年底，全区建成现代化农业园区30个，建成总面积近4.5万亩，其中阳江（合山）农业现代化示范区被认定为省级现代化农业园区。至2017年底，农业科技示范基地增加至23个，现代农业园区增至38个。

农业龙头企业迅速发展　在全区大力推行"公司＋基地＋农户"的经营模式，截至2017年底，阳东上规模的重点农业龙头企业发展至25家，其中1家国家级，为广东羽绒羽威实业有限公司，1家国家扶贫级，为广东阳帆食品有限公司。阳东县高科技农牧有限公司、阳东县大发益智食品厂等6家企业为省级重点扶贫龙头企业，另有省级农业龙头企业7家、市级农业龙头企业12

家、县级农业龙头企业 4 家。

农民专业合作社不断壮大　阳东认真贯彻落实《农民专业合作社法》，把提高农民组织化程度作为解决"三农"问题的切入点，推动全区农民专业合作社的健康发展。2013 年末，全县登记注册农民专业合作社 316 家，比上年增加 153 家，入社社员 5215人，其中农民社员 4955 人；2014—2016 年，农民专业合作社分别发展至 357 家、397 家和 421 家，2016 年末农民专业合作社参社社员 7500 人，其中农民社员 7060 人，带动非社员农户 40956户参加农事作业。新洲镇兴农果蔬生产专业合作社、阳东大八神农禽畜养殖专业合作社等 4 家合作社被认定为国家级，22 家合作社被认定为省级，36 家合作社被认定为县级专业合作社。2017 年底，全区登记注册的农民专业合作社达 413 家。其中种植类 253家，林业类 5 家，畜牧类 27 家，渔业类 100 家，农机服务类 19家，其他类 9 家，总注册资金 48968 万元。被认定为市级示范性专业合作社 41 家。

为切实解决"三农"问题，阳东大力改善优化农业生产条件，夯实农业综合生产能力。

加强基层农业科技体系建设　建立区、镇、村三级农业科技体系网络，为基层科技人才提供学习和更新科技知识的平台。开展农业科技队伍继续教育，组织农技业务骨干参加农技推广人才培训，造就一批农技推广领军人才，加速科技成果的转化与应用，促进农村进步、农业增效、农民增收。

加快农业机械化　农业的根本出路在于机械化。2017 年，全区农业机械总动力达 31.5 万千瓦，装备拖拉机 3791 台，收割机513 台，排灌动力机 4576 台，水稻烘干机 17 台。年内落实农机购置补贴专项资金 193 万元，拉动农民购买农机资金 650 万元，购置各类农用机械 917 台（套）。全年稻田机耕率达 98%，机播率达 18%，机收率达 96%，耕种收综合水平达 73%，农民"脸朝黄土背朝天"的耕作方式得到根本性扭转。

办好农业命脉——水利 阳东的水利建设围绕"保安全、惠民生、促发展"的工作目标，加快海堤加固达标、灌区改造提升等民生水利建设。2013 年起，新一轮水利建设有重点地进行如下工程施工。

东湖灌区改造工程是全省灌区改造重点项目之一，项目概算总投资 1.766 亿元，其中上级补助资金 1.427 亿元，地方配套资金 0.339 亿元。项目设计整治灌渠 93 千米，灌溉面积 9513 公顷，2016 年完成 72 千米渠道"三面光"衬砌和 260 座渠系建筑物施工，完成投资 0.994 亿元。

红江拦河水闸重建工程需完成的工程量主要是断桩山闸原址重建、红江闸与三山闸在原红江闸轴线上合建、新建水电站和库区管理房。工程概算总投资 10465 万元，上级补助资金 6412 万元，地方配套资金 4053 万元。工程于 2014 年 11 月开工，2017 年底，完成土方开挖 5.1 万立方米，混凝土 3 万立方米，钢筋及金属结构 2200 吨。工程累计完成投资 8000 万元，完成投资 98%，工程已完工。

那龙河综合治理项目主要是对那龙河合山段、北惯段、那龙段进行整治。其中合山段全长 7.25 千米，概算总投资 2607 万元，2017 年底该工程已完工验收；北惯段全长 12.44 千米，概算总投资 2949.17 万元，该河段于 2015 年 11 月动工，至 2017 年底完成 4.5 千米清基及 4 千米堤防填筑，完成投资额为 1700 万元；那龙段长 10.41 千米，概算总投资 2696.37 万元，工程于 2016 年 2 月开工，2017 年底完成投资 1300 万元。

进行海堤达标加固工程。2015 年，阳东列入全省千里海堤达标加固建设工程的有两宗，其中台平三丫联围二期工程按 50 年一

遇的标准加固建设。项目起始于北惯镇台丹村，终止于雅韶镇石
塘村，全长 22 千米，受保护人口达 6.24 万人，受保护耕地为
3893 公顷，工程概算总投资 11993.17 万元。2015 年底动工，已
投入资金 2500 万元，加固堤防 3 千米，清基堤防 22 千米、堤身
填土 20 千米。良政联围加固达标海堤总长 15.46 千米，重建穿堤
涵闸 2 座。经省审定概算总投资为 7388.73 万元。2016 年 2 月动
工兴建，至 2017 年底，完成清表 12 千米、堤身土方填筑 4.5 千
米、土方挖运 25 万立方米，完成投资 5200 万元。

2017 年，"河长制"制度基本建立，河长巡河护河成为常态，
初步实现组织、人员、工作措施、监督检查到位。

生态林业守护绿色阳东　阳东素来重视保护"青山绿水，蓝
天白云"，促进人与自然生态的和谐共存。2017 年，阳东林业用
地达 7.38 万公顷，林地面积 7.29 万公顷，全区活立木蓄积量
240.30 万立方米，森林覆盖率为 51.61%，省级以上生态公益林
总面积达 2927 公顷，生态公益林补偿资金 801.8 万元，生态公益
林保存率 100%。全年增加森林植物生物量 3.81 万吨、固碳 2.03
万吨，调节江河水库水量 660 万立方米，减少林地土壤流失量
0.18 万立方米。综合性生态效益总值 6400 万元。2017 年，全区
安排 542 万元在大八镇、红丰镇、塘坪镇、东平镇和新洲镇建设
740 公顷沿海防护林和封山育林，其中人工造林 266.7 公顷，封
山育林 473.3 公顷。在乡村开展的绿化美化工程中，投入资金
168.94 万元，覆盖 6 个镇、19 条村，其中省级示范点 16 个，种
植苗木 27663 株。此外，通过加强和改善林业执法、森林防火、
森林病虫害监测防治和林权纠纷调处等方面的工作，保证了林业
工作成效的全面提高。同时，普遍深入开展新一轮绿化阳东的群
众性大行动，顺利推进林业生态各项工程建设，大力发展碳汇林、
生态景观林、森林公园和乡村绿化美化工程，筑牢北部和东部山

区绿色生态屏障，努力把阳东建设成宜居、宜业、宜游的幸福新区。

以东平中心渔港为龙头发展优质水产业 倾力打造国家中心渔港——东平港的升级版。2015年，东平码头的建设完成，助力渔业生产成为阳东的一个重要产业。2017年，全区水产品总产值45.30亿元，产品总量31.56万吨，分别比上年增长6%和3%；海水养殖产量为22.40万吨，同比增长6%；淡水养殖产量2.89万吨，同比增长4%。同时加强渔业科技推广、水产品质量安全、海洋资源环境保护、海政海监执法、休禁渔管理、渔用油价补贴、海域使用管理等工作，推进阳东渔业生产发展。2017年，按上级海洋渔业主管部门的要求，完成减船转产渔船78艘，减少渔船功率10489千瓦，对转产渔船发放补助资金3596万元。2013—2017年，连续向渔民发放柴油涨价补助51769.05万元。2016—2017年，阳东被农业部、国家安全生产监督管理总局评为"全国平安渔业示范县（区）"。

畜牧业趋向规模化 阳东畜牧业生产持续稳定健康发展，畜禽产品供求及市场价格稳定，养殖效益好，畜禽养殖进入主要以标准化健康养殖、生态养殖为主的阶段，推动产业结构调整，促进畜禽养殖结构由传统式家庭养殖向现代标准化、规模化方向转变。2016年，全区有2家国家级生猪核心育种场，3家国家级良种公猪站，4家省级畜禽原种场，5家市级种畜禽场，其中"王将"种猪、"源丰"种猪和中山白石种猪成为阳东生猪品种改良的主导品种。全区生猪良种覆盖率达90%以上。塘坪、红丰、北惯、新洲等镇的规模养殖场点趋于集中，占全区生猪规模养殖户的80%，成为肉猪、猪苗生产的主要产区；东城、红丰、大沟、雅韶、那龙等镇是肉鹅、鹅苗的主要产区；肉鸡养殖主要集中在红丰、合山等镇；蛋鸭和肉鸭养殖则主要集中在北惯、那龙两镇，牛、羊等食草动物养殖主要分布在那龙、新洲和大八等镇。那龙镇生产的优质牛肉，成为阳东的一个品牌。2017 年，全区畜禽规模化养殖总量达 87%，标准化养殖水平达 39%。全年出栏 100 头以上的生猪规模养殖场 1200 多家，其中出栏万头以上 13 家；规模养鹅户达 400 多户；肉牛规模养殖场 105 家；山羊规模养殖场（户）54 家。畜禽规模养殖成为农村经济新的增长点。

房地产开发呈现奋进之势

　　建区初期，阳东的房地产行业，伴随着东城镇城区的扩容而经历扩张式发展。2013 年以后，房地产业则进入了向高端发展的全新阶段。特别是未来阳江市重点发展的现代化新区——东城广雅片区，吸引了规模更宏大、品牌更响亮、品质更高端的房地产开发商在此密集落户，使片区占尽了生活配套完善的高端优势，正快速成长为阳东乃至阳江最繁华的现代商业及高尚居住中心区，将居住、购物、商务、金融、休闲、娱乐、餐饮融于一体，以其具备复合功能的商业体系、繁华便捷的生活体系、文明高端的现代化服务体系，毋庸置疑地成为最具发展前景的核心生活圈和最具现代化都市特色的商业巨舰。

　　广博峰景　是阳东广博园房地产开发有限公司继成功开发畔山雅居后又一个较大型的高端房地产项目。房区位于东城镇新华中路，规划用地面积 6.30 万平方米，建筑面积 16.03 万平方米，绿化率达 30%。总投资 4 亿元，分二期建设 13 栋高层洋房。在楼宇设计中，除了配置入户花园，还实现了前后城市景观与高尔夫景观以及内部园林景观的融合，每一个住户单元都拥有双重景观阳台。楼盘所在的阳东广雅片区，聚集了阳东广雅学校、广博园半山会所、半山高尔夫庄园以及华科国际家居生活广场等诸多教育、休闲及商业配套设施，雄踞核心生活圈的中心，令其坐拥得天独厚的优势，成为城之骄子。

华科国际家居生活广场　是阳东区重点建设项目之一。地处阳江滨海新城核心位置，东城镇广雅路边，周边 S32 广东西部沿海高速、G15 沈海高速、S51 罗阳高速、G325 国道和深茂铁路五大城际交通主干线汇聚围合，坐拥卓越的地段区位优势。项目占地面积 30 万平方米，总体规划建筑面积 50 万平方米，总投资 15 亿元。建设有 7 万平方米家居展示中心、14 万平方米家居生活广场、16 万平方米写字楼等商业和公共配套设施、13 万平方米配套商住楼。项目是一座源头专业市场，集商品交易、仓储物流、电子商务、金融服务、商务配套等十八个主要功能于一体，成为规模大、档次高、品种全、服务优的粤西南一站式家居建材专业大市场。项目于 2014 年 9 月 25 日开业。

粤西第一城益华广场　于 2013 年完成投资 2.26 亿元，并于 2014 年完成后续施工后，于 10 月 28 日开业迎客。华科国际与阳江益华两大商贸项目投运，以及阳江市京源实业发展有限公司卜蜂莲花购物中心开工建设，开启了阳东城市购物生活广场的新时代。同时，以两大商贸龙头企业为依托，整合和提升周边用地及产业发展，带动城区及周边镇商贸业发展。在华科国际周边规划了乔泰人家、上畅家园、鸿昌实业等房地产项目；在益华广场周边规划了幸福家园、名轩雅苑等房地产项目。

京源上景　项目由阳江市京源实业有限公司投资开发，位于东城振士中路，占地面积 9 万平方米，建筑面积 40 万平方米，拟投资 6 亿元，分四期建设 10 栋高层住宅、1 栋公寓、1 栋七层购物中心、1 栋品质会所。总住户为 2800 户，配备 2800 多个车位。社区配备生活品质会所，4.5 万平方米现代化自然风情园林、大型百货购物商业区、梦幻游泳池、优美喷泉水景广场等附属设施，以其超大的项目规模、超前的品质规划成为阳江高尚住宅小区典范。

佰利庄园　是由阳东锦绣名城房地产开发有限公司开发的高档商住小区。项目位于广雅路，与广博峰景、京源上景相邻。项目总投资 5 亿元，首期投资 2.5 亿元，建设高层住宅楼 10 幢 733 个住宅单位。建筑外立面采用优雅的西班牙式风格，色彩明快，层次丰富。园林景观设计以意大利台阶式风格为主题，配搭多种养生植物，形成优美的景观环境。小区内配有养生会所、篮球场、游泳池等康乐设施，充分体现幸福、健康的人居氛围。项目于 2015 年 1 月开盘，9 月业主入住。

绿城·玫瑰郡　位于阳东区南面那龙河畔北岸，临近西部沿海高速、雅白公路和深茂铁路，地理位置优越，是根据阳东城区总体规划打造的南部滨海新城的重要成员。项目用地总面积 53 万平方米，总建筑面积 110 万平方米，总投资额为 52.1 亿元。其中，住宅用地 41.3 万平方米，建筑面积 82.75 万平方米；商业用地 3.3 万平方米，建筑面积 4.54 万平方米；酒店用地 3.7 万平方米，建筑面积 5.58 万平方米；绿化、水域、道路用地 4.7 万平方米。项目分三期开发，规划建设高层洋房、联排别墅、那龙河亲水公园、人工湖带、五星级酒店、金融街、幼儿园、写字楼、美食街等。项目于 2016 年 3 月开工建设。

碧桂园天玺湾　碧桂园天玺湾临近西部沿海高速、江台公路边，紧靠绿城·宏阳阳东（双龙湖）。规划用地 60 万平方米，总建筑面积 110 万平方米，投资总额为 60 亿元。规划建设高层洋楼、联排别墅、河畔公园、星级酒店、金融街、幼儿园、写字楼、美食街等。于 2016 年 3 月动工建设 140 套联排别墅。

碧桂园天誉　房地产项目位于阳东区广雅东路，项目总占地面积约 5.1 万平方米，总建筑面积约 19 万平方米，总户数 1020 户，总投资额约 3 亿元，绿化率 35.3%，容积率 3.0。该项目于 2016 年开工，由国内前 500 强的碧桂园集团建设。该居住小区在设计上体现以生态、环保、绿色为主题，规划有高层住宅、公寓、商业街等设施，小区内建有亭台楼阁、喷水池、休闲人行道等配套设施。项目周边生活配套齐全，风景宜人，地理位置优越，交通便利，居住建筑秉承碧桂园多年成功的居住理念，建筑风格以园林绿化为主。碧桂园天誉作为阳东绿色生态地产项目之一，着力打造三星绿色建筑，利用丰富的自然资源，实现住区与环境的和谐共融，为阳东广大市民提供一个五星级高品质的居住环境。

恒大·帝景　项目位于广雅路边，占地约 10 万平方米，总建筑面积约 26 万平方米，总户数 2187 户，总投资额 6.7 亿元，绿化率 30%，容积率 3.0。项目于 2017 年 5 月开工，建设年限 2 年。由国内前 500 强公司恒大地产集团有限公司开发建设。项目规划有洋房、公寓、5A 级写字楼、商铺及幼儿园等。该居住小区内设计富有江南水乡特色，建有人工湖、亭台楼阁、小桥等处点缀小品主题公园，由休闲人行道串联为功能丰富的大园林式环境，是阳东区标志性城市项目之一，着力打造成为阳东知名的居住新天地、休闲新高地。该项目将城市与建筑，建筑与空间，空间与文化完美地结合在一起，以人为本，布局合理，建筑以现代简约风格为主，环境优美，是一个功能齐全、设施完善的居住小区。

星港汇　位于东城镇广雅路与迎宾大道交会处，由阳东区城际置业有限公司投资 16 亿元倾力打造。项目占地 8.5 万平方米，建筑面积 40 万平方米，是集摩天轮乐园、购物中心、星级酒店、5A 写字楼、巨幕影城、钻石公寓、轻奢洋房于一体的城市综合体。周边配套生活设施完善，一问学校、广雅学校、新实验学校等名校办在家门口，是阳东一站式生活的首选。星港汇作为阳江首个摩天轮地标综合体，将打造粤西娱乐旅游新景点。以摩天轮作为商业符号，差异化的娱乐业态布局，国际化的商业中心，吸取了摩天轮乐园、金逸影城、乐 8 小镇、好名显台湾美食广场、飞亿开放平台等商业巨头进驻其中。同时，项目将引进大型品牌超市粤西旗舰店、运动品牌体验馆、KTV、时尚服饰等知名品牌商家。社区还配备剑桥国际中英文幼儿园，以国际化的模式结合地区特色，多方位针对性地促进孩子成长。星港汇作为粤西游玩新地标，联通珠三角，辐射全粤西，将全力为人们呈现与国际接轨的都市一站式美妙幸福生活。

此外，阳东城市综合体、碧桂园天悦府、碧桂园凤凰湾、绿城·宏阳、龙山庄园、东泰花园二期等项目也都没有缺席这轮房地产开发盛宴。

这些城市建筑巨匠抱团入驻，令阳东这个正处于扩容提质中的滨海新城的房地产开发呈现奋进之势。

第
五
节

旅游开发凸显阳东特色

2007年由省旅游部门评定，2012年经复核验收，阳东被评为广东省旅游强（县）区。2013年，阳东进一步释放山、海、泉、湖、田园风光旅游资源优势，围绕"打造全省著名运动休闲旅游目的地"的目标，全方位整合旅游资源，加快景区建设，培育旅游品牌，强化旅游产品推介，融汇本土旅游文化元素，不断提高产业发展水平，使旅游业成为推动阳东经济社会全面发展的新兴产业。

2013年，阳东旅游业发展渐入佳境。2013—2017年，全区（县）旅游景区接待游客分别为231.42万人次、247.3万人次、258.4万人次、263万人次和271万人次；旅游业总收入分别为21亿元、25.9亿元、30.6亿元、36.1亿元和46.3亿元。游客连年增加，旅游收入持续增长。

一、开发东湖片区和东平片区旅游资源

阳东立足区内旅游资源分布的实际情况，重点推进境内东湖旅游片区、东平旅游片区和北部山区旅游片区的开发建设。

东湖片区　片区内以湖、泉为主色调的旅游资源十分丰富，并陆续得到开发。

2012年，东湖星岛国际生态旅游项目经省政府确定为滨海旅游项目，列入《广东省滨海旅游发展规划（2012—2020）》。

2014 年，恒生·星月湖首期会所工程落成。

2015 年，投资 1600 万元建设东湖景区 6.74 千米环湖绿道景观带，投入 150 万元在核心区域种植 8.67 公顷桃花、樱花等风景树木；2016 年又增种樱花、桃花、黄（紫）花风铃等苗木 1.33 公顷。

2013 年，阳东引进阳江市新天然投资有限公司投资开发新洲温泉度假村。温泉有泉眼 88 个，水温高达 102℃，日流量达 3960 立方米，自喷高度 12 米，是广东省已探明的最大高温热水田。水中含有多种对人体有益的微量元素，具有治疗慢性关节炎、皮肤病、心血管病等疾病和调节神经系统的作用。项目以中外合作方式开发，总投资 18 亿元，规划用地约 100 公顷，其中近期用地和远期用地各为 33.33 公顷，租用农用地 33.33 公顷。2016 年已完成征地 23.33 公顷。并着手做好调整用地规划和办理温泉采矿权证等前期工作。

东平片区 该区 2013 年起持续加大旅游开发力度，围绕建成国家 AAAA 级滨海旅游区的目标，加快重点旅游项目建设，积极创建旅游强镇，打造"渔家风情，浪漫小镇"品牌。

其中，飞龙寺原名弥陀古庵，是经广东省民族宗教事务委员会批准，在玉豚山异地建设的景观寺院。寺院位于南海岸边，用地面积 25 万平方米，投资 4 亿元。寺院于 2013 年动工兴建，2015 年建成一期工程园通宝殿，二期进行月台、钟鼓楼、天王殿、藏经阁等工程施工，2017 年所有设施竣工。

鸳鸯石休闲公园是在具有美丽传说的鸳鸯石周边开发建设的乡郊休闲公园，承载着男女青年游客的温馨浪漫之旅。公园开放迎客后，与附近充满农村特色、别具观赏性和经济价值的油菜花基地及莲藕基地，形成了一个集观光、休闲、愉情于一体的原生态旅游新景。

片区综合旅游开发项目有序推进，滨海旅游配套设施日臻完善。2013—2017年，通过招商引资，投资7800万元完成珍珠湾特色旅游商业街建设；6家星级酒店相继建设，包括注资4800万元的海悦半山酒店、投资5500万元的海滨度假酒店、投资5000万元的珍珠湾大酒店、投资3000万元的金萌湾宾馆，分别投资2500万元的半岛假日酒店和东平假日酒店等，提高了该片区的旅游接待能力和接待水平。

北部山区片区　以大八镇为腹地的北部山区，山清水秀、风光旖旎、灵寺佛光、古城底蕴。除传承着革命老区厚重的红色基因外，还蕴藏着丰富的旅游资源。阳东对该片区，实行挖掘与开发相结合，在北部山区营造新的旅游景点。

其中，吉水寺位于塘八公路边，距大八圩1.5千米，占地5000平方米。该寺始建于明朝万历年间，梵宇庄严，香火鼎盛，为阳东著名古刹，后毁于20世纪70年代。21世纪初得以重建，使古刹重辉。众生再得法缘，礼拜者众。

东岸寺（觉华静院雷冈分院）坐落于阳东大八镇雷岗村东岸岭。岭高584米，登高览胜，塘围、田畔、合山一带的青山绿水尽收眼底。原为始建于盛唐的东岸庙，迄今逾1300多年历史。2014年，东岸寺动工扩建。

江河水库位于大八镇良爱村旁，总库容8806万立方米，是阳东第二大水库。库区周围长满苍翠树木，群山环绕，库内有许多独立风情小岛，青山与绿水相辉映，宛如一幅山水画卷，是有待开发的休闲度假好去处。

珠环山位于大八镇走马坪村南面，海拔1015米，是阳东第一山峰，有"天然氧吧"之称。登山观望，连绵起伏的群山景色异样优美。顶峰之上，有奇形怪状的石头。冬日的龙山，云山雾海，形成雾天一色的景象。带有神秘色彩的客家洞，吸引众多游客到此探险观光。

吉水温泉位于大八镇吉水南岗垌，距市区 25 千米。经地质勘测，温泉有 10 多处泉眼，每小时出水量达 53 立方米，泉区水温60℃，泉眼水温 90℃，为硫黄、锌、铁型温泉，成为北部山区又一个旅游开发项目。该项目首期用地 17200 平方米，计划投资5000 万元，在建设中强调突出"山水休闲，轻松健康"的主题意境，建设 40 套温泉别墅以及保健、理疗等相关配套设施。

二、星级农家乐旅游项目精彩登场

在东湖和东平两大旅游片区旅游效益的带动下，周边地区星级农家乐旅游悄然兴起。

福兴生态园 AAA 景区　位于阳东城郊雅韶镇西部沿海高速公路出口，毗邻滨海新区和东平旅游片区，项目占地 33.33 公顷，建筑面积 3000 平方米。先后投入开发资金 3000 多万元，精心打造成一个功能多样的农家游乐庄园，并已初具规模。园区内已建成农家饭庄、度假别墅、烧烤区、垂钓区、赏花和蔬果采摘区、动物观赏区、登高览胜楼等游乐设施。年接待游客达 10 万人次，先后获得"国家 AAA 景区""中国乡村旅游金牌农家乐"等荣誉称号，并由省财政厅和省旅游局定为旅游扶贫重点项目。

怡湖园　位于阳东大沟镇马岗水库旁，江台公路边，交通便捷。园区占地面积 26.67 公顷，建筑面积 2000 平方米，总投资4200 万元。园内具有独特的自然生态风光，青山簇拥，碧水连天，绿树成荫，花果遍地，建有仿古的四合院园林建筑以及功能齐全的配套设施。荣获省、市、区（县）级休闲旅游示范单位称号，是"广东省星级农家乐"景点。

鸿运山庄　位于周亨河合山镇那梢村侧的河岸边。山庄设钓鱼、烧烤、餐饮、娱乐等项目。山庄边的那龙河支流周亨河，流水清澈见底，河沙细腻洁净，岸边翠竹成荫，山坡果树披红，烧烤场上泥烤（焗）鸡、烤红薯等乡土风味美食诱人，是"广东省星级农家乐"旅游景点。

三、"生态·休闲＋本土文化"旅游新名片

在发展旅游事业中，阳东本土旅游追求创新，并加入本土文化元素，激活"古村""古庙""名山"等人文生态资源，使本地旅游业别具阳东特色，阳东景点也成为一张张亮丽名片。

紫罗烟霞　紫罗山位于新洲镇东部的紫罗山森林公园内。山脉向南延伸，东高西低，主峰海拔 762 米，连绵数十里，烟霞缭绕，得"紫罗烟霞"雅称，是阳江四大名山之一，曾是清代"阳江八景"之一。紫罗山风景优美，幽雅清静，鸟语花香，奇石嶙峋，流云飞瀑，烟霞绕山，山水石林景观独特，是不可多得的度假避暑休闲胜地。古时曾建有罗元寺、贞女庵、文昌庙、望海亭，兼有晒经石、勇士崖、姻缘石等自然景点，以至传说众多，充满神秘色彩。这片区域还是解放战争时期的游击活动据点，留下了许多英烈为人民共和国的建立抛头颅、洒热血的英勇事迹，是集自然风光、宗教文化传承、登山健身、度假避暑、爱国主义教育于一体的生态旅游胜地。

丹竹坑白鹤生态村　丹竹是新洲镇上六村委会的一条小山庄，距新镇圩 15 千米。村四面环山，松林、竹林、果林碧绿苍翠，河流交错有致，吸引白鹤在此繁衍后代。村民参悟其预兆吉祥如意，非常注重保护白鹤，自发组织护鹤队保护神鸟，令白鹤逐年增多，此处也成为神鸟天堂。休闲时候，白鹤与村民和谐亲密相处，常与小孩一起嬉戏。耕种季节，村民耕作，鹤抓小鱼，相映成趣，宛如世外桃源之景。2015 年，丹竹坑白鹤生态村被评为阳江市野生动物重点保护示范基地，越来越多的游客离开喧闹城市，慕名

进村休闲寻趣。

禾叉坳村客家土楼 该村是新洲镇北股村委会的一条自然村，距新洲圩 8000 米，村中遗留一座建筑结构别具一格的客家土楼，与一般民居截然不同。土楼占地 5000 平方米，结构为 6 巷 7 幢平列对称的大屋。建造时将灰沙、黄泥与红糖糅合，再经反复春压夯筑成墙体。土楼整体屋宇宽 93.1 米，进深 53.7 米，内分三进，外形平齐一致。禾叉坳又是阳江地区长有禾雀花的村庄，每年三月此处禾雀花繁花似锦，争妍斗艳，与古老的山村风貌相互辉映，形成一道亮丽的风景，是游人春游踏青的好去处。

北桂古村落 新洲镇的老区村庄北桂村，是原始自然生态旅游园区，经投资者连年开发，园区面积达 333.33 公顷。景区内古木葱茏，国家二级保护植物香樟遍布其间，拥有得天独厚的山、水、翠竹、森林、古圩、古庙、古楼等自然生态资源。2015 年被评为广东省古村落，2016 年被授予"中华乡村旅游金牌农家乐"称号。

大澳渔村 大澳渔村曾作为海上古丝绸之路的补给点，商贸发达，是东平镇的起源地。举世闻名的"南海 1 号"在大澳对开的海域中打捞出水。在旅游开发中，按照"古渔村、古港口、古商埠"三大主题推进大澳旅游景点建设，修复大澳明清渔家商铺古街、古码头、观音庙，建设渔家文化广场、海岸亲水走廊、郑和广场，升级景区道路及路灯安装、景区绿化等工程。2013 年获得"中国古村落"称号。2015 年被评为国家 AAA 级旅游景区，是阳江市十大最美乡村之一。渔村以其深厚的渔家文化、古佛教文化、新能源科普观光文化和饮食文化，成为阳东的特色旅游亮点。

雅韶十八座 十八座古村落旅游景区位于雅韶镇南部西元村，拥有十八座大屋，是谭姓居民的聚落，有 260 年的悠久历史，是具有鲜明岭南水乡特色、晚清古建筑风格，保存完好的古村落建筑群。该景区由阳江市雅韶十八座旅游开发公司开发，是集水乡风貌、民族文化风格、休闲娱乐功能、教育体验为一体的古村落旅游景区。2013 年 8 月，"十八座"入选由住房城乡建设部、文化部、财政部联合公布的第二批中国传统村落名录，成为阳江市唯一的中国传统村庄。

第六节 脱贫攻坚与新农村建设融合推进

一、精准施策，决胜脱贫攻坚

阳东区的扶贫开发，经历三个发展阶段。

2010年，首轮扶贫开发"双到"工作全面开展，至2012年，三年累计投入了3.10亿元帮扶资金，扶贫工作取得阶段性成果。

2013年，新一轮扶贫开发"双到"工作启动，全区当年对19条重点帮扶贫困村投入扶贫资金6466.01万元；2014—2016年，分别投入扶贫资金6210万元、8135.23万元和3819万元。4年累计投入扶贫资金达24630.24万元，扶持重点帮扶贫困村创建村级扶贫项目514个、贫困户帮扶项目11918个。

2017年，阳东脱贫开发进入精准扶贫精准脱贫阶段。当年全区安排财政扶贫资金9842.2万元，启动村级扶贫项目325个，农户扶贫项目31151个，拉开决胜攻坚脱贫的大幕。

面对艰巨繁重的脱贫任务，阳东区以抓铁留痕的工作作风和日夜兼程的工作力度，下定决心打赢脱贫攻坚战。

在脱贫攻坚中，阳东不断理清工作思路，改变以往侧重给贫困户送钱送物的简单划一做法，实行党政一把手负总责，整合专项扶贫、行业扶贫、社会扶贫、珠海对口帮扶等多方力量，构建多种举措有机结合、互为支撑的"四位一体"扶贫工作格局。

专项扶贫 强化政府投入的引导作用，加大财政资金投入力度，区（县）财政在五年间的扶贫资金和各项惠民补助资金的投入逐年叠加。

2013 年，安排扶贫"双到"资金、各项惠民济困补贴、良种补贴、粮食直补、困难群众生活临时补贴、能繁母猪补贴、农机购置补贴、农村公益事业"一事一议"财政奖补、石油价格财政补贴、农村贫困户住房改造补贴、提高五保供养标准和残疾人生活津贴等，共投入财政资金 3.70 亿元。

2014 年，区财政安排农村公益事业"一事一议"财政奖补资金，高标准农田基本建设和农业高产创建项目资金，落后山区和边远地区义务教育学校教师岗位补贴，边远山（老）区村庄硬底化道路建设资金，改善中低收入群体居住条件资金，提高城乡低保、五保户、孤儿供养标准资金共 2.07 亿元。争取上级一次性追加资金 5.90 亿元，推进综合性农业、水利、交通等重点项目建设，筑牢脱贫攻坚基础。

2015 年，区财政投入 1029 万元支持美丽乡村建设，拨付 1024 万元推动以贫困村为重点的农村基础设施建设，安排村级公益事业"一事一议"财政奖补资金 897.5 万元，发放各类强农惠民补贴 2.05 亿元，投入 3.82 亿元落实优抚安置、困难人员救助、就业补助、贫困人群住房保障、农村低保补差等，支持基层公益事业发展。全区年内民生领域财政支出 19.71 亿元，占一般公共预算支出的 73.45%。在资金的使用方向上，重点向老（山）区村庄贫困人口倾斜。

2016 年，区财政投入 4539 万元用于扶贫攻坚；投入村级公益事业"一事一议"财政奖补资金 630 万元；发放政策性涉农补贴 2414 万元。同时，普遍提高农村低保和低保补差水平、农村五保户赡养、农村居民基础养老金、无人抚养孤儿基本生活保障金等多项民生项目给付标准。

2017年，区级财政投入扶贫专项资金9842.2万元。

行业扶贫 阳东区既充分发挥党政职能部门在扶贫攻坚中的重要作用，又广泛动员各行各业力量，共同加大对口帮扶力度，形成脱贫攻坚合力。

（1）**金融扶贫** 阳东区2017年印发《阳江市阳东区精准扶贫"政银保"合作贷款工作实施方案》，推行精准扶贫"政银保"合作贷款，创新融资渠道，进一步做好扶贫小额信贷工作。由区扶贫办、区农商行、区保险公司三方签订精准扶贫"政银保"合作贷款协议，统筹合作贷款专项资金用于精准扶贫。通过创新金融服务帮扶，发挥"政银保"项目扶贫资金的引导作用，让金融"这池活水更好地浇灌贫困村、贫困户"。

（2）**智力扶贫** 智力扶贫立足于提高贫困户自我发展生产的能力，帮助他们实现稳定就业和自我创业，做到有效扶贫、长效扶贫。一方面，着力帮扶贫困户青少年后代完成学龄教育，确保贫困户适龄子女义务教育入学率达到100%。另一方面，广开门路，帮助贫困家庭劳动力转移就业，开展种养技术和劳动技能等创业培训，提高贫困户自我发展能力，实现脱贫目标。

（3）**企业扶贫** 积极引导和组织农业龙头企业与贫困村进行产业对接，大力推广"龙头企业（合作社）＋基地＋贫困农户"的产业化扶贫模式，培育发展重点帮扶村的主导特色产业，增加贫困户的务农收入。

（4）**保障兜底** 按照省、市"社会保障兜底脱贫一批"的要求，健全农村低保标准自然增长机制，逐年提高农村低保标准，实施政策兜底脱贫，使阳东农村低保标准达到省规定的扶贫标准。对无法依靠产业扶贫等多项脱贫措施实现脱贫的贫困家庭，全面实行政策性保障兜底。确保全面小康不落一户，不少一人。

珠海市对口帮扶 2014年起，珠海市深度参与阳东对口帮扶工作，有力地加速了阳东的扶贫开发。对口帮扶人员以扶持贫困村和贫困户脱贫致富为己任，驻村进户，艰苦工作，想方设法筹集帮扶资金投入扶贫开发，与当地贫困户的日常生产、生活融为一体，为打赢脱贫攻坚战作出了宝贵贡献。

社会扶贫　阳东广泛动员和组织乡贤、民间组织、社会热心人士、志愿者，发挥各自的积极性和优势，参与脱贫攻坚。同时，通过动员全社会参与"广东扶贫济困日"活动募集善款用于发展贫困村公益事业，在全社会形成攻坚合力。

这种综合施策的扶贫模式，其显著的特点是将各种扶贫力量扭在一起，以产业扶贫作为整个扶贫工作的重心，在扶持贫困村和贫困户开发产业项目中找准切入点。区委、区政府始终把是否建立起产业扶贫项目，作为衡量各单位扶贫工作是否精准有效的重要指标，要求各扶贫单位找准促进贫困户脱贫增收的突破口，构建脱贫长效机制，因村制宜，因户施策，精准发力。2016—2017年间，全区148条展开扶贫攻坚的行政村启动村级产业扶贫项目325个，有3115个产业扶贫项目精准落户，户均3.88个。实现了贫困村每村至少有一个长效增收的产业项目，贫困户每户至少有一个享有长期资产收益分红的项目，确保贫困村、贫困户能脱贫不返贫，致富奔小康。

二、美丽乡村建设增添社会主义新农村亮丽底色

为确保实现第一个百年奋斗目标，2014年起，阳东区按照中国共产党第十八次代表大会"四个全面"的战略布局，大力推进社会主义新农村建设，力争在2020年全面实现小康中，把全区1479条自然村的10%以上，至少150条村庄建设成美丽乡村。

区、镇两级加强对以美丽乡村为引领的社会主义新农村建设的组织领导，统一成立工作机构，出台美丽乡村建设工作方案，

实施区领导挂点联系美丽乡村建设制度，构建"区组织、镇主抓、村实施"的工作格局。

2014 年，阳东区建设美丽乡村工作正式启动。确定东平镇良洞村、合山镇那洋村、那龙镇牛根村、塘坪镇禾石村等为美丽乡村创建先行点，在此基础上从 2015 年起至 2017 年，全区每年建成 21 条美丽乡村。

2015 年，创建活动领导得力，责任落实，工作到位，全区美丽乡村建设顺利推进，建成 21 条美丽乡村，经阳江市评为建设优秀村。

2016 年，各镇进一步铺开美丽乡村建设。革命老区大八镇按照"生产发展、生活富裕、村容整洁、管理民主"的要求，稳步推进社会主义新农村建设，2016 年投入 200 多万元用于吉水村、南河村的相关建设项目。并从革命老区急需解决的突出问题着手，建成茅塘、周亨、沙朗、大八、龙心、大陂、走马坪、牛岭、珠环等老区村庄的文化室、文化广场、路灯等文化生活设施以及安全饮水、危房改造等民生工程，老区人民文化生活和居住条件进一步改善。革命老区新洲镇于 2016 年动工建设北桂村、北股冯屋村、平田新村、乌石关村和塘尾村等 5 个美丽乡村，工程进展顺利，主要项目于年底扫尾。全镇民政优抚、五保供养、最低生活保障等政策全面落实，城乡居民医疗保险、养老保险实现全覆盖，乌石、北桂 2 个省定贫困村精准扶贫精准脱贫初见成效。全镇117 户泥砖房改造亦已竣工，强农惠民各项政策落地生效。

区内其他各镇，包括塘坪镇长乐军城村、宁光下朗一村，雅韶镇柳西村，红丰镇麻汕朝西村、珍珠河朗村，东城镇郑屋村、大塘村以及其他镇村的美丽乡村建设全面启动，全区上下凝聚力量建设社会主义新农村。

2016 年，根据广东省政府《关于打造名镇名村示范村带动农村宜居建设的意见》和阳江市名镇名村示范村建设实施方案，全区新农村建设精彩纷呈，东城镇石仑大塘村，北惯镇平地村、东莺新村、赤平张林村，合山镇丰垌塘寮村、那石那洋村，那龙镇牛根村、外寨村、新三宝村，新洲镇紫罗村，东平镇大澳村、良洞村、北环村，大八镇高良村，塘坪镇禾石村、乐郊村，雅韶镇塘客村、柳西村等一批新农村建设成为亮点，由省确定为"广东名村"。合山镇被确定为"广东名镇"。

2015 年，广东省确定在阳东区建立新农村建设示范片，以"游龙串珠、山海渔韵"为主题，建设"村村优美、家家创业、处处和谐、人人幸福"，具有岭南乡村特色和宜居宜业宜游的社会主义新农村片。示范片位于阳东区东南部沿海一带，区域面积 50 平方千米，沿 G228 国道贯穿 25 千米长，包括东平镇良洞村、北环村和大澳渔村 5 个主体行政村（覆盖东平镇 17 条自然村），非主体村 22 个自然村（覆盖东平镇 13 条自然村和大沟镇 9 条自然村）。项目总投资 1.4 亿元（其中省专项资金 1.1 亿元，阳东区配套资金 3000 万元）。2016 年，在全部自然村建设项目的招投标结束后，施工队陆续进场施工。至 2017 年，主要工程建设顺利推进，成功创建 67 条美丽乡村，并经市验收合格。

北环行政村北环墩村是省级新农村连片示范建设工程主体建设村之一，该村在建设中以"和"为主题，重点发展乡村旅游，展现人与村庄、自然、山海的和谐共处，创建文明、美丽、和谐新乡村。项目开工后，大力开展人居环境综合整治，全面实行"三清理、三拆除、三整治"，重点整治村庄的垃圾污染、生活污水和畜禽污染，整治村道乱搭乱建、乱堆乱放现象，村容村貌全面改观。至 2017 年，北环墩村内绿树成荫，环境幽雅，卫生整洁，集"绿、亮、净、美、和"于一身，堪称"农家乐山庄"，成为阳东社会主义新农村建设的一道亮丽风景。

今日阳东，主动顺应农村发展新形势要求，适时把脱贫攻坚与社会主义新农村建设有机融合，在全力推进精准扶贫精准脱贫的同时，以省级新农村示范片建设、贫困村创建新农村示范村以及全区域开展的美丽乡村建设等工程为抓手，正在打造一批环境优美、人民富裕、产业兴旺的社会主义新农村，人民群众的获得感和幸福感更加坚实。

加强电力交通和邮政通信建设

一、阳东电力

加快推进电力基础设施建设　2012 年前，阳东区的电力建设总体上仍处于较低水平，电网结构比较薄弱。2012 年，阳东加快进行电力基础设施建设，当年投入 5459 万元重点解决城乡日益增长的用电负荷需求导致的电压不稳定问题，投入 3785 万元新装电站出线 9 回，解决大沟、新洲、东平等镇电力运行管理界面交叉的老问题。但电力供需矛盾依然突出，尤其是 110 千伏以上等级较高的输变电设备建设滞后。2014 年起，阳东电力建设得以提速，至 2016 年底，110 千伏新洲输变电、110 千伏滨海（雅韶）输变电、110 千伏北惯（那味）输变电和 220 千伏薄荷（城北）输变电等重点工程相继建成投运。2016 年以后，辖区内输变电站建设更上一层楼，建成 500 千伏蝶岭变电站 1 座，220 千伏变电站 1 座，110 千伏输变电站 8 座，35 千伏输变电站 1 座；共有 10 千伏线路 130 回，公用配电变压器 1068 台，专用配电变压器 2755 台。2017 年全年售电量 15.54 亿千瓦时（为 2012 年 10.30 亿千瓦时的 1.51 倍）。自 500 千伏输变电站投运后，形成了以 500 千伏变电站为中心，110 千伏为主骨干的电网架构，为阳东社会经济发展提供了强有力支撑。

新一轮新农村电网改造升级　按照《南方电网新一轮农村电

网改造升级工作方案》的部署，阳东在狠抓较高等级的重点电网项目建设的同时，从2016年起，以破解农村特别是革命老区村庄区域缺电、负荷超重和用电受限等难题为重点，进行新一轮农村电网改造升级。完成全区11个镇41个中心村电网改造升级工程，总投资2.9亿元。其中2016年当年改网工程投资1.63亿元，完成项目153个，新建20.65千米10千伏线路、316.95千米低压线路，新装或更换113台自动化开关，大幅提高农村电网的可靠性，提高了新洲、东平、东城、合山、塘坪等镇偏远片区的供电质量，在老区镇新洲站新出6回路10千伏线路，使长期困扰新洲片区中压线路末端电压不合格的问题迎刃而解，进一步改善了老区人民的生产生活条件。

二、阳东交通

2013年，阳东交通继续秉承"交通先行促发展"的理念，着力加快交通基础设施建设步伐，构筑航空、铁路、高速、国省道及星罗棋布的县（村）道立体交通网络，交通面貌发生极大变化。此举不仅促进了人民生产和生活条件的改善，也更加有力地助推阳东这座滨海新城的崛起。

加快建设等级公路及桥梁基础设施　2013—2017年，阳东先后投入10.38亿元，建设西部沿海高速公路三山互通公路至阳江核电站12.10千米一级公路、开阳高速公路那龙出口至阳江核电站公路一期三级公路等14条公路，开展新洲紫罗桥、东平北环迳桥等7座桥梁的新建或改建工程。截至2017年底，全区公路通车总旅程为2302.52千米，比2012年1711.24千米增加591.28千米，增长34.6%；公路密度也由2012年的92千米/百平方千米，提高至125.84千米/百平方千米。

农村公路建设业绩显著　2013年，完成11个镇的农村公路建设项目48个，通车里程100.3千米；2014年，完成农村公路建设项目52个，增加通车里程110千米；2015年和2016年，分别再增农村公路里程各100千米；至2017年底，全区11个镇五年累计完成农村公路建设项目730个，增加通车里程1843.3千米，投资额为5.58亿元，全区172个村（居）委会30多万村（居）民出行不再难。

其间，于2016年完成的深茂铁路阳东段34千米，途经那龙、合山、北惯、大沟、雅韶等镇的征地拆迁工作，红线内共有157公顷征地征用完毕并交付施工单位使用，为阳茂铁路于2018年6月的建成通车贡献阳东力量。

合山机场按通用机场标准进行改扩建 阳江合山机场是广东省第一个地级市所有的通用航空机场。机场始建于1966年7月，1967年3月竣工，当时为林业专用机场。1988年8月，阳江市政府对合山机场进行改建，使其达到了民用机场1A级技术要求。1989年8月，机场正式通航运营，开通阳江—广州、阳江—深圳、阳江—珠海三条航线的包机航班，安全保障包机航班6182架次。2014年2月，珠海、阳江两地启动合山机场帮扶共建项目，这是广东省重点帮扶项目之一，按一类通用机场标准进行改扩建。主要建设塔台、综合楼392平方米，航管工艺、机坪26000平方米，机库3600平方米以及供配电设施。经过各方面的全力推进，改扩建项目一期工程全部完工并于2017年9月通过工程竣工验收。2017年底，综合办公楼、塔台、机库和机坪等设施陆续投入使用。配套项目宿舍楼建筑面积3550平方米，培训中心建筑面积3098平方米，已全部完成，并于2017年8月通过工程竣工验收，2017年底投入使用。

扩建项目二期工程总概算1.26亿元，主要建设跑道延长线至1100米，平行滑道以及联络道，机坪26000平方米，机库3000平方米，飞行区排水、圈界、消防等工程，另有输油管道改道、水渠改道，电缆改迁等辅助建设。2017 年底，项目已完成立项、环境评价、图纸设计等。改扩建工程全部竣工后，合山机场将成为可对公众开放的通用机场。

三、阳东邮政

阳东邮政通过自我革新，向人民提供便捷优质的服务，在开展邮政普遍业务、金融业务和电子商务中，突出抓好邮政平台战略的实施，搭建以金融网点、邮务网点、离行自助银行、农村电商点、助农服务点为主体的综合便民服务体系，形成多层次、全覆盖的服务网络，全区邮政网点常年全天候进行。广大群众可在家门口办理多项邮政业务，遍布城乡的农村电商点，成为"工业品下乡，农产品进城"的重要枢纽，让村民体会购物、销售、生活、创业、金融"五不出村"的邮政深情和业务便捷。

创办邮政金融是阳东邮政的一项重要改革成果。2013 年，阳东邮政金融放贷 4.02 亿元，其中无抵押小额贷款 1.05 亿元，对企业贷款 1.41 亿元。2013 年末邮政金融个人存款 22.52 亿元；2014 年，金融个人存款余额增至 26.30 亿元，比上年新增 3.78 亿元；2015 年，邮政金融发放多项贷款 4 亿元，其中对企业贷款 1.85 亿元，对个人贷款 1.90 亿元，并继续执行对小额贷款无需抵押政策，支持农村经济发展和 90 多家中小企业的扩大或维持生产。

四、阳东电信和移动网络

阳东的电信网络承担着阳东区普遍服务、党政军专网服务、应急通信、战略通信和抗洪救灾通信保障的重任。通过不断加强自身建设，使电信服务"至广大而尽精微"，以精细入微的服务品质，把"用户至上，用心服务"的理念落细落实，解决人民群众在消费中最关心、最直接、最现实的相关利益，积极推进"宽带中国"和"智慧"阳东建设，通过优化升级信息基础设施建设，着力打造"光网城市"，不断满足人民群众日益增长的电信服务需求。同时，贯彻落实转型升级3.0战略，以发展领先的综合智能信息服务运营商为战略定位，加快推进网络智能化、业务生态化和运营智慧化，让客户畅享即时便捷、热心优质的电信服务。

在自身发展中，阳东的移动网络以"沟通100"为标志，深刻诠释"客户为根，服务为本"的理念，致力打造优质网络，提供完善服务。仅2016年，阳东移动分公司就新建4G基站142个，4G网络覆盖率达99.3%，基本实现城区、镇区、交通干线及行政村全覆盖。推进"宽带中国"战略，加大光纤宽带建设，建成一张高效率、大宽带、低时速、全可靠、广覆盖的传输网络。

第八节 社会各项事业全面发展

一、科教兴区，优先发展教育

在兴办教育的事业中，阳东一以贯之实行教育优先发展战略，把发展优质教育纳入社会经济发展中的百年大计。自 2013 年后，阳东教育进入优质发展的新阶段。

九年义务教育交出优秀答卷。

义务教育的要义在于"免费·补助＋公平"。2013 年，阳东在确保小学和初中学龄儿童 100% 入学率，并做好"防流控辍"，维持初中阶段三年学生保留率达 98% 以上的同时，全面落实九年义务教育学生全额免费和对农村困难家庭学生的生活费补助。

截至 2016 年底，阳东办有九年义务教育阶段学校 57 所，其中初中学校 25 所，在校学生 13575 人；小学校 32 所，在校学生 41699 人。小学、初中入学率达 100%。对这些在校学生，阳东全面落实"两免一补"（全部免费入学、免收书杂费，对农村困难家庭子女给予生活费补助）的政策。2013—2016 年，分别有 46346 名、47993 名、51737 名、51615 名学生享受到免费义务教育，免费额分别为 4063 万元、5334 万元、6694 万元、6631 万元。农村困难家庭子女获得生活补助的学生，2013 年为 4980 名，补助款为 136 万元；2014 年仍为 4980 名，补助款为 136 万元；2015 年起，对贫困家庭学生的资助范围涵盖至学前教育、普通高

（职）中和大专学生，全年补助款为 516.24 万元，获得补助的学生为 8804 人次；2016 年，对 697 名特困小学生按每生 500 元，对 299 名特困初中生按每生 750 元，对 3984 名普通困难学生按每生 200 元给予生活费补助。

普通高中和中等职业教育实现规模与质量双优。

普通高中　经调整布局后，阳东于 2016 年开设高中学校 3 所，即阳东一中、阳东二中和阳东广雅中学，高中生毛入学率为 97.5%。在办学中，突出抓好阳东一中创建国家级示范性普通高中工作，带动全区高中教育优质发展。坚持高中学校优质加特色的发展方向，积极实施普通高中新课程改革，强化学校管理和校园文化等内涵建设，使教育教学管理水平稳步提高，高中教育继续保持低进高出，规模与质量双优发展的良好态势。在全区各学校特别是在高级中学建立和健全老师的引进和聘用机制，加大师资培训力度，努力提高教学质量。

中等职业教育　阳东区第一职业技术学校，是广东省首批骨干示范中等职业技术学校、广东省中等职业技术学校现代农业示范学校，2005 年就由广东省教育厅评定为"广东省重点中等职业技术学校"。开设园林技术、会计电算化、电子技术、计算机及应用、汽车运用与维修、旅游服务与管理等专业。建有组培室、三高农业实习场、20 公顷优质水果示范场、10 公顷果苗圃园艺场、13 公顷立体养殖示范场。学校以"造就技能型教师、培养技能型学生、创设技能型课程"为办学方向，积极探索职业教育的新路子，努力打造阳东独具特色的职业教育品牌。

民办教育异军突起。

2013 年，阳东采取包括政府引领的多项优惠措施，扶持民办教育发展。当年批准设立阳东广雅学校、阳东外国语学校、阳东树人中英文实验学校、阳东星重学校、阳东龙源学校、阳东健强学校、阳东育龙学校、阳东万州学校、阳东鹏程学校等 9 所民办学校。2014 年，阳东对开设民办学校的质量提出了新的要求，新设立的阳东一问学校、阳东龙翔学校按国家标准学校建设。下半年，阳东卓达学校等民办学校相继创立。至年底，全区有民办学校 12 所，民办幼儿园 82 所。2016 年，阳东民办学校发展至 16 所，小学和初中学生 17352 人，高中学生 1721 人。2017 年，阳东按国家标准化学校建设的要求，新增民办学校 1 所（阳江市阳东区一中附属精英学校）。

五年间，阳东成人教育、幼儿教育和特殊教育也得到同步发展。

教育创强，让孩子享受优质教育。

2013 年，雅韶、北惯、那龙、大八、塘坪等 5 个镇的教育创强列入省、市的民生实事，当年省、市、县投入创强资金 8246 万元，新建教学用房 8530 平方米，维修教学用房 24236 平方米，美化校园 35000 平方米，按标准配备各学校必要的教学设备设施，让孩子们享受到优质教育。2014 年完成上述 5 镇的教育创强工作。其他镇的创强工作也在全面推进。至 2016 年 2 月，全区 11 个镇均通过广东省教育强镇的督导验收，并通过"全国义务教育发展基本均衡区"国家级别认定，广东省人民政府授予阳东"广东省教育强区"称号。

区财政预算内拨款，为教育优先发展提供强力支撑。

从 2013 年起，阳东财政为支持教育优先发展，持续加大教育投入，建立教育激励机制，促进教育均衡发展。2013—2017 年对教育事业的预算内拨款呈现逐年增加之势。

年度	教育经费总收入（万元）	比上年增长（%）	其中：财政预算内拨款（万元）	财政预算拨款占教育经费总收入（%）
2013	58509	11.78	43006	73.50
2014	67999	16.22	52520	77.24
2015	74343	9.33	55398	74.52
2016	100329	34.95	74383	74.14
2017	101983	1.65	73400	71.97
合计	403163	—	298707	74.09

从上表数据可见：财政预算内拨款成为支撑阳东优先发展教育的主要资金来源。

随着公共财政预算安排的教育经费逐年增长，教师的待遇亦稳步提高。2017 年，全区在职教职工每月人均工资达 6913 元，退休教职工每月人均退休金 5178 元；山区和农村边远地区学校教师生活补贴进一步落实到位，全区享受生活补贴的教师 2996 人，全年发放生活补贴 3235.71 万元。

二、科技进步注入发展新动力

阳东科技工作以提高自主创新能力为核心，实施科技振兴战略。2013 年，建成阳江市首个科技企业孵化中心，并相应制定《阳东县科技企业孵化管理办法》《阳东县科技企业孵化管理实施细则》，成立科技创业服务中心，为企业进场孵化提供政策支持和后勤保障。孵化中心可同时容纳 25 家企业孵化。至次年，先后引入节能环保、汽车配件、机械制造等高成长性的入孵企业 14 家，成为阳东招商引资的"助推器"。

截至 2017 年底，创建国家高新技术企业 15 家、省级工程技术研究开发中心 9 家、省级农业创新中心 2 家、市级工程技术研究开发中心 42 家、区级工程技术研究开发中心 7 家、省级技术创新专业镇 4 家、市级技术创新专业镇 5 家、阳东科技企业孵化中心在孵企业 10 家。

五年来，阳东科技明显进步，通过推动行业创新、企业创新、科技合作、科技信息共享，实现政府、企业和社会的有效联动，提高科技创新和科技产业化的效率与效益，不断为阳东社会经济的发展注入科技动力。

三、医疗卫生发展普惠民生

稳步推进区级公立医院综合改革。

区人民医院于 2013 年 12 月开始实施全省第一批县（区）级公立试点单位改革，实行全部药品零差率销售，改变以药养医，缓解群众看病贵、看病难问题。同时，推广使用基本药物，医院现有基本药物 549 种，占总药品比例 62%，基本药物使用率达58%，为患者提供安全、有效、价廉的药品，有效控制医院大处方泛滥用药。此外，开展平价医院建设，设置平价诊室 4 个，提供平价病房 40 张、平价处方 20 种，为贫困患者减轻治病经济负担。

加快卫生体系硬件建设。

2015 年，投入 2833.59 万元建好区人民医院新门诊综合大楼，投入 30 万元建设妇幼保健院儿科、妇科综合门诊试验室，提高区级公立医院的医疗服务水平；投入 1200 万元完成雅韶、合山、那龙、北惯、新洲 5 个镇卫生院标准化建设，其余 4 个镇正在进行标准化工作的前期准备。

2017 年，筹备建设区人民医院内科住院综合楼、科技楼（投资为 1.3 亿元）和新建区妇幼保健院（投资 1.5 亿元），并规划投资8000万元和1.2亿元分别对北惯卫生院、东平卫生院进行升级改造。加快建设村级公建民营卫生站，用2—3年时间全部完成全区157间村级卫生站公建民营建设。

采取综合措施办好医疗。

通过开展疾病预防控制、创建平安医院、优化妇幼卫生保健服务、卫生监督、卫生专项整治、支持民营医疗卫生机构发展等措施，不断提升阳东医疗卫生水平，使人民群众普遍受益。

2017年，成立慢性病综合防控示范区，11个镇级卫生院设立了公卫科，全年创建4个健康单位、4间健康学校、3个健康小区、4间健康食堂、4间健康餐厅、1个健康主题公园和2条健康一条街。设立4间医养结合医疗机构，完成41间农村卫生站建设。

2017年，阳东被定为全省首批消除艾滋病、梅毒和乙肝母婴传播试点项目单位。

爱国卫生运动造就阳东卫生之城。

在开展创建卫生城市活动中，阳东把经常性的爱国卫生运动与全民性的创卫工作紧密结合，大力推进以城乡卫生环境综合治理为切入点的卫生城市创建活动。

随着活动的深入开展，阳东进一步加强公共卫生与医疗服务工作。完成区疾控中心、区人民医院、区妇幼保健院、东城镇卫生院等单位的医源性污水处理工程，实现公共医疗机构卫生水平的自我提升。

更大量、更细致的工作在于做好城乡创卫各项基础性项目建设。在城区，着重落实各单位门前卫生"三包"，搞好绿化，整治办公卫生环境，规范机动车停放，设置公共场所禁烟标志、街道毒鼠屋、防蚊网、垃圾回收桶等基础性工作，并增建健康主题公园、健康绿道，增加文明卫生元素。在镇村，大力推进垃圾集中焚烧填埋处理，防止病原滋生，建设污水处理厂和无害化户厕，抓好农村自来水工程建设，加强那龙河饮水水源的污染监测和污染源的清除。同时，城区和镇村普遍开展"清死角、除四害、保健康"爱国卫生运动，清理各类卫生死角，配备卫生保洁员和义务监督员，确保各项卫生指标达到创建卫生城市的标准。2017年，阳江市顺利通过创建国家卫生城市技术评估，阳东亦成为国家卫生城区。

健全社会保障，增加人民福祉。

社会保障实现全社会覆盖 2013—2016年，阳东社会保险事业稳步发展。至2016年底，全区社会保险参保人数达92.9万人，比2012年增加12.7万人。其中，参加企业职工养老保险8.8万人，参加企业职工医疗保险5.3万人，参加城乡居民养老保险20.3万人，参加城乡居民医疗保险42.4万人，参加失业保险4.7万人，参加工伤保险6.6万人。与2012年对比，六类主要社保参保人数分别增加1.9万人、1.2万人、4万人、1.9万人、1.2万人和1.4万人。各类社保参保人数逐年递增，社会保险实现了全社会覆盖。

社会保险基金征缴和支出，连年收大于支 2013年，全区社会保险基金征缴收入49465万元，支付32047万元，结余17418万元；2014年，征缴收入49495万元，支付41148万元，结余8347万元；2015年，征缴收入70192万元，支付52799万元，结余17393万元；2016年，征缴收入84000万元，支付65000万元，结余19000万元；2017年，征缴收入91000万元，支付78000万元，结余13000万元。

截至2017年12月，各项基金历年滚存结余152000万元。

待遇保障水平逐年提高 2013年，根据相关文件规定，调整5386名企业退休人员基本养老金，人均增加125.66元/月，调整

后人均养老金为1306.66元/月；2014年，调整5758名企业退休人员基本养老金，人均增调165.78元/月；2015年，对6271名企业退休人员调高基本养老金，人均增调187.79元/月；2016年，对6653名企业退休人员调整基本养老金，人均增调123.9元/月；2017年，再对6217名企业退休人员调高基本养老金，人均增调119.54元/月。2017年调整后人均养老金为1903.67元/月，比2012年的1166.45元/月增加737.22元/月，五年增幅为63.20%。

2013年起，阳东连年实现了社保基金征缴额、支付额和结余额"三个增加"，并连年调高企业退休人员基本养老金，退休人员待遇保障水平逐年提高。社会保障工作成为社会的"稳定器"。

第九节 党建引领，阳东发展风正一帆悬

中共十八大后，中共阳东区委率领全区共产党员和人民在建设富美阳东的道路砥砺前行，重任在肩。在新时期履行新使命，实现新目标，其核心在党，关键在干部。区委充分发挥了党的领导核心作用，坚持党要管党，全面从严治党，把抓好党的建设作为最大的政绩，做到敢管敢严、真管真严、长管长严，不断提高党的建设科学化水平，为建设富美阳东提供坚强的保障。

一是切实加强区委自身建设。

不断深化区委思想政治建设，带头深入开展"两学一做"学习教育和"不忘初心，牢记使命"教育，推进班子成员增强政治意识、大局意识、核心意识、看齐意识，坚定理想信念，增强政治定力，提高综合素质和驾驭大局的能力；严格执行民主集中制原则，重大事项由集体决策；切实加强区委领导社会经济发展工作的制度化建设，提高专业化能力和法治化水平；始终坚持党对各项事业的领导，发挥区委总揽全局、协调各方的核心作用；支持人大及其常委会依法履行职能，保证人大工作充分体现人民意志；支持政府依法行政，建设法治政府；支持人民政协切实履责，推动协商民主向制度化多层次广泛发展；加强对统战和工会、共青团、妇联等群团组织的领导，广泛凝聚社会各界的智慧和力量；坚持党管武装，加强国防教育、国防动员和后备力量建设，巩固发展军政军民团结。

二是锻造忠诚干净有担当的干部队伍。

继续着力抓好各级领导班子建设，提高全区各级领导班子的凝聚力和战斗力。坚持党管干部原则和正确的选人用人导向，严把政治关、能力关、廉洁关，及时用好务实肯干、开拓创新、敢于担当、能干成事的干部，打造一支有激情、状态好、敢担当、善作为的干部队伍。注重培养年轻干部、党外干部、女干部和专业型干部，不断提升干部队伍的综合能力水平。大力整治为官不为、当太平官等问题，坚持暗访、查处、追责、曝光四管齐下，坚决整治干部庸懒散和乱作为。

三是大力夯实基层党组织基础。

严格落实各级党委（党组）全面从严治党主体责任，推动管党治党工作层层压实责任，形成治党合力。建立基层党工作责任清单，落实镇领导干部驻点联系群众制度，及时掌握和解决群众诉求，密切党群干群关系。加大农村（社区）、机关、国有企业、学校等领域的党建工作力度，推进党的组织和党的工作两个覆盖，把村级党组织书记队伍建设摆在更加突出的位置，在选优、培养、管理、激励上下功夫出实招，建设一支坚强有力的农村带头人队伍。深入推进基层治理，大力整顿软弱涣散党组织，持续开展腐败、涉农领域职务犯罪、农村黑恶势力违法犯罪等突出问题专项治理，着力化解历史遗留问题，深化党务、村务、财务公开，以基层治理促进基层党建，以基层党建引领基层治理。

四是营造风清气正的政治生态。

坚持以上率下，认真查摆四风突出问题，特别是形式主义、官僚主义的新表现。认真学习贯彻《中国共产党问责条例》，加大问责力度，让失责必问、问责必严成为常态，推动党风廉政建设主体责任和监督责任全面落实。深化廉政文化建设，加强警示教育，健全廉政风险防控机制。推进派驻监督和巡察工作全覆盖，确保党内监督不留空白，坚持有腐必反、有贪必肃，继续整治四风问题，始终保持惩治腐败的高压态势。始终把纪律和规矩挺在前面，持之以恒贯彻中央八项规定，自觉落实"三严三实"要求，实现干部清正、政府清廉、政治清明，为建设富美阳东营造良好政治生态。

风正而帆悬。站在实现中华民族伟大复兴的第一个重要时间窗口，中共阳东区委肩负光荣艰巨的时代重任，正在以实际行动成为阳东决胜全面小康伟大事业的领导者和参与者，并庄严号召全区共产党员、广大干部和人民群众，更加紧密地团结在以习近平同志为核心的党中央周围，以习近平新时代中国特色社会主义思想为引领，不忘初心，牢记使命，埋头苦干，砥砺前行，为加快建设富美阳东而努力奋斗！

第
十
节

奋力建设新征程，决胜全面小康

中国共产党第十九次代表大会于 2017 年 10 月胜利召开，我国进入了决胜全面建成小康社会，夺取新时代中国特色社会主义伟大胜利的新时代。

在新的历史方位下，阳东发展的机遇和挑战同在。五十万阳东儿女，为实现第一个百年奋斗目标撸起袖子加油干。

一、以更高站位全力推进政治建设

十九大以来，中共阳东区委以更高的政治站位，高举习近平新时代中国特色社会主义思想伟大旗帜，全面贯彻党的十九大和十九届二中、三中、四中、五中全会精神，深入贯彻习近平总书记对广东工作的一系列重要指示精神，团结动员全区各级党组织和广大共产党员、干部和群众，提进精神，开拓实干，决胜小康。在这一重要的历史关节点，中共阳东区委始终把政治建设放在全部工作的首位去推进。通过大宣传、大学习、大行动，全区上下"四个意识"不断增强，"四个自信"更加坚定，"两个维护"全面践行。各级党组织和广大共产党员在政治立场、政治方向、政治原则、政治道路上始终同以习近平同志为核心的党中央保持一致。

全区共产党员、广大干部和人民群众，进一步提振了干事创业精神，提升了执行力和落实力，营造勇于担当、崇尚实干的政治氛围，强力推进阳东高质量平稳发展。

二、阳东经济和社会发展出新成果

（一）经济发展平稳向好

全区地区生产总值，2018 年为 284.81 亿元，2019 年为 302.18 亿元，同比增长 6.1%。其中，农业生产总值 2018 年为 92.35 亿元，2019 年为 93.74 亿元，同比增长 1.5%。规模以上工业增加值 2019 年为 111.98 亿元，比上年增长 8.0%。社会消费品零售总额 2019 年为 88.73 亿元，比上年增长 8.7%。地方一般公共预算收入 2019 年 14.89 亿元，比上年增长 5.7%；地方一般公共预算支出 2019 年 39.29 亿元，比上年增长 3%。金融存款余额 2019 年为 274.91 亿元，比上年增长 21.3%；金融贷款余额为 123.35 亿元，比上年增长 11.7%。全社会用电量 2019 年 18.77 亿千瓦，比上年增长 9.8%；其中工业用电量 12.33 亿千瓦，增长 6.8%。2019 年，完成固定资产投资总额 109.97 亿元，比上年增长 30%。

（二）乡村加快振兴步伐

脱贫攻坚取得了决定性胜利 在脱贫攻坚中，阳东区坚决落实"区负总责，部门联动，镇村抓落实"的工作机制。强化党政一把手负总责，党政班子成员进村入户，挂点到脱贫攻坚难度大的村组调研督导，针对短板弱项提出切实有效的解决办法。各镇、区直各单位进一步选优配强脱贫攻坚干部，在资源投入、力量配备、项目安排、资金筹集等方面抓细抓实。落实产业扶贫、就业扶贫、教育扶贫和保障性扶贫精准施策，促进老区振兴发展。在大八、新洲、雅韶三个老区镇中，共有 4742 户 9171 人被列入贫困人口建档立卡，现已全部稳定脱贫，达到贫困退出标准，脱贫率和退出率达 100%。

乡村振兴发展规划落地见效 优化农业结构，扩大水果、南药、蔬菜等特色经济作物种植，优化畜牧、水产养殖结构，扶持发展各类现代农业产业园、特色种养园、家庭农场等项目，扎实推进现代农业创新。做好粮食贮备，保障粮食安全。积极创建农业新品牌，带动千家万户参与现代农业开发项目，做强富民兴村产业。培育更多带头致富的农村创业青年领头雁，发展规模农业、效益农业、休闲旅游农业、电子商务等新产业新业态，引领传统种养业向一、二、三产业融合发展。

整治农村人居环境乱象　加大"三清理""三拆除""三整治"① 力度，制止乱排乱放，乱搭乱建、乱围乱垦。禁止非法采矿，非法养殖，取缔非法排污口和河湖违法违建。持续推动农村生活垃圾袋装化，推广"户分类，组保洁，村收集，镇转运，区集中处理"的模式，提高农村卫生水平，同步开展污水治理、"厕所革命"和村容村貌提升等项目建设，建立健全农村基础设施和卫生保洁长效管理机制。通过加强农村人居环境的全方位整治，连线连片打造一批生态宜居美丽乡村片区。

（三）统筹城乡发展，推动城乡互促共进协调发展

城市建设扩容提质　以城市建设规划引领，加快碧桂园凤凰湾、美的玫瑰郡、佳兆业滨江花园等大型商住项目建设。着力塑造"推窗见绿、举足亲水"的城市特色风貌，打造宜居宜业宜游的滨海水岸城市。抓好广雅片区、滨河片区建设，促进城区向南向海拓展。

全面融入大市区布局，加快建设碧桂园凤凰湾、滨河大道，

---

① 三清理，即清理村巷道及生产工具、建筑材料乱堆乱放，清理房前屋后和村巷道杂草杂物、积存垃圾，清理沟渠池塘小溪河淤泥、漂浮物和障碍物。三拆除，即拆除危旧房、废弃猪牛栏及露天厕所茅房，拆除乱搭乱建、违章建筑，拆除非法违规商业广告、招牌灯。三整治，即整治生活垃圾、生活污水、水体污染。

推进湖滨路、迎宾大道、永安路等城区骨架路网建设，推动新区与建城区连片发展，建设竹篙山森林公园，抓好滨河公园、那龙河西岸休闲湿地公园建设，完善城区碧道绿道、沿河绿化带建设，优化城区道路绿化水平，打造景在城中、城在景中的生态城区。继续巩固和提升创建国家卫生城市成果，同步实行创建国家文明城市、国家森林城市和国家环境保护模范城市"三城联创"，使城镇更加文明宜居。

提升镇村建设水平 深入推进中心镇改革发展，支持合山镇依托交通区位优势，打造区域商贸中心；支持北惯镇依托工业园区的载体优势，建设园区配套服务基地；支持东平镇依托滨海资源优势，建设滨海旅游重镇。全面落实镇区发展规划，推动规划向村级覆盖延伸。实施财政资金投入竞争激励机制，鼓励各镇村加快完善道路、供电、供水、治污、保洁等设施建设，整体提升城乡建设水平。

（四）加强民生保障

2019年民生领域财政支出28.04亿元，占一般公共预算支出71.7%。连续多年办好十件民生实事。定点医疗机构全面实行基本医疗保险、大病保险省内联网结算。城乡低保对象基本医疗救助比例达到80%，特困供养救助比例达到100%。儿童关爱工作不断加强，新洲、东平、大八镇成为省留守儿童之家示范点。新增转移农村劳动力7404人，城镇新增就业8755人。扫黑除恶专项斗争深度推进，集中力量攻坚，彻底铲除黑恶势力滋生土壤。社会政治、治安大局持续向好。

（五）壮大做强新能源产业

尽地主之责，协力加快阳江核电项目建设，推动6号机组并网商运，推动中广核先进燃料工程试验中心建设。加快中广核、中节能南鹏海上风电项目建设，同步建设陆上集控中心。扎实推进中广核深海区阳江帆船石一、帆船石二和华能大八龙山风电项目前期工作。依托产业基础及资源禀赋，谋划新能源上下游产业链建设，打造全省重要的新能源产业集聚区。

（六）继续擦亮教育强区品牌

坚持优先发展教育，努力办好人民满意的教育，持续推进教育现代化，深化教育事业综合改革，改善办学条件，优化办学环境，提升办学水平和教学质量。建成阳东新实验学校、阳东金湾小学、红丰镇中心小学，加快区一小、区一幼和教育现代化先进区二期等项目建设。深入实施"强师工程"，深化中小学教师"区管校聘"管理改革，促进教师资源均衡配置，擦亮教育强区品牌。

三、在新的历史方位下，谋划阳东发展美好愿景

建成全面小康社会，实现第一个百年奋斗目标，阳东人民不负新时代的召唤，多年来为加快家乡建设付出了极大努力，取得了决定性胜利。展望前程，更加任重道远。阳东人民要更加凝神聚力，开启全面建设社会主义现代化国家的新征程，向着第二个百年奋斗目标进军。

为实现这一亘古未有的美好愿景，阳东已在举全区之力，奋力开拓家乡建设发展的新征程。

在谋篇布局上，确立了"南拓东融，海陆联动，绿色崛起"的发展方略。其内在的发展取向和要求是：通过"南拓"，主动融入大市区空间布局，推动城区向南向海拓展，以滨海特色彰显阳东形象；通过"东融"，抓住"珠中江阳"[①] 一体化发展契机，以港珠澳大桥、江湛铁路等重大交通基础设施为依托抱团发展，

---

① 珠中江阳，即珠海、中山、江门、阳江。

向东全面融入珠三角一小时经济圈;而"海陆联动",就是要贯彻以海兴市的发展思路,把海域岸线和陆地作为一个有机整体规划,以工业发展为主导,加强海陆联动,推进山海互动,促进经济总量壮大和三次产业优化升级,形成以海带陆、以陆促海的发展新局面;"绿色崛起",就是要牢固树立绿水青山就是金山银山的理念,坚持绿色发展,推进经济生态化和生态经济化,走出一条生产发展、生活富足、生态良好的崛起之路。

在这个百年未见的大变局中,要牢固树立全新发展理念,坚定推动高质量发展,践行稳中求进的工作总基调,统筹推进稳增长、调结构、惠民生、防风险、保稳定工作,坚韧不拔,将阳东建设成为经济发达、社会和谐、环境优美、生态宜居、人民幸福的现代化南海之珠。

附　录

附录一

革命遗址　纪念场馆

谭氏宗祠——雅韶乡农会旧址

大革命时期，在广州参加革命活动的阳江籍热血青年谭作舟、敖华衮、黄贞恒等，于1925年8月返回阳江，在二区雅韶（今阳东区雅韶镇）开展农民运动。他们深入各村庄向农民宣传革命道理，动员和组织农民向地主恶霸、土豪劣绅进行斗争。在向农村封建势力发起斗争的呼声中，农民迅速提高觉悟，纷纷要求组织建立属于自己的革命斗争团体。在这种形势下，阳江县大革命时期的第一个农民协会——雅韶乡农民协会在谭氏宗祠成立，成为

雅韶乡农会旧址

阳江地区农民运动的先导，雅韶农会也是南路地区最早成立的农民协会之一。

2015 年，雅韶乡农会旧址——谭氏宗祠由中共阳江市委、阳江市人民政府定为阳江市中共党史教育基地。

谭作舟烈士故居

阳东区雅韶镇雅韶行政村中股村 1 巷 6 号，是谭作舟烈士故居。这座农村老屋，养育了一位阳江地区的革命先驱，一位阳江人民永远敬仰的革命志士——谭作舟烈士。

谭作舟烈士故居

谭作舟是大革命时期阳江农民运动的先驱。1925 年 9 月，谭作舟被选派到广州农民运动讲习所第五届乙班学习，其间加入中国共产党。第一次国共合作期间的 1926 年 5 月，谭作舟调回阳江，任"国民党中央农民部"农运特派员驻阳江办事处主任，补选为国民党阳江县党部执委，他在中国共产党内则补选为中共阳江县支部委员，是大革命时期阳江共产党组织的负责人之一。

1927 年 4 月 15 日，谭作舟在阳江四一五"清党"运动中遭到搜捕。1928 年 9 月 5 日，谭作舟在广州红花岗英勇就义。

烈士浩气长存，故居供后人存念。

陈鸿业烈士故居

陈鸿业烈士故居坐落在现阳东区大沟镇福庆村，是阳东现存的一处革命遗址。

1925 年 9 月，陈鸿业从家乡出发，到外寻求革命真理，经历了艰苦的革命斗争洗礼。从在广州农民运动讲习所（第五届）旁听学习，到返回阳东积极投身农民运动，从共青团员到转为中共党员，从担任国民党二区党部常委和农民自卫队队长到在大沟各村乡发动组织农民协会，从 1927 年在阳江四一五反革命"清党"运动中被捕到 1928 年 9 月 5 日在广州红花岗英勇就义，在这些革命经历中，这个农民的儿子为革命努力奋斗，奉献出自己的生命。

正如烈士的精神永存人间一样，这座烈士故居经历了近百年的历史，依然挺立在福庆村，供人们怀念。

陈鸿业烈士故居

丹载村许氏宗祠——中共阳江县委旧址

阳东区东城镇丹载村许氏宗祠，是土地革命战争时期中共阳江县委机关所在地。宗祠始建于明代，占地2000平方米，曾为丹载小学校址。由于宗祠建筑年代久远，"文化大革命"期间祠堂内古建筑装饰又被砸毁，2014年，中共阳东县委、县人民政府拨专款180万元重修，修复古建筑原貌。

1927年冬，中共阳江县委成立。1928年4月，中共阳江县委改组，由冯宝铭、许基旭、敖华衮任县委常委，冯宝铭为主要负责人。当时，二区成为中共阳江县委主要活动地区。

1928年4月至次年2月，中共阳江县委机关设在许氏宗祠，这座古老的建筑焕发出革命的光辉。当时，全县有阳江城、丹载乡、北宿乡和织篢圩4个中共支部。在中共阳江县委的领导下，各地积极发展

当年的县委常委冯宝铭办公及居住场所

组织，建立革命据点，丹载乡亦成立地下农会——公益会，开展对敌斗争。

2001年6月，许氏宗祠由中共阳江市委、阳江市人民政府定为阳江市重点文物保护单位和阳江市爱国主义教育基地。2012年5月又由中共阳江市委、阳江市人民政府命名为阳江市中共党史教育基地。时至今天，中共阳江县委旧址许氏宗祠仍以其厚重的历史积淀，激励着奋进中的阳江人民。

重修后的县委旧址

重修后的县委旧址展厅

雅韶镇平岚村、丹载村果子园——中共阳江县委旧址

那龙河哺育了龙的传人，河水穿流而过的阳东腹地——雅韶镇是革命老区镇。这里的人民具有传奇的革命色彩。大革命时期，阳江地区的革命先驱谭作舟在这里开创了当地农民运动的先河。

抗日战争时期，国民党消极抗日，1940年春国民党顽固派掀起反共高潮，针对此共产党组织的工作重点由城市转移到农村。1940年3月，中共阳江县委转移至雅韶镇平岚村福祥社6巷16号，使这座平凡的农居成为阳江地区革命活动中心，为夺取革命胜利添上了浓重一笔。

中共阳江县委旧址——雅韶镇平岚村福祥社6巷16号

雅韶平岚村福祥社中共阳江县委旧址重修后展室一角

中共阳江县委另一旧址——雅韶镇丹载村果子园

1940 年 7 月，中共阳江县委机关和县委书记张靖宇夫妇从雅韶平岚村转移至丹载村果子园，果子园因此成为中共阳江县委又一个革命活动中心。

中共平岚支部旧址

中共平岚支部旧址位于平岚村林氏宗祠。1940 年 3 月中共阳江县委驻平岚村时，安排何瑞廷等到平岚小学任教，在林氏宗祠成立中共平岚支部，县委组织委员许式邦兼任支部书记。他们以执教作掩护开展抗日救亡活动。1945 年 3 月，林良荣与梁嗣和回到平岚从事革命活动。1946 年 6 月，梁嗣和接任党支部书记，组建"解放军之友社"，发展中共党员，开展统战工作，建立尖山情报交通站，领导群众开展反"三征"斗争，使平岚成为革命斗争堡垒。从 1948 年 10 月至阳江解放，党支部先后发动 40 多名青年和教师参加部队和武工队，成为当时阳江地区最有活力、最具战斗力的支部之一，为阳江地区革命事业立下功勋。

中共平岚支部旧址——雅韶镇平岚村林氏宗祠

2013 年，平岚村重修中共平岚支部旧址——林氏宗祠，室内设置中共阳江县委旧址和中共平岚支部旧址展厅，成为阳东区中共党史教育的一张名片。

陈书云烈士墓园和马山战斗战场遗址

1945 年 7 月 14 日（农历乙酉年六月初六），日军从南路湛江向广州撤退，再次窜扰阳江。16 日，一股日军窜至北津村肆意施暴。18 日上午，时任阳江县联防自卫队第二大队长的陈书云率自卫队英勇抗击日军，陈亲自据守北津附近的马山指挥所。激战约半小时，日军增派 100 多援兵开赴北津村，对联防自卫队形成包围。陈书云在观察敌情时中弹身亡。

"壮志未酬身先死"，为纪念这位以血肉之躯书写民族御敌大义的抗日烈士，1985 年阳江县政府拨款修建烈士墓地。1990 年中共阳江市委统战部在笏朝村外灰鼠山立墓碑，并于 2005 年重修，建起"抗日阵亡烈士陈书云墓园"。2006 年 12 月，阳东县人民政府在马山战斗战场遗址竖立马山之战石碑，将遗址定为阳东爱国主义教育基地。

陈书云烈士墓园　　　　　　　　马山战斗战场遗址

牛角洞战斗战场遗址

大八镇北部山区太洞行政村牛角洞村（距大八圩 30 千米），是抗日战争时期的老区村庄。

1948 年 11 月 24 日，广东人民解放军广阳支队第六团大八区队在牛角洞村驻扎，遭到国民党县警第二中队和珠环自卫队"围剿"。中共漠东县工委江北区委委员兼大八区队指导员梁寮果断组织武工队员反击，奋力突围。梁寮在突围时英勇牺牲，队员张其烈负伤。敌人进村抓走群众 8 人，抢走耕牛 10 多头。战斗结束后，凶残的敌人竟砍下梁寮首级带回大八圩挂在街上示众。牛角洞人民见证了这悲壮的一幕。如今，由青山绿水环抱的牛角洞村的这片山地上留下的遗迹记录了发生过的惨烈战斗。

牛角洞战斗战场遗址

恩阳台独立大队活动旧址

新洲镇表竹村，是解放战争时期恩阳台独立大队活动据点、恩阳台"三边"地区革命斗争的中心地带。1948 年 7 月，中共阳东特区区委书记陈国璋和副书记林良荣带领武装骨干黄德超、李良生、陈森等人从阳春回到阳东新洲横樟、表竹等游击据点，发展武装力量。1949 年初在表竹村建立起由许航担任站长的阳东游击区交通情报总站。同年 5 月 10 日，恩阳台独立大队第二连（雄狮连）在表竹村成立，由陈森任连长。独立大队在表竹村活动的一年多时间里，经历了平田桥伏击战等 20 多场大小战斗。国民党反动派先后对表竹村实行十多次疯狂"扫荡"。10 月 4 日，恩阳台独立大队主力和武工队奉命集结离开表竹村，国民党粤南师管区司令林英一部及县保安营敖敏超部共 300 多人乘虚对表竹村进行了残酷的大"扫荡"。村中 37 名民兵英勇迎敌。随后主力武工队返回增援，敌狼狈而逃。此役，村民黄士通等 10 人被抓走，20

多间房屋被大火烧毁，耕牛和生猪等财物被抢掠。面对灾难，表竹村始终在蓝天白云下巍然屹立，成为坚强的革命堡垒。

恩阳台独立大队活动据点——新洲镇表竹村

夜袭大沟乡公所战斗战场遗址

这座看似平常的圩场老屋，是解放战争中恩阳台独立大队夜袭大沟乡公所战斗的遗址。

1949年四五月间，阳江县保安二营敖敏超部奉命到阳东地区"清剿"，扼守大沟圩，卡住阳东平原地区交通咽喉，对游击队活动十分不利。为扫除障碍，恩阳台独立大队决定拔除这个敌据点。5月5日，大队长马德里率领主力连队和武工队夜袭据点守敌。夜战开始时，马德里和陈森带领队员潜入乡公所后的荔枝园，在敌据点后墙安装并迅速引爆炸药包，并向大厅投掷手榴弹，以大杉木撞开后墙洞口进入里屋，集中火力扫射敌人。敌人遭到突然袭击，死伤惨重，其余敌人则悉数缴械投降。这次战斗共打死打伤敌人20多人，俘敌20多人，缴获重机枪和长短枪20多支，手榴弹一批，沉重打击了敌人的"清剿"计划，从此，阳东地区武装斗争呈现出新的局面。夜袭大沟乡公所战斗载入了阳东解放战争时期革命斗争的史册。

恩阳台独立大队夜袭大沟乡公所战斗遗址

平田桥伏击战战场遗址

平田桥伏击战战场遗址位于阳东新洲镇平田桥边。

1949年下半年阳江临近解放，阳江国民党反动派上演了末日的疯狂。7月12日，国民党阳江县县长甘清池纠集国民军第六十二军、一五四师、四六一团（雷团）和地方武装约500人，由"雷团"副团长温某指挥，分两路扑向新洲"扫荡"。独立大队随即制订了反"扫荡"的作战方案，决定大队主力往龙潭村方向转移，另由陈中福带领精干武工班向江台公路西进。精干班至平田桥附近时与"雷团"先头部队遭遇，即抢占元山仔阻击来敌。稍后，敌人组织反扑，精干班队员相互掩护，边打边撤出战斗。

平田桥伏击战顺利掩护大队主力安全转移，挫败了强弩之末的敌人的疯狂"扫荡"。

2006年12月，阳东县人民政府在平田桥桥头竖立"平田桥伏击战"遗址石碑，让人们不忘在解放战争时期那战火纷飞的战场。

平田桥伏击战战场遗址

龙潭洞反击战战场遗址

龙潭洞反击战是紧接平田桥伏击战后，恩阳台独立大队在新洲游击区进行的又一场重要战斗。

1949年7月14日，国民党第六十三军"雷团"和阳江县保安营敖敏超部共500多人，由"雷团"副团长温某指挥，分三路偷袭恩阳台独立大队驻地——龙潭洞浦屋涾村。途中与独立大队尖兵班遭遇后互相交火。恩阳台独立大队大队长马德里随即率领主力连和幸福连 300 多名战士进入马山隐蔽，准备袭击来敌。天亮时，一股敌人摸进马山脚，陈森连长命令战士以机枪、步枪向敌猛烈射击，敌机枪手和多名士兵被击毙。敌人见偷袭不成，遂以六〇炮等重武器向

龙潭洞反击战战场遗址

独立大队阵地疯狂轰击。独立大队将士奋力打退敌人多次进攻，但战场形势变得十分危急。独立大队指挥员当机立断，决定由幸福连抢占牛暗塘制高点狙击敌人，掩护大队主力撤出战斗。

龙潭洞反击战的战果，宣告了"雷团"进入阳东东部地区的"扫荡"以失败告终。

2006 年 12 月，阳东县人民政府在此竖立龙潭洞反击战石碑，展示着龙潭洞村民传承的红色基因。

强攻新洲圩敌炮楼战斗战场遗址

新洲圩敌炮楼遗址见证了战争的残酷和岁月的沧桑。

1949 年 8 月，据守新洲圩的蔡贵自卫队和二区防剿区李廉联防队，配合"雷团"和敖敏超部，多次袭击游击根据地。为除顽敌，恩阳台独立大队决定四打新洲，拔除敌据点。因战前敌情侦察不缜密，把敌炮楼坚固的舂墙误作一般砖墙，以致在战斗打响时未能用足量炸药炸毁舂墙，战斗难以按预定作战方案展开。后为炸毁舂墙，范正强、黄德锐、苏顺浓等战士相继牺牲，战士容基亦在战斗中头部中弹身亡。紧急关头，飞龙连指战员以机枪猛

烈火力封锁敌炮楼，掩护爆破组茹雷冲至敌炮楼安放炸药炸开敌炮楼洞口。但此时外出"扫荡"归来的敌人突然从背后偷袭独立大队牛排山指挥所，对独立大队形成合围。马德里见战场形势于己不利，当即

强攻新洲圩敌炮楼战斗战场遗址

命令部队互相掩护，撤回龙潭洞。

这次四打新洲战斗，独立大队战士用鲜血和生命书写了强攻敌炮楼的惨烈。2006 年 12 月，阳东县人民政府在该遗址竖立"强攻新洲圩敌炮楼遗址"石碑，以为纪念。

阳东区新洲革命烈士陵园

紫罗山是阳东东部的最高山脉，秀美而富有传奇。她以特有的灵气，孕育了恩阳台边众多的红色村庄。这里，曾是中国人民解放军滨海总队恩阳台独立大队开展游击战斗的根据地。在解放战争时期，当阳

新洲革命烈士纪念碑

东地区进入大规模的武装斗争时，新洲地区曾发生平田桥伏击战、龙潭洞反击战、紫罗山战斗、四打新洲等战斗。

1949 年 7 月 14 日—8 月中旬，独立大队战士何锐、范正强、黄德锐、苏顺浓、容基、李基等先后在反击"雷团"扫荡、四打新洲、紫罗山战斗中献出自己的生命。

新洲革命烈士陵园

为缅怀革命战争时期在阳东地区历次战斗中光荣牺牲的革命烈士，1953 年中共阳江第三区党委在新洲黑石岭以石块垒碑，1968 年在原地修建新洲镇革命烈士纪念碑，1980 年又扩建 2500 平方米的陵园。1988 年初，中共阳东区委、区政府重修新洲革命烈士陵园。陵园苍松翠柏挺立，与陵园墓室等建筑浑然一体，庄严肃穆。充满革命斗争红色基因的新洲烈士陵园成为阳江市爱国主义和中共党史教育基地。

大八革命烈士纪念碑

大八镇革命烈士纪念碑，矗立在距大八圩郊外约一公里的鸡仔岭上。碑周围占地面积 73.9 平方米。碑面向西，碑体方形，砖灰水泥结构。分碑座、碑身上下两层，碑座宽 2.27 米，高 1.34 米。全碑通高 8.5 米，正面书"革命烈士永垂不朽" 8 个大字。碑顶有一颗红光闪闪的五角星。碑座后面有 4.6 米宽、2.26 米高的墓室，内藏烈士遗骸有：黎仁康，广阳支队六团特务员，1947 年在大八圩执行革命任务时被捕，1949 年 7 月在大八圩英勇就义；缪修荣，六团战士，1945 年 3 月在大八圩战斗中壮烈牺牲；梁伙，在从事革命活动中，因事回大八而被捕，最后他被反动县政府解押回大八杀害；欧华贵、陈世伦两位烈士，皆是江北区武工队员，1949 年 9 月一同在塘坪镇赤岗被捕遭杀害。大八镇人民政府重建此碑，是为了纪念中华人民共和国成立前江北地区游击队在大八一带从事革命活动中壮烈牺牲的革命烈士。

大八革命烈士纪念碑

这座纪念碑原于 1972 年建在大八圩附近的猛鸡岽山上。后因拓宽大八雷岗公路，危及碑体，遂于 1992 年迁建在今址。

赤岗事件纪念室

赤岗事件纪念室位于阳东区塘坪镇赤岗村。

1949 年 9 月 5 日，中共阳春县委属下江北区委委员钟景宏带领 5 名武工队员在今阳东区塘坪镇旱地村、赤岗村一带村庄筹集军饷，当晚在赤岗村住宿。次日凌晨突遭驻在大八圩的阳江县保安二营营长敖敏超率领的保安部队及大八联防队共 300 多人偷袭。除李世权突围外，钟景宏、林东、黎道雄、陈世伦、欧华贵 5 人被捕，敌人还同时抓走 40 多名村民。陈世伦、欧华贵 2 人于当天在大八圩被杀害，钟景宏、林东、黎道雄 3 人于 9 月下旬被杀害于阳江县城。他们在赴刑场时，高呼"打倒国民党反动派，解放全中国！""中国共产党万岁！"等口号，诠释了革命者视死如归的崇高气节。

赤岗事件纪念室

　　2012 年，赤岗村人民投资 8 万元修建赤岗事件纪念室，以慰
烈士英灵，启迪后人。

　　（注：附录一图片出自《阳江市革命史迹选编》）

附录二 **文物和历史资料**

谭作舟烈士遗书

　　五弟如握：冤狱久陷，转瞬年余，强壮者化为枯菱，体弱者多罹死亡。广州特别法庭自新历五月一号起开始审讯清党政治嫌疑犯人，现已陆续提审我与启沃及同乡各人，于旧历三月下旬已提解广州公安局候审，闻得特别法庭经审后决定办法数项：（1）有审后定罪十年或三五年及数个月者；（2）有处死刑者；（3）有准保释放者。我前被诬陷，当此黑白莫分时期，无有得力人事，对于省释希望谅亦难耳！想起坐监，乃运数有定，而且人之生死有命，修天有数，非分所能为。我既至于此，惟有乐天知命而已耳！陈桂邻姆现已抵省，本日来探交来五元，我收到了，你有便了通知大人为好。德锋宗九之数，我有函给信孚伯代为追讨，如信伯能面见谅必有多少给还，衮兄之数不知何往，无从追问。现在局内不准自由通信，你勿写信来我，待审后解往何处，我必达知你。前者家中寄来衫裤及票"赎出"，俱存信伯处，因不须此物用也，我身体平安，余不尽言，手此顺祝康健。

　　　　　　　　　　　　　旧四月廿七日二兄作舟手启

谭作舟烈士遗书

谭作舟烈士遗书

1925 年谭作舟（右）、敖华衮（左）在阳江开展农运时合照

第五届农民运动讲习所书页影印件。 1926 年 2 月 1 日出版的《中国农民》第二期第 42—43 页刊载的第五届广州农民运动讲习所乙班情况的书页影印照片。 其中"学生姓名年龄籍贯表"有广东阳江学员谭作舟、敖华衮、吴铎民三人和曾到阳江工作的梁本荣、欧赤二人的名单。

1928 年 4 月 7 日中共阳江县委给中共广东省委报告影印件

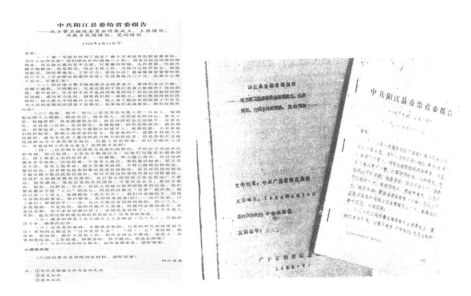

1928 年 4 月 16 日中共阳江县委给中共广东省委报告影印件

原广东人民解放军粤中纵队第二支队第八团关防及印模

原粤中人民解放军滨海总队恩阳台独立大队攻打大沟乡公所时缴获的望远镜

阳东人民抗征队曾刻印章一枚，原件章印为 5.8 厘米 × 5.8 厘米的正方形。

重要人物和革命英烈

一、重要人物

谭作舟（1903—1928）　　大革命时期末期，阳江地区农民运动迅速兴起和发展，谭作舟作为国民党中央农民部特派员驻阳江办事处主任，是组织和领导阳江农民运动的先驱。

出生于阳东雅韶镇雅韶行政村中股村的谭作舟，1924 年在阳江县立中学毕业后，只身赴广州寻求革命真理。1925 年 9 月，参加由毛泽东创办的广州农民运动讲习所第五届乙班学习。学习期间，谭作舟政治思想觉悟和革命意志得到极大提高，参加了中国共产党。农讲所学习结束后，谭作舟被派往南路从事农民运动。1926 年 5 月，调回阳江任国民党中央农民部农运特派员驻阳江办事处主任，补选为中共阳江县支部委员。在此之前，谭作舟、敖华衮、黄贞恒于 1925 年秋组织和领导雅韶乡农民成立了阳江第一个农民协会。其间，受雅韶乡农会的影响，阳江县一区、二区、四区和六区相继建立了农会，各地农会迅速发展至 80 多个。1926 年 12 月，阳江县农民协会正式成立。

1927 年 4 月 15 日，在阳江"四一五"反革命"清党"运动中，谭作舟被国民党反动派当局抓捕。1928 年 9 月 5 日，在广州红花岗英勇就义，年仅 25 岁。

陈鸿业（1900—1928） 阳东区大沟镇福庆村人。1924 年考上阳江县立中学。为追求革命真理，于 1925 年停学，携妻子林有志赴广州，在广州农民讲习所与在第五届农讲所学习的老乡谭作舟相遇。经谭作舟多次争取，陈获准在农讲所旁听功课。其间，由于专心听课，认真学习，思想觉悟有很大提高，陈鸿业由谭作舟介绍参加共产主义青年团。12 月下旬，陈鸿业结束在农讲所的旁听学习后返回阳江。敖昌骙指示谭启沃接纳陈鸿业回大沟开展农民运动。

1926 年 3 月中共阳江支部成立时，支部书记敖昌骙和中共党员谭启沃共同为陈鸿业办理了由共青团员转为中共党员的手续。此时，为加强对大沟地区（二区）农民运动的领导，陈鸿业被任命为国民党二区党部常委和农民自卫队队长。

1926 年 5—6 月，经陈鸿业等人的努力工作，二区大沟、新梨、三丫等乡村成立第一批农会，农民自卫队发展到 160 多名队员。在农民运动迅猛发展的形势下，花村、赤坎、高垌、寿长、沙岗、徐赤、海头、庐山、华垌、迳口等乡村相继建立起农民协会。陈鸿业领导各乡村开展了群众性的减租减息运动。由于农民运动及工人运动、学生运动在阳江各地迅猛发展，极大地动摇了国民政府统治的根基。

1927 年 4 月 15 日，在阳江四一五反革命"清党"运动中，陈鸿业被抓捕。于次年 9 月 5 日在广州红花岗英勇就义，牺牲时年仅 28 岁。

陈国璋（1921—1963） 阳江县二区津浦乡合浦人。1938 年

初，他在两阳中学读高中时，积极参加抗日救亡活动，是中共地下党领导的革命外围组织——广东青年群社阳江分社的活动骨干。1938 年夏加入中国共产党。1939 年 3 月，抗日救亡运动的重点逐步向农村转移，陈被派往塘坪乡塘坪小学以教师身份为掩护，在农村落户生根，从事革命活动。后经几次工作变动，陈国璋和夫人梁文坚于 1944 年初又回到阳江工作，担任阳江地下党负责人，负责恢复阳江地下党的组织。接受任务后，陈国璋逐个寻找中断党组织关系的阳江地下党员，恢复了与这些同志的组织关系，并在此基础上积极发展革命武装力量。为支援粤中地区抗日斗争，陈国璋选派何瑞、曾传谈、许式邦、黄德昭等优秀青年到珠江三角洲地区参加抗日武装斗争并经受锻炼。1945 年 3 月，由阳春先农乡和阳江蒲牌的武装队伍合并组建广东人民抗日解放军第六团。陈国璋任团政治处主任，在领导两阳人民的武装抗日中发挥了重要作用。

1948 年 2 月，陈国璋从新兴县特派员任上调任中共阳东特区区委书记。他到任后，迅速组织和壮大了阳东武装队伍，开辟了阳东新的游击区。

1949 年初，陈国璋任中共阳江县委委员、县人民民主政府副县长。阳江解放后，任中共阳江县委宣传部长。1963 年在广州病逝。

林良荣（1920—1991）　阳东区雅韶镇平岚村人。抗日战争初期，就读广东两阳中学高中，热情参加抗日救亡运动。1938 年 12 月参加中国共产党。1939 年 9 月，任中共两阳中学支部书记。1940 年 3 月,任中共阳江县委委员、县委宣传部长。

1940 年春,为掩护县委机关,中共阳江县委在丹载村开办合成殖牧公司,林良荣积极筹集开办资金。7 月,与另两位战友在阳江城瑞芝园办书店,建立党的地下联络点。

1945 年 2 月,中共地下组织恢复活动时,林良荣任中共江城支部书记,并负责组建党的外围组织"解放军之友社"。4 月,调任中共阳东区联络员。

1948 年 5 月,中共阳东特区区委成立,陈国璋任书记,林良荣任副书记。7 月,两人率六团几位武装干部到阳东开辟新区武装斗争,建立横樟、龙潭、表竹等游击据点,并发动农民参军。11 月,中共阳东区委成立,林良荣任书记。1949 年 4 月,人民解放军粤中纵队滨海总队恩阳台独立大队成立,林良荣任副大队长。3—7 月,独立大队在反"扫荡"中七战七捷,队伍亦发展至 3 个连队、6 个武工队。

1949 年 10 月中旬,中共恩阳台临时县工委成立,林良荣任书记、独立大队长兼政治委员。10 月 24 日,林率队在合山与南下解放大军会师,配合大军解放阳江。

1949 年 12 月—1952 年 4 月,林良荣先后任中共阳江县委委员、县政府公安局长、土地改革委员会副主任。

1982 年 2 月后,林良荣调任中共阳江县江城镇委书记、阳江县人大副主任,直至 1984 年离休。

马德里(1924—) 台山县台城人。抗日战争爆发时,马德里年仅 14 岁就立志抗日,投身抗日救亡运动。经过战斗锤炼,

19 岁时担任部队指导员。1949 年 4 月，恩阳台独立大队成立，25 岁的马德里担任大队长，成为威震恩阳台"三边"的战将。独立大队进入阳东后，在恩阳台边县工委的领导下，接连取得三山圩战斗、收缴雅韶朗仔村官僚地主陈书畴武装和夜袭大沟乡公所等战斗的胜利，打开了阳东地区武装斗争的局面。其间，恩阳台独立大队先后建立起猛虎连和雄狮连，战斗力不断提升。接着经过几个月的艰苦战斗，又取得了多次战斗胜利，使恩阳台"三边"游击区连成一片。1949 年 4 月至 10 月中旬，马德里指挥大小战斗共 38 次，部队歼（俘）敌 400 余人，缴获轻重机枪 16 挺，长短枪 500 余支，子弹数万发。先后建立起 3 个连队，1 个区中队，26 个武工队（组），武装力量从几十人发展至 700 余人，组织武装民兵 700 余人（枪），在 379 条村庄建立了农会、抗征会（队），为恩阳台三边地区的解放事业作出了重要贡献。

许式邦（1910—2003）　阳东区丹载村人。1936 年，许式邦刚到 16 岁就跟随廖绍琏等中共党员赴东莞小学任教，并受他们的进步思想影响而向往革命。七七卢沟桥事变后，全国进入全面抗战。1938 年春，许式邦跟随廖绍琏返回阳江，积极投身抗日救亡运动，成为阳江抗敌同志会的活动骨干。1939 年 1 月，许式邦参加中国共产党。2 月，党组织安排许式邦等人参加农村巡回工作队，后又担任以青年群社名义组成的青年群众工作队队长和工作队临时党支部书记，先后在织箦圩、胜园村、大八圩、雷岗村、溪头白水村对青年学生、农民、妇女宣传抗日救亡。10 月底，许被派往丹载从事地下工作，先后吸收许名琪、许航等 5 名中共党员。1940 年秋，许式邦任丹载小学校长，组织学校的中共党员成立丹载小学党支部，许任支部书记，并兼任殖牧公司副经理，掩护当时驻在丹载果子园的中共阳江县委机关。

1944 年 10 月，党组织抽调许式邦等 10 多名中共党员干部到高鹤参加粤中部队。1945 年 2 月，部队在新兴县蕉山整训，被国民党军一五八师包围，遭到重创。许式邦等历经艰难险阻突围后与部队失去联系，后在恩平农民的帮助下，经恩平大槐辗转返回阳江。

1948 年春，许式邦被任命为中共阳春县春南区工委委员兼区中队指导员。5 月，中共阳东特区区委成立，许式邦为区委委员。11 月，撤销中共阳东特区区委，成立中共阳东区委，林良荣任书记，许式邦任组织委员。

1949 年 7 月，许式邦接替林良荣任中共阳东区委书记。中华人民共和国成立后，许式邦任中共阳江县三区区委书记。

陈书云（1913—1945） 阳东区雅韶镇朗仔村人。中学毕业后，随其伯父陈章甫从军，先后任排长、连长，后在外经商。目睹日军侵扰家乡，残害乡亲，陈书云毅然返乡，参加阳江抗日联防队，任第二大队大队长。

1945 年 7 月 14 日（农历乙酉年六月初六），日军从湛江向广州方向撤退，再犯阳江（阳江人称为"六六"事变）。16 日，一股日军窜扰北津。18 日，陈书云率联防自卫队兵分三路抗击日军。陈书云率一路兵力据守马山指挥所。双方激战半小时后，日军增派 100 多人驰援。陈书云在指挥战斗正欲观察敌情时，不幸中弹，英勇牺牲。

陈书云牺牲后，国民政府追认其为抗日阵亡烈士。1985 年 3 月，阳江县人民政府恢复陈书云的抗日阵亡烈士名誉。

二、革命英烈（48 名）①

大革命时期（4 名）

谭作舟（1903—1928） 今阳东区雅韶镇中股村人，大革命

---

① 48 名革命英烈经民政部门认可。

时期中共阳江县党支部委员，广州农民运动讲习所第五届乙班学员，国民党中央农民部农民特派员驻阳江办事处主任，阳江县农民自卫军大队长。于1928年9月5日在广州红花岗英勇就义。

陈鸿业（1900—1928）　今阳东区大沟镇人，中共党员，国民党二区党部常委，农民自卫队队长。于1928年9月5日在广州红花岗英勇就义。

谭启沃（1895—1928）　今阳东区雅韶镇人，中共党员，国民党阳江县党部干事。于1928年9月5日在广州红花岗英勇就义。

雷法培　1905年生，今阳东区大沟镇人。省港大罢工纠察队中队长，在广州四一五反革命政变期间被国民党反动派抓捕，后遭杀害。

抗日战争时期（8名）

缪修荣（1909—1945）　今阳东区塘坪镇人。广东人民抗日解放军第六团战士。1945年3月3日，在阳江大八圩战斗中牺牲。

另有6名广东人民解放军战士在1945年3月3日大八圩战斗中牺牲，包括4名13—15岁的"红小兵"，均为外县人，无法查证其姓名，但烈士们的英灵却永远长存。

陈书云（1913—1945）　今阳东区雅韶镇朗仔村人。阳江抗日联防队第二大队大队长。1945年7月18日，在率队抗击窜扰北津港日军的战斗中不幸头部中弹牺牲。

解放战争时期（36名）

廖计开（1908—1946）　今阳东区塘坪镇平山村人。1946年10月22日，廖计开所在班断后掩护恩平朗底整训的部队突围。全班战士壮烈牺牲。

陈高（1916—1946）　今阳东区新洲镇人，滨海大队战士，1946年5月在台山北陡大龙石战斗中牺牲。

梁容（梁世芳）（1908—1947）　今阳东区大八镇珠环行政村上洒村人，江北区武工队员。1947 年 7 月 7 日，在牛场河口炸国民党顽军运送武器的电船时牺牲。

黎应元（1901—1947）、**黎伯荣**（1908—1947）　两人均为今阳东大沟镇人，分别任广东省高州县峒尾地下交通站站长和高州地方游击队地下交通员。1947 年 10 月被捕，分别被杀害于高州坪山和黄塘圩。

朱旺（1917—1948）　今阳东区大八镇太洞村人，两阳人民武装恩阳边区大队（大八大队）队员，1948 年 4 月 28 日在大八太洞战斗中牺牲。

黎仁康（黎锦）（1913—1948）　今阳东区大八镇人。两阳人民武装阳春江北区武工队员，1948 年执行任务时，由阳春返回太洞途中被捕，被押回阳江县府监狱，后于大八英勇就义。

黄基标（1923—1948）　今阳东大八镇人，广东人民解放军广阳支队第六团战士，1948 年 6 月 2 日在大八牛角洞战斗中牺牲。

黄华进、**黄扬**、**梁生**　三人同是今阳东区大八镇珠环村人，均为地下交通员兼农会委员。1948 年 9 月 13 日，国民党反动军队"扫荡"恩平县清湾那吉地区，三人被抓捕遭杀害。

黄敬　广东省遂溪人，广阳支队六团战士。1948 年 10 月，在阳江大八珠环平天顶战斗中牺牲。

李仲明　今阳东塘坪镇禾石村人，广阳支队六团战士，1948 年隐蔽治病，后病故。

梁寮（梁德忠）（1927—1948）　祖籍广东新兴县，幼随父母在阳春城定居。1945 年加入中国共产党，1948 年 5 月任中共大八区委委员，6 月兼任六团大八区中队指导员。1948 年 11 月，率武工队下乡征粮，住大八牛角洞村。24 日遭国民党阳春县警包围袭击牺牲。

　　欧昌基　今阳东区大八镇和平村人，1949 年 1 月参加大八区中队，同年 2 月在大八庙山屋背战斗中牺牲。

　　高世能（1926—1949）　今阳东区新洲镇人，恩阳台边区人民武装部队基干队排长。1949 年 2 月 16 日，在台山葵山芋英潭遭遇战中牺牲。

　　张家祥（1928—1949）　今阳东区大八镇和平村人，广阳支队六团区中队战士。1949 年春，回家乡为部队筹集军粮，与其妻子日夜舂米供应部队。后被国民党反动派搜捕，押回大八圩严刑拷打致重伤，被营救出狱后救治无效身故。

　　黄昌骥（1917—1949）　今阳东区大八镇人，广阳支队六团机枪手。1949 年 4 月 23 日，在漠东地豆岗战斗突围时，为掩护战友冲锋，不幸中弹身亡。

　　欧聚凡（欧珍）（1920—1949）　今阳春市岗尾镇山心村人，广阳支队六团班长。1949 年 6 月 25 日，在塘坪鸭子尾村战斗中牺牲。

　　何锐（何池锐）（1929—1949）　广东省恩平县人。滨海总队恩阳台独立大队雄狮连战士。1949 年 7 月 14 日，在阳江县新洲龙潭洞反雷团"扫荡"中牺牲。

　　黄基（黄英基）　今阳东区大八镇珠环村人。广阳支队六团战士。1949 年 7 月在阳春风门坳战斗中牺牲。

　　范正强（1929—1949），今江城区人；**黄德锐**（1929—1949）今阳东区新洲镇三山村人；**苏顺浓**（1927—1949），广东台山人；**容基**（1933—1949），广东台山人。四人均为恩阳台独立大队战士。1949 年 8 月，独立大队为拔除敌据点，决定四打新洲，在攻打乡公所爆破敌炮楼时，四人先后中弹牺牲。

　　李基（1927—1949）　今阳东区合山镇高罗行政村李村人，恩阳台独立大队武工组长。1949 年 8 月 8 日，在台山紫罗山战斗中牺牲。

黎华修（1909—1949） 今阳东区大八镇人，广阳支队六团战士。1949年9月被捕，后被敌人杀害于大八圩。

庄芬（1924—1949） 今阳东区那龙镇人，广阳支队五团战士。1949年9月6日，在恩平那吉战斗中牺牲。

金晃（金成章）（1925—1949） 今阳东区新洲镇旱地行政村青岚村人。恩阳台独立大队雄狮连战士。1949年9月在广东开平赤水圩战斗中牺牲。

黄计保（1917—1949） 今阳东区新洲镇表竹村人，恩阳台独立大队交通员。1949年9月30日，国民党新洲自卫队袭村时被捕。黄计保惨遭酷刑仍坚贞不屈。敌人以其作人质，限三天内要黄的胞弟黄福、黄盛（两人同是武工队员）自首。三兄弟拒不屈从。三天后，黄计保被杀害于新洲圩。

钟景宏（1926—1949），今阳春蟠龙黄京社村人、中共江北区区委委员；**林东**（1927—1949），阳春岗尾荔枝根村人；**黎道雄**（1927—1949），阳春岗尾大圩村人；**陈世伦**（1915—1949），今阳东区大八镇高洞村人；**欧华贵**（1930—1949），今阳东区大八镇良爱村人。1949年9月6日，钟景宏等5人在塘坪赤岗村住宿时，遭国民党军包围袭击而被捕。陈世伦、欧华贵于当日被杀害于大八圩。钟景宏、林东、黎道雄3人被押回阳江城，于9月下旬英勇就义。

许高禄（1926—1949） 今大八镇井岗人。两阳人民武装阳春江北武工队员。1949年10月阳江围歼战时期，受命守护鲶鱼头渡浮桥，被国民党飞机炸断大腿而光荣牺牲。

以上在中国新民主主义革命时期，为人民的解放事业英勇战斗而光荣牺牲的革命烈士永垂不朽！

大事记（1925 年—1949 年）

1925 年

8 月，谭作舟、敖华衮、黄贞恒从广州返回阳江开展农民运动，在二区雅韶乡谭氏宗祠成立阳江首个乡农民协会——雅韶乡农民协会。

9 月，谭作舟被选派到由毛泽东创办的广州农民运动讲习所第五届乙班学习，后返阳江领导农民运动。

1926 年

3 月，中共阳江县支部成立。敖昌骙任支部书记，敖华衮任组织委员，关崇懋、吴铎民、黄贞恒为委员。5 月，谭作舟、冯军光从广州返阳江后增补为支部委员。

秋，阳江县总工会成立，会员达 4000 余人，阳江工人运动迅速发展。

12 月，阳江县农民协会成立。此前，全县各乡农会已发展至 80 多个，拥有会员 12000 余人，农民军装备有 800 多条枪支。

1927 年

4 月 12 日，蒋介石背信弃义，在上海悍然发动四一二反革命政变，血腥屠杀共产党人和国民党左派人士。

4 月 15 日，阳江国民党反动派在阳江地区进行反革命"清党"。至 20 日，先后搜捕了敖昌骙、罗济奇、谭作舟、梁济亨、黄贞恒、敖华日等 30 多名共产党员、国民党左派和革命志士。白色恐怖笼罩阳江。

5 月 3 日，敖昌骙、谭作舟等 16 人被押解广州，囚禁在广州南石头惩戒场。

11 月，中共阳江县委成立，许高倬任书记。

1928 年

4 月，中共阳江县委改组。冯宝铭、许基旭、敖华衮 3 人任县委常委。改组后的县委机关驻在丹载村许氏宗祠。

9 月 5 日，敖昌骙、谭作舟、黄贞恒、陈必灿、吴铎民、关崇懋、谭启沃、梁本荣、王德符、陈鸿业、冯尚廷、梁济亨、敖华日、梁洸亨、梁泮亨等 15 名革命者被押至广州红花岗刑场枪决。被枪杀的 15 名革命者和病故狱中的张乐华，在阳江称"十六烈士"。

秋，国民党反动派又大肆搜捕共产党人和革命者，中共阳江县组织再次遭到破坏。1929 年 9 月，阳江党组织与中共广东省委失去联系。直至 1937 年全国全面抗日战争爆发前，阳江党组织被迫停止了活动。

1937 年

7 月 7 日，卢沟桥事变发生，日本发动了全面的侵略战争，中国军民奋起抗战。

10 月，中共广州外县工委派王传舆（黄文康）等人到阳江重建阳江党组织。

11 月，中共两阳支部成立。

1938 年

7 月，中共阳江特别支部成立，是阳江党组织的核心领导机构。王传舆任书记。

11 月，中共两阳特别支部成立。

1939 年

3 月，中共两阳工委成立。

1940 年

3 月，撤销中共两阳工委，分别成立中共阳江县委和阳春县委。中共阳江县委书记为张靖宇，许式邦为委员兼组织部长，林良荣为委员兼宣传委员，周羡芳为妇女委员。

年初，雅韶乡笏朝小学党支部成立，是阳江最早成立的农村小学党支部。

去年春，国民党确定"溶共、防共、限共、反共"方针。1940 年春，共产党组织的工作重心由城市转向农村。中共阳江县委从县城转移至雅韶乡平岚村福祥社 6 巷 16 号。平岚村成为阳东地区又一个县委机关所在地。

7 月，中共阳江县委机关和县委书记张靖宇及其夫人从平岚村转移到丹载村果子园。

1941 年

3 月 3 日，早晨 6 时，日军近千人乘坐橡皮艇从海上进犯，在阳东境内北津港登陆，枪杀多名村民，烧毁 30 多间房屋。中午，日军进入阳江城，县城沦陷。入城后，日军所至，烧杀抢掠，奸污妇女，枪杀平民。阳江人称为"三三"事变。

1942 年

10 月，阳江党组织实行特派员领导体制。

1945 年

5 月，重新成立中共两阳工委。当年 12 月，再次撤销中共两阳工委，分别成立中共阳江县委和中共阳春分委。

7 月 14 日，日军从湛江方向往广州撤退时，再犯阳江，县城再度沦陷。阳江人称"六六"事变。

7 月 18 日，时任阳江县联防自卫队第二大队大队长陈书云，驻守在平津乡一带。当日军窜扰北津村时，陈指挥县联防队奋勇迎击，双方发生激战。后被赶至增援的日军攻击马山指挥所，陈书云在观察敌情时中弹身亡。

10 月 10 日，中共中区特委和广东人民抗日解放军第四团在根据地——恩平县朗底圩整训。国民党驻恩平六十四军一五六师刘镇湘部调集恩、阳、台、新、开五县兵力共 6000 多人，秘密包围朗底。广东人民抗日解放军被困，于夜间分路突围。史称"朗底突围"。

1946 年

12 月 27 日，中共香港分局作出《关于恢复武装斗争的决定》后，各地实行"小搞"，准备"大搞"方针，组织游击队大力建立游击据点，领导人民群众进行反"三征"和减租减息斗争。至此，阳东地区恢复了公开的武装斗争。

1947 年

12 月 23 日，国民党军副军长余程万担任恩、阳、台、开新五邑"剿匪"总指挥，集结4000余兵力，围剿大窟洞、深井游击区。游击队运用"避敌锋芒，伺机歼敌"战术，跳出敌人包围圈，经历大小战斗19次，歼敌150多人。余程万在一个多月的"扫荡"中到处扑空，一无所获，以失败告终。

1948 年

2月，杨飞被派往阳东大八珠环等地组织"大搞"斗争，开辟新的游击活动据点。

4月，成立恩阳边大队，杨飞任大队长。大八恢复公开的武装斗争。

5月，阳江县首个中共农村区委——大八（珠环）区委成立，杨飞任书记。大八地区成为广东人民解放军广阳支队第六团的活动地区。

同月，中共粤桂边区广南分委成立。接着成立中共阳东特区区委，陈国璋任书记，林良荣任副书记，许式邦为委员。阳东转入挺进平原、开展新区武装斗争阶段。

其间，中共阳东区委把开展统一战线工作与领导人民反"三征"斗争融为一体。以贫苦农民为主体，广泛团结各阶层人士的统一战线，在反"三征"斗争中形成和发展，为后来阳东开展大规模的武装斗争奠定了基础，成为制敌致胜的法宝之一。

1949 年

2月，阳江县人民民主政府在横山乡梅花地村成立，姚立尹任县长，陈国璋任副县长。

年初，粤中军分委成立滨海总队，下辖台新赤、恩阳台、台开恩和台南4个独立大队。地处滨海总队西翼的恩阳台独立大队，从南坑出龙潭进入阳东，大力支持群众反"三征"斗争。并精心组织了全歼三山强征队、奔袭雅韶朗仔村、夜袭大沟乡公所战斗，以此为转折打开了阳东武装斗争局面。

4月，粤中人民解放军滨海总队恩阳台独立大队成立，马德里任大队长。

4月—10月初，恩阳台独立大队集中兵力，主动出击，连续对敌展开几十场大小战斗，不断歼灭敌人有生力量，部队在历尽艰难困苦的战斗中发展壮大，游击根据地得以扩大，武装斗争形势朝更加有利的形势发展。

10月24日凌晨，恩阳台独立大队林良荣、陈中福率队与南下大军会师。中共阳东区委派许兆铭等武工队员当向导，引领解放大军前锋部队攻打阳江城。当晚，大军以排山倒海之势解放阳江县城。

25日晨，恩阳台独立大队随大军进入阳江城后，全力支前。

26日，阳江围歼战结束，阳江全境获得解放。

27日，阳江县人民民主政府改称阳江县人民政府，进城后全面接管国民党阳江县各级政府机构，建立区、乡、镇人民政府。

值阳江市阳东区建区 30 周年之际，按照中国老促会关于编纂全国 1599 个革命老区县发展史的安排意见，中共阳东区委于 2018 年 3 月批复成立《阳江市阳东区革命老区发展史》编委会，并由区老区建设促进会协调有关职能部门人员组成编写组，启动《阳江市阳东区革命老区发展史》的编写工作。

经过编纂人员的辛勤工作，这本以土地革命战争时期、抗日战争时期和解放战争时期革命老区人民革命斗争史为重点，以中华人民共和国成立以来特别是党的十八大以来阳东社会主义建设取得的巨大成就为亮点的发展史终于面世了，这使我们稍感欣慰。

革命老区和老区人民为中国革命和建设事业所作出的巨大牺牲和重大贡献，是一份宝贵的精神财富和政治资源。对此，我们应该永远铭记，永远珍惜，在红色追忆中汲取力量。我们编写这本发展史的初衷，是想为社会各界进一步了解、传承和发扬老区精神提供一个平台，进一步点亮老区红色火种，打赢老区精准扶贫攻坚战，加快阳东决胜全面小康的步伐。

老区发展史与中共党史、革命（军事）斗争史、地方志书有密切联系，但又有区别，具有自身特色。发展史以党的领导为红线，以革命老区和老区人民的奋斗史为重点，以阳东建区以来，尤其是党的十八大以来取得的发展成就为亮点，挖掘整理革命历史遗迹、文物、纪念馆和英烈事迹，展示阳东老区人民坚韧不拔、浴血奋战、艰苦创业的革命精神，秉笔直书，尊重历史。

本书的内容编排，按照时间顺序，从大革命时期开始，直到党的十八大以来阳东革命斗争、经济建设和社会发展的进程。在编写中，我们坚持写真写实，尽可能展现老区人民革命斗争实际，文字表达力求精确，做到历史的真实性、事件的准确性与内容的教益性相一致。冀望能对弘扬老区革命精神，推动老区以至阳东的振兴发展增添正能量。

本书编写过程中，中共阳东区委、阳东区人民政府高度重视，区委、区政府主要领导亲自策划，并由区委、区政府负责同志担任编委会正、副主任，保证了编书工作的有序推进。同时，得到了区委办公室、区委宣传部、区委党史研究室、区委政策研究室和区府办、区志办、区农业和农村局、区扶贫办、区交通运输局、区海洋渔业局、区教育局、区民政局等有关职能部门的大力支持和协助，征集整合并编入了阳江地区现有的革命斗争多方史料。对此，谨表示我们衷心的感谢。

由于本书编写年代跨度大，采编时间紧，史实整理不够充分，加上我们编写的专业水平有限，故所辑史料有疏漏和不当之处在所难免，请有关专家和读者批评指正，提出修改意见。

诚盼社会各界能从此书汲取有益的思想营养，为加快建设富美阳东创造更加辉煌的成绩。

《阳江市阳东区革命老区发展史》编写组

2019 年 10 月

广东人民出版社 党政精品图书

围绕中心，服务大局，做最具高度、深度和温度的主题出版物

扫码关注更多主题出版物

中宣部主题出版重点出版物

《中华人民共和国通史》（七卷本）

· 全国第一部反映中华人民共和国70年光辉历程的多卷本通史性著作
· 中央党校、中央党史和文献研究院权威专家倾力打造

《账本里的中国》

一册册老账本，串起暖心回忆，讲述你我故事，体味民生变迁。

《全国革命老区县发展史丛书·广东卷》

· 挖掘广东120个革命地区的红色记忆
· 中国老区建设促进会牵头组织

《红色广东丛书》

· 广东省委宣传部重点主题出版物
· 传承红色基因，弘扬革命精神

本书配有智能阅读助手，为您1V1定制

《阳江市阳东区革命老区发展史》阅读计划

帮助您实现"时间花得少，阅读体验好"的阅读目的

建议配合二维码一起使用本书

您可根据自己的学习需求，量身定制专属于您的阅读计划：

阅读服务方案	阅读时长指数	为您提供的资源类型	帮助您达到以下学习目的
1. 高效阅读	阅读频次 较低 每次时长 较短 总共耗费时长	总结类	快速学习和掌握红色精神。
2. 轻松阅读	阅读频次 较高 每次时长 适中 总共耗费时长	基础类	简单了解革命老区的历史。
3. 深度阅读	阅读频次 较高 每次时长 较长 总共耗费时长	拓展类	继承和发扬红色精神，推动老区发展。

针对您选择的阅读计划，您可以享受以下权益：

立刻获得的主要权益

▶ **专享本书社群服务：** 提供创造价值与私密的深度共读服务，群内分享阅读干货，发起话题探讨
▶ **1套阅读工具：** 辅助您高效阅读本书，终身拥有

每周获得的主要权益

▶ **专属热点资讯：** 16周社科文学类资讯推送，每周2次
▶ **精选好书推荐：** 16周文学社科热门好书推荐，每周1次

长期获得的主要权益

线下读书活动推荐： 精选活动，扩充知识开拓视野 不少于1次

抢兑礼品： 免费抽取实物大礼 不少于2次限时抽奖

微信扫码

添加智能阅读助手

只需三步，获取以上所有权益：
1. 微信扫描二维码；
2. 添加智能阅读助手；
3. 获取本书权益，提高读书效率。

❶ 鉴于版本更新，部分文字和界面可能会有细微调整，敬请谅解。